Querida Silvic
Espero que e
a mantener ___
para ir siempre de la mano de
Jesús. un gran abrazo,
Pamela!

En la quietud de Su presencia

Una invitación a fortalecer su vida
devocional con Dios

Nancy Leigh DeMoss

PORTAVOZ

La misión de Editorial Portavoz consiste en proporcionar productos de calidad —con integridad y excelencia—, desde una perspectiva bíblica y confiable, que animen a las personas a conocer y servir a Jesucristo.

Título del original: *A Place of Quiet Rest* © 2000 por Nancy Leigh DeMoss y publicado por Moody Publishers, 820 N. LaSalle Boulevard, Chicago, IL 60610. Traducido con permiso.

Edición en castellano: *En la quietud de su presencia* © 2011 por Editorial Portavoz, filial de Kregel Publications, Grand Rapids, Michigan 49501. Todos los derechos reservados.

Traducción: Rosa Pugliese

EDITORIAL PORTAVOZ
P.O. Box 2607
Grand Rapids, Michigan 49501 USA
Visítenos en: www.portavoz.com

ISBN 978-0-8254-1226-5

1 2 3 4 5 / 15 14 13 12 11

Impreso en los Estados Unidos de América
Printed in the United States of America

A mi amado Señor Jesús.
Eres "señalado entre diez mil"
y "todo... codiciable".

"Los compañeros escuchan tu voz;
házmela oír".

Jesús, Tú, el Gozo de nuestro corazón,
Tú, Fuente de Vida, Luz de la humanidad;
nada en esta tierra podría darnos satisfacción,
solo Tú puedes nuestra vida llenar.

Oh, hemos comido de ti, Pan de Vida,
mas anhelamos volver a saciarnos de ti.
Oh, hemos bebido de ti, Manantial de Vida,
mas nuestra alma aún tiene sed de ti.

BERNARDO DE CLARAVAL

CONTENIDO

PRÓLOGO
Antes de comenzar...

Todas deseamos tener devoción por el Señor Jesús.

En lo que se refiere a acercarnos a Dios, todos los cristianos queremos zambullirnos en la cascada de su gozo. Deseamos que nuestro corazón lata al mismo ritmo del latido de Dios. Si estamos tristes, queremos su sonrisa. Si estamos perdidos, queremos que Él nos rescate. "Señor, abrázame con tanta pasión que me enternezca y me una de tal manera a ti que jamás quiera separarme. Abre los cielos; ven, Señor Jesús, derriba la puerta de mi corazón y toma mi vida".

Nuestro instinto cristiano va en búsqueda de esto. Lo difícil es lograrlo.

¿Cómo empezamos? ¿Abrimos la Biblia al azar y "dejamos que el Espíritu nos guíe"? ¿Estudiamos un tema? ¿Memorizamos un capítulo? ¿Nos rodeamos de comentarios y diccionarios bíblicos? (¡Al fin y al cabo, queremos hacerlo bien!). Un tiempo de meditación cuidadosamente estructurado con el Señor es bueno; pero una vida de creciente devoción por el Salvador es mejor —mucho mejor— que "tres pasos prácticos para conocer mejor a Dios".

Las relaciones personales no funcionan de esta forma; y, sin lugar a dudas, tampoco funciona así la relación con Dios. Si queremos acercarnos más a alguien —a Dios o a cualquier otra persona—, la manera es estrechar nuestros corazones. Aprender a comunicarnos. Hallar gozo en el otro. Conocerlo a fondo. Una relación fuerte se entreteje al compartir un sinfín de experiencias, algunas de las cuales pueden ser casuales y espontáneas, mientras otras son estructuradas y bien definidas. Cosas como estas contribuyen a la intimidad.

Disciplinarnos en la constancia de pasar tiempo con alguien, incluso con Dios, puede regularse; pero no la intimidad propiamente dicha.

En la quietud de su presencia es una guía que te puede ayudar a lograr esta intimidad. Más que un libro que te enseña el "cómo", Nancy Leigh DeMoss te brinda un excelente plan de acción: una guía que incluye pasajes bíblicos, himnos, testimonios, poemas, consejos y sabiduría para ayudarte a conocer a Dios y ser conocido por Él. *En la quietud de su presencia* es mucho más que un método mecanizado para cultivar tu vida devocional con el Señor Jesús; es una palabra suave, pero clara, que te llamará la atención en cada página; es una flecha que te indicará el camino correcto en cada capítulo. Este libro te ayudará a encontrar a Dios y dejar atrás cualquier rutina hasta llegar al lugar donde puedas abrazar al Salvador de manera natural, más aún, *sobrenatural*.

Y ¿qué sucederá cuando, a su vez, abraces a Dios con semejante pasión que te enternezca y te una a Él? ¿Cómo cambiará tu vida después de seguir la guía que te ofrece *En la quietud de su presencia*? Como dijo una vez un hombre de Dios de la Antigüedad, tu gozo será ferviente, mas no frenético. Te sentirás más vigorosa, no más quisquillosa. Serás diligente para hacer las cosas, mas no impulsiva. Prudente, mas no egoísta. Resuelta y audaz, mas no irreflexiva. Te gozarás sin hacer mucha fanfarria. Tu alma tendrá tanta calma, que incluso los que te rodean sentirán la influencia de Dios en sus vidas.

Es así como se manifiesta en tu vida la devoción por Cristo.

¿Anhelas sentir devoción? Mejor dicho, ¿anhelas a *Cristo*? Tienes en tus manos una espléndida guía.

JONI EARECKSON TADA

RECONOCIMIENTOS

Mis amigos pueden decir que cuando estoy escribiendo un libro, a veces me escuchan gemir y decir: "¡Estoy de parto!".

Aunque nunca he dado a luz un bebé de carne y hueso, he tenido, en dos ocasiones, el privilegio de dar ánimo a una amiga en medio del difícil, pero gratificante, proceso de dar a luz.

No sé de cuánta ayuda habré sido para ella. Pero sé que el lento proceso de "dar a luz" este libro ha sido considerablemente aliviado por el aliento y la ayuda de muchos amigos y colaboradores que han estado a mi lado.

Jim Bell y el equipo editorial de Moody Press: poco después que el Señor me exhortó a comenzar a escribir (a lo cual era reacia), ustedes se acercaron a mí y me instaron a escribir este libro. Estoy agradecida por el aliento que me dieron para que transmitiera este mensaje.

Carolyn Nystrom: eres una mentora maravillosa. He aprendido mucho de ti. Gracias por tu sincero aporte que hizo de este un libro mejor, y por tu espíritu afable que hizo que fuera un gusto trabajar contigo.

Mike, Becca, Monica, Sandra, Gayle y Stephen: ¡qué equipo de trabajo tan increíble! Ustedes han aliviado mi carga de muchas maneras; al orar, prestarme servicios y colaborar incansablemente para que pudiera concentrarme en esta tarea, sin muchas distracciones.

Al equipo de liderazgo de *Life Action Ministries*: ustedes hicieron posible este libro al eximirme de muchas de mis responsabilidades y hacerse cargo de ellas para que yo pudiera dedicarme a escribir. Por más de veinte años, hemos

trabajado juntos en la viña del Señor. Sus vidas han moldeado mi vida más de lo que se imaginan. ¡Me encanta servir a Dios junto a ustedes!

Mis queridos amigos de oración: cuánto me bendice
poder contar con ustedes. No dejo de asombrarme por cómo
están a mi lado y sostienen mis manos en medio de la batalla. No puedo imaginarme haberlo logrado sin la cobertura y
protección de sus oraciones.

A cada uno de ustedes: tengo un profundo sentimiento
de deuda y gratitud. Gracias por haber estado allí en el "trabajo de parto y alumbramiento". Juntos hemos dado a luz
este libro.

Ahora te lo entrego nuevamente a ti, Señor Jesús, y te pido
que lo uses para bendecir a tu pueblo y para que dé fruto.

UNAS PALABRAS DESDE
MI CORAZÓN

Este libro no ha sido escrito por una experta.

Antes bien, ha sido escrito por una mujer en proceso; una mujer en el peregrinaje de conocer a Dios.

Para mí, el peregrinaje comenzó meses antes de nacer, cuando mis padres me consagraron al Señor y se propusieron enseñarme (tanto a mí como a los seis hijos que llegarían después de mí) la Palabra y los caminos de Dios.

Así como el invernadero ha sido diseñado para cultivar plantas jóvenes y protegerlas de las influencias que podrían dañar sus tiernas raíces, el clima de nuestro hogar se controlaba escrupulosamente para minimizar las influencias que pudieran ser nocivas (por ejemplo, no teníamos televisión ni se compraba el diario en nuestra casa) y fomentar la enseñanza constante de la Palabra de Dios.

El Espíritu Santo usó el cuidado espiritual de aquellos primeros años para cultivar el terreno de mi corazón, de modo que fuera tierno y receptivo a su enseñanza y comprendiera mi necesidad de un Salvador. Mi primer recuerdo de esto se remonta a la tarde del 14 de mayo de 1963, cuando, a los cuatro años de edad, le entregué mi corazón a Cristo. Aunque en aquel entonces no me daba cuenta, ahora entiendo que en ese momento, Dios plantó dentro de mí una semilla: la semilla de la vida eterna. Y colocó dentro de mí una nueva vida: la vida de Jesús, su Hijo. Una vida que es eterna. Una vida sobrenatural.

Y aquel fue solo el comienzo. La intención de Dios, determinada en la eternidad pasada, era que aquella semilla fuera cuidadosamente cultivada, que echara raíces y diera fruto; y que un día esa semilla produjera una mujer que fuera semejante a su amado Hijo y que, a su vez, se reprodujera en otros con la misma semejanza.

Hasta aquel día de 1963, conforme a la Palabra de Dios, yo estaba "muerta en mis delitos y pecados"; no tenía ninguna relación con el Dios del universo. Pero en ese momento, por medio del arrepentimiento y la fe en Jesucristo, recibí vida. Y con ese nuevo nacimiento llegó la evidencia de la vida.

No hace falta decir que un bebé recién nacido está vivo; respira, le late el corazón, tiene hambre y sed, crece, se comunica, llora. Del mismo modo, mi nacimiento espiritual estuvo acompañado de señales de una vida espiritual; la capacidad y el anhelo de conocer a Dios, y un corazón que late y clama por Él.

No tengo ningún mérito por lo que sucedió aquel día. En ese momento, no tenía idea de todo lo que Dios había hecho para atraer mi corazón y ayudarme a entrar en una relación eterna con Él. Poco entendía que Dios es el Amante supremo que desea tener intimidad con sus criaturas. Y sin duda tenía poca conciencia del increíble precio que había pagado para que yo pudiera vivir en unión y comunión con Él.

Todo lo que sabía era que lo necesitaba, que Él me quería, y que Jesús fue Aquel que hizo posible que tuviéramos esa relación.

Ahora, al mirar atrás, puedo ver que lo que sucedió aquel día fue el comienzo de una relación; el anhelo en mi corazón, que corresponde al anhelo del corazón de Dios, de conocerlo, caminar con Él, intimar con Él, disfrutar de la comunión con Él y pasar la vida juntos en una relación de amor eterno.

Al comienzo de mi vida cristiana, aprendí cuál era uno de los ingredientes esenciales para el desarrollo de una relación con Dios, al ver que mi padre comenzaba cada día con una práctica que él llamaba "devocional".

Como hombre de negocios con escasa disponibilidad de tiempo, y activo en varias esferas del ministerio, mi padre no era de aquellos que desperdiciara el tiempo en frivolidades.

Sin embargo, de un modo u otro, en medio de una vida activa y ocupada, y con incesantes demandas de viajes y reuniones, había una constante en su vida; nunca comenzaba su jornada laboral sin primero haber pasado una hora o más a solas con el Señor.

En realidad, no recuerdo haber estado con él en esos momentos —aunque a menudo lo veía leer la Biblia—; pero de alguna manera todos sabíamos que ese tiempo en la Palabra y la oración era más importante para él que cualquier otra actividad del día. Ahora que no soy una niña, me doy cuenta de que esos momentos llegaron a ser una parte indispensable de su vida.

Durante sus años de adolescencia y juventud, en la búsqueda de nuevas sensaciones, mi padre se había vuelto adicto al juego y víctima de una vida desenfrenada. Iba de un establecimiento de juego al otro, destruyendo los valores que tal vez había tenido; algo que les causó gran dolor a sus padres. Él no estaba buscando a Dios —las Escrituras dicen que no hay ni aun uno que lo busque—, pero las "huestes celestiales" estaban tras él. Una noche, cuando tenía alrededor de veinticinco años, en medio del caos de su vida, escuchó la predicación del evangelio. Se convirtió y nunca volvió atrás.

En los comienzos de su vida cristiana, aceptó el reto de darle la primera parte de cada día a Dios para dedicarla a la lectura de la Palabra y la oración. Desde aquel día hasta que partió a la presencia del Señor, veintiocho años más tarde, *nunca pasó por alto ni un solo día* de su práctica devocional. Nada era más importante para él que cultivar su relación con el Señor, y creía firmemente que nada era más vital para mantener esa relación que un tiempo diario a solas con el Señor en la Palabra y la oración.

El devocional diario no era algo que mis padres nos forzaran a tener, pero la influencia del ejemplo y la práctica de la vida devocional por parte de mi padre fueron fundamentales. Aunque partió con el Señor en 1979, la imagen de un padre de rodillas ante el Señor (no sé cuántas almohadillas gastaría a lo largo de los años) está grabada de manera indeleble en mi mente y mi corazón.

Quiero aclarar que el récord de mi práctica devocional dista mucho de alcanzar el récord de mi padre. Aunque he comenzado el día con esta práctica desde los primeros días de mi niñez, debo reconocer que es una disciplina que siempre me ha costado. Con todo lo que quiero, valoro y necesito estos momentos con el Señor, hasta el presente tengo que batallar para que sea una realidad constante en mi vida.

Tengo que batallar con mi carne, que le gusta dormir, se distrae fácilmente y no le gusta sentarse en silencio y quietud. Tengo que batallar con mi agenda y la interminable "lista de cosas para hacer". Tengo que batallar con las interrupciones; muchas de las cuales yo misma ocasiono.

Muchas mañanas he permitido que la almohada, el teléfono o la pila de trabajo en la oficina salgan ganando, y termino pasando solo unos minutos de prisa con Dios. Y en ocasiones, ni siquiera he apartado tiempo para estar a solas con Él.

Sin embargo, con los años, he llegado a creer de todo corazón que es algo por lo que vale la pena batallar. He comprendido que una de las razones de semejante batalla es que el enemigo de mi alma sabe que si puede vencerme en este aspecto, al final podrá vencerme en cada uno de los demás aspectos de mi vida espiritual.

Satanás odia a Dios y trabaja incesantemente para convencer a los cristianos de que pueden funcionar por sí solos, independientes de su Creador. Si le permitimos ganar la batalla, él sabe que terminaremos derrotados, frustrados, estériles y seremos inútiles para Dios. Peor aún, terminaremos dudando de Él, sin la esperanza de su bondad, en la esclavitud de nuestra carne y resistiéndonos a su voluntad.

En los últimos años, he descubierto otra razón incluso más importante para no descuidar este tiempo a solas con el Señor. He llegado a entender que el "devocional" no es un deber de la vida cristiana, sino una increíble oportuni dad de conocer al Dios del universo, quien nos ha hecho la invitación de acercarnos a Él, de entrar al "lugar santísimo", de participar en una íntima relación de amor con Él.

El "devocional" no es un *deber* para mí (aunque hay días que no es más que eso), sino un *deleite*; el maravilloso privilegio de participar de la dulce unión y comunión con el Esposo de mi alma.

Estoy convencida de que pocos asuntos provocan tales sentimientos de culpa, fracaso y frustración entre los creyentes como el "devocional diario". Después de haber hablado con miles de mujeres de todos los Estados Unidos, y de haberlas escuchado, creo que la mayoría de las mujeres cristianas siente en su interior que debería ser más fiel y constante en su vida devocional.

De las mujeres que tienen alguna especie de vida devocional, muchas —tal vez una mayoría— toman este tiempo como si fuera un deber. Otras lo han intentado y han fracasado tantas veces que se sienten tentadas a rendirse; y algunas ya se han rendido. Incluso hay otras que ni siquiera han comenzado y no tienen idea de lo que se están perdiendo.

Luego, están aquellas mujeres cuyas vidas manifiestan el fruto dulce y delicioso de encontrarse con Dios perseverantemente. Me he sentido atraída a varias de estas mujeres a lo largo de los años. La fragancia de sus vidas ha profundizado mi anhelo de conocer a Dios. (En los diferentes capítulos de este libro, cada una de estas mujeres dará testimonio de su propia experiencia de la vida devocional diaria).

No importa cómo te encuentres, si eres una hija de Dios, tendrás un vacío en tu interior que no puede saciarse con nada menos que una íntima comunión con tu Creador, Redentor y Padre celestial. Y hasta que lo veas cara a cara, nunca dejarás de tener hambre y sed de más de Él. Doy fe de ese profundo anhelo que siente mi alma.

Jesús dijo: "Si alguno tiene sed, venga a mí y beba" (Jn. 7:37). Este es un libro para almas sedientas. Es una invitación a acercarnos a Jesús, Fuente de toda Vida —no es otro programa, otra cosa para agregar a nuestra "lista de cosas para hacer", ni otro requisito—. Acércate a Él y bebe. Bebe todo lo que puedas; sigue bebiendo; deja que Él sacie tu sed; y luego observa cómo fluyen de tu interior ríos de agua viva que saciarán la sed de aquellos que te rodean.

NANCY LEIGH DEMOSS

PARTE UNO

La prioridad de la vida devocional

Una cosa he demandado a Jehová, ésta buscaré.

SALMO 27:4

Cuanto más pienso y oro por el estado de la religión en este país y en todo el mundo, más convencido estoy de que el mal estado de la vida espiritual de los cristianos se debe al hecho de no reconocer que la finalidad y el objetivo de la conversión es llevar a las almas, incluso aquí en la tierra, a una comunión diaria con el Padre celestial.

Una vez que acepte esta verdad, el creyente percibirá lo indispensable que es para la vida espiritual de un cristiano dedicar un tiempo cada día a la lectura de la Palabra de Dios, y a esperar en oración la manifestación de la presencia y el amor del Padre.

ANDREW MURRAY

CAPÍTULO 1

Un día en la vida del Señor

Hace un tiempo, les pedí a las mujeres que habían asistido a una conferencia de fin de semana que escribieran en una tarjeta de 7,5 x 12,5 cm por qué habían asistido y qué esperaban que Dios hiciera en sus vidas ese fin de semana.

"¿En qué condición han llegado a esta conferencia?", les pregunté.

Más tarde, al leer las respuestas a mi pregunta, me asombré de la similitud de sus palabras. Estas son algunas de las respuestas que aquellas mujeres dieron:

"A veces me siento fuera de control con tantas presiones".

"Tengo demasiado estrés y demasiadas responsabilidades".

"En este momento, necesito que Dios me muestre cómo combatir el estrés".

"Siento que me presionan por todos lados. Necesito que Dios me muestre cómo cumplir bien mis funciones de maestra, madre, esposa e hija, y seguir teniendo tiempo para la iglesia y para 'mí'".

"Necesito dejar de preocuparme por todo. Lo intento y sé que no debería preocuparme, pero cuando pienso en mis preocupaciones, ni siquiera puedo dormir, mucho menos soñar".

"Hace veinticuatro meses que me he dedicado a servir a los demás y siento que necesito hacer un alto para que mi espíritu sea renovado; pero la vida es demasiado ajetreada".

"Con un nuevo hijo, necesito encontrar la paz y el descanso en el Señor, tanto física como emocionalmente".

"Muchas veces estoy tan ocupada que pasa el día, y me doy cuenta de que no hice las cosas que más me importaban".

"Soy divorciada, y la verdad es que estoy cansada".

"Mi casa es un caos, y necesito que mi espíritu sea renovado para enfrentar todo lo que me espera en las próximas semanas".

"Necesito hacer un alto. Siento como si estuviera yendo a toda velocidad en una cinta de correr, y que si trato de saltar me voy a trastabillar y caer".

"Necesito que me ayuden a superar mi estado de irritación y nerviosismo".

"El trajín de la vida me ha robado el gozo".

¿Te sientes identificada con algunas de estas expresiones? He descubierto que esta clase de respuestas es cada vez más común entre las mujeres que conozco. ¿Por qué vivimos una vida tan caótica y agobiante? ¿Es esta la clase de vida que Dios ha diseñado para nosotras? ¿Podemos en realidad saltar de esa cinta de correr sin lastimarnos (a nosotras mismas y a los demás) en el proceso?

Días de mucho trajín

El primer capítulo del Evangelio de Marcos nos da una vislumbre de un día en la vida del Señor Jesús. En cierto sentido, ese día en particular se parece a muchos de los días que tú y yo atravesamos.

Leamos el relato en los versículos 21-22:

"Y entraron en Capernaum; y los días de reposo, entrando en la sinagoga, enseñaba. Y se admiraban de su doctrina; porque les enseñaba como quien tiene autoridad, y no como los escribas".

Si alguna vez has dado una clase de escuela dominical, has liderado un grupo hogareño o has enseñado estudios bíblicos, sabes que hay mucho más detrás de esas palabras que lo que se ve a simple vista.

Tú sabes que no puedes pararte delante de un grupo y enseñar la Palabra de Dios con poder y eficacia sin haber pasado suficiente tiempo en la preparación; y no solo en la preparación de las notas y el material, sino en la preparación de tu vida y tu corazón.

A mí me encanta enseñar las Escrituras; para mí no hay nada que se compare a ver cómo la Palabra de Dios penetra y transforma las vidas. Pero el proceso de preparación de mis enseñanzas es intensivo.

Es una agonía determinar qué es lo que el Señor quiere que enseñe; me esfuerzo por encontrar los pasajes relacionados con el tema y para tratar de entender lo que las Escrituras realmente quieren decir. Y trabajo duro para poder recopilar el material de manera comprensible y reveladora para el oyente.

A lo largo de este proceso, le pido al Espíritu Santo que escudriñe mi propio corazón, que ilumine con la luz de su Palabra hasta el último rincón y que me muestre qué parte de mi vida disiente con la verdad que estoy a punto de proclamar. Antes de abrir mi boca para enseñar, paso tiempo en oración, clamo a Dios por una fresca unción de su Espíritu Santo en mi vida y mis labios, e intercedo por aquellos que escucharán el mensaje. Me siento como el atleta que está listo para correr una carrera importante, con cada uno de sus músculos tensos, totalmente concentrado en la carrera que tiene por delante.

Después, cuando estoy realmente enseñando, empleo más energía física, mental, emocional y espiritual. Estoy muy concentrada y nunca me desvío de mi meta; quiero que la verdad penetre en cada corazón; quiero que cada persona le diga que sí a todo lo que Él habla a su vida.

Cuando mi enseñanza termina, la batalla aún sigue; es entonces cuando a menudo el enemigo busca desanimarme con sentimientos de incompetencia o me tienta a buscar la alabanza de los hombres por mi ministerio. Cuando todo termina, por lo general estoy totalmente agotada y necesito que mi espíritu sea renovado.

Por eso, cuando leo que Jesús comenzó ese día en particular enseñando en la sinagoga, sé que no se trataba de un esfuerzo casual de su parte. Las personas lo escucharon atentamente porque notaban que aquel mensaje no era el común y corriente que estaban acostumbrados a oír en el día de reposo. A diferencia de los predicadores que solían a escuchar, Jesús habló con autoridad y poder. Nosotros sabemos que para que eso fuera posible, tuvo que haber pasado tiempo con su Padre celestial en preparación. Cuando Él ministraba, se gastaba por amor a otros.

El apóstol Pablo dijo: "Y yo con el mayor placer gastaré lo mío, y aun yo mismo me gastaré del todo por amor de vuestras almas" (2 Co. 12:15). Esto es parte de lo que implica ministrar a otros, ya sea en una sinagoga, una clase de escuela dominical o una casa llena de niños.

Confrontaba a espíritus inmundos

Este era tan solo el comienzo de un día de Jesús; su labor ni siquiera estaba cerca de concluir. Aun antes de terminar su mensaje, hubo una interrupción en el servicio. Sigamos leyendo en Marcos 1:

"Pero había en la sinagoga de ellos un hombre con espíritu inmundo, que dio voces, diciendo: ¡Ah! ¿qué tienes con nosotros, Jesús nazareno? ¿Has venido para destruirnos? Sé quién eres, el Santo de Dios. Pero Jesús le reprendió, diciendo: ¡Cállate, y sal de él! Y el espíritu inmundo, sacudiéndole con violencia, y clamando a gran voz, salió de él. Y todos se asombraron, de tal manera que discutían entre sí, diciendo: ¿Qué es esto? ¿Qué nueva doctrina es esta, que con autoridad manda aun a los espíritus inmundos, y le obedecen?" (Mr. 1:23-27).

Aquí vemos al Señor involucrado en una batalla entre el cielo y el infierno. Durante sus años de ministerio terrenal, a todo lugar donde Jesús iba, los demonios del infierno se manifestaban porque Él vivía, hablaba y ministraba en el poder y la autoridad de Dios.

Obviamente, este no fue un encuentro casual o distendido con el enemigo, sino una guerra total.

Ahora bien, yo nunca he reprendido a un demonio. Y en el curso de un día normal, es probable que ni tú ni yo tengamos un encuentro audible o visible con algún demonio. Pero la Palabra de Dios enseña que estamos en medio de una batalla contra "principados y potestades"; que en este mismo momento se está librando una batalla cósmica entre el cielo y el infierno. Y a veces, Dios nos envía justo al frente de esa batalla. Muchas de las personas que conocemos y tratamos a diario están en medio de una intensa batalla espiritual por sus almas, y por momentos quedamos atrapadas en medio de un fuego cruzado.

En el proceso de ser esposa, madre, hija, amiga, empleada, te encontrarás en medio de situaciones difíciles, agotadoras y exigentes, donde deberás estar alerta contra las artimañas de Satanás y calificada para usar la espada del Espíritu y resistir sus ataques. En estas situaciones, hay un desgaste natural para aquellos que son siervos de Dios. Jesús mismo experimentó esos momentos de intensa confrontación con los poderes de las tinieblas.

Como resultado de este encuentro con el hombre endemoniado, las Escrituras nos dicen que "muy pronto se difundió su fama por toda la provincia alrededor de Galilea" (v. 28). Trata de imaginar cómo debió de haberse complicado la vida de Jesús después de ese hecho. De repente, los habitantes de aquella región querían que fuera a predicar a sinagogas y banquetes; querían entrevistarle para sus publicaciones en la prensa local; querían que sanara a los enfermos y echara fuera a los demonios que había entre la población. Todos querían algo de Él. Más adelante, en este pasaje, vemos que finalmente llegó el tiempo cuando Jesús ni siquiera podía quedarse en las ciudades, sino que tenía que buscar lugares apartados, tranquilos donde las multitudes no podían encontrarlo, a fin de poder tener tiempo a solas con su Padre.

Tal vez, hayas tenido la experiencia de ministrar a alguien necesitado, escuchar a una joven madre desanimada, colaborar en la clase de su hijo, preparar una comida para una familia que está en una grave emergencia, acompañar a jóvenes en un viaje misionero, ministrar al hijo adolescente de una amiga que le está causando problemas o darle consejos bíblicos a una mujer con un matrimonio en crisis. Es así como se corre la voz de que tú ayudas a quienes están en problemas; y de repente, tu teléfono no para de sonar con personas que quieren de tu tiempo y tu ayuda.

¡Todos necesitan de mí!

Pues bien, el servicio en la sinagoga finalmente terminó, y tenemos una sensación de alivio cuando leemos el siguiente versículo: "Al salir de la sinagoga, vinieron a casa de Simón y Andrés, con Jacobo y Juan" (v. 29).

¡Vaya! Jesús ha pasado horas dando y gastándose por otros. Finalmente, tiene la oportunidad de irse con sus amigos y apartarse de las personas necesitadas. Así que se va a su casa, descansa sus pies, abre un buen libro y se relaja, incluso tal vez tome una siesta. ¿Estoy en lo cierto? ¡No!

Sigue leyendo: "Y la suegra de Simón estaba acostada con fiebre; y en seguida le hablaron de ella" (v. 30). Finalmente, Jesús está fuera de la vista pública, nuevamente en el seguro refugio de la casa de un amigo, y también allí, alguien necesita de Él.

¿Te identificas en algo de todo esto como mujer? ¿Sientes a veces como si no hubiera tiempo ni lugar donde poder escapar totalmente de las demandas de los demás? Si no son los compañeros de trabajo, es tu esposo; si no es tu esposo, son tus hijos; si no son tus hijos, son los hijos de tu vecina; si no son los hijos de los demás, es tu suegra; si no es tu suegra, es...

Pero como era de esperar, aparece el corazón de siervo de Jesús, dispuesto a servir al necesitado: "Entonces él se acercó, y la tomó de la mano y la levantó; e inmediatamente le dejó la fiebre, y ella les servía" (v. 31).

Finalmente, Jesús puede cerrar la puerta y disponerse a pasar una noche tranquila con sus amigos… "¡Marta, ve y fíjate quién está llamando a la puerta!".

"Cuando llegó la noche, luego que el sol se puso, le trajeron todos los que tenían enfermedades, y a los endemoniados; y toda la ciudad se agolpó a la puerta" (Mr. 1:32-33).

No sé cuántas personas fueron a ver a Jesús aquella noche, pero ¡a mí me parece que fueron muchas! Recuerda que sigue siendo el mismo día; aquella mañana Él comenzó temprano, estuvo enseñando, echando fuera demonios y sanando a los enfermos, y ahora toda la ciudad se ha agolpado a su puerta en busca de ayuda.

¿Te has sentido alguna vez como si toda la ciudad se hubiera agolpado a la puerta de tu casa? Tal vez sea a la puerta de tu baño, donde tan solo estés tratando de estar sola tres minutos sin tener que responder preguntas; pero alguien golpea a la puerta, suena el timbre de la calle, suena el teléfono o el minutero del horno, tus tres hijos parecen como si fueran treinta y tres, sientes como si medio mundo estuviera enfermo, y todos necesitan de ti; todos al mismo tiempo. Entonces entras en pánico y dices: "¡No doy abasto con todo!".

"Y sanó a muchos que estaban enfermos de diversas enfermedades, y echó fuera muchos demonios" (Mr. 1:34).

¿Cómo lo hacía Jesús?

Te preguntarás cómo lo hacía. ¿Cómo hacía para no volverse loco? ¿Cómo hacía para no perder el control? ¿Cómo hacía para atender las necesidades de tantas personas sin sufrir ninguna crisis nerviosa?

Sabemos que Jesús era Dios. Pero también era un hombre; y como tal se cansaba, tenía hambre, sabía cómo era que multitudes lo presionaran todo el tiempo, sabía cómo era que invadieran su privacidad. Pero seguía recibiendo bien a las personas. Seguía enseñando, sanando, confrontando los poderes del infierno; y nunca manifestaba un gesto de mal humor o impaciencia. ¿Cómo lo hacía?

Además, solo tenía tres años en esta tierra para llevar a cabo y consumar el plan eterno de redención. ¡Él sí tenía una larga "lista de cosas para hacer"! Sin embargo, nunca parecía apurado, molesto o abrumado por todo lo que tenía que hacer en el día. ¿Por qué no? ¿Cómo manejaba todo aquel estrés, y toda aquella presión y responsabilidad sin "perder el control"?

Creo que el versículo 35 nos da la clave; no solo para la vida de Jesús, sino también para tu vida y la mía, cualesquiera que sean nuestras responsabilidades y circunstancias específicas. Este versículo comienza: "Muy de madrugada..." (NVI).

No sé tú, pero después de tener un día tan largo y extenuante como el que acabamos de leer, sé exactamente qué quiero hacer bien temprano al día siguiente. ¡Nada más que dormir!

Ahora bien, no hay nada malo con dormir cuando nuestro cuerpo lo necesita. Pero Jesús sabía que a la mañana siguiente debía hacer algo mucho más esencial para él que dormir, aunque su cuerpo lo demandara. Se había entregado a un sinnúmero de personas necesitadas, y ahora Él mismo necesitaba una renovación de su espíritu. Sabía que eso nunca sucedería una vez que la multitud se despertara, por lo tanto, ¿qué hizo?

Muy de madrugada, cuando todavía estaba oscuro, Jesús se levantó... ¡Se levantó! Las Escrituras dicen que Jesús fue tentado en todo, igual que nosotros; por lo tanto, no tengo dudas de que sintió la tentación de seguir durmiendo. Sin embargo, optó por decirle no a su cuerpo y sí a su Padre. Se levantó, y después "salió de la casa y se fue a un lugar solitario, donde se puso a orar" (v. 35, NVI).

Y a buenas horas lo hizo, porque no pasó mucho tiempo hasta que "le buscó Simón, y los que con él estaban; y hallándole, le dijeron: Todos te buscan" (vv. 36-37).

Sin embargo, después de haber estado en presencia de su Padre celestial, Jesús sabía exactamente cómo responder a las demandas del nuevo día: "Él les dijo: Vamos a los lugares vecinos, para que predique también allí; porque para esto he venido" (v. 38).

¿Por qué fue tan crucial para el ministerio terrenal de Jesús entre nosotros esa cita matutina con su Padre?

Jesús sabía que todo poder o facultad que tenía para ministrar a otros se debía al hecho de ser "uno con el Padre". Sabía que era esencial para Él estar en estrecha relación con su Padre, pues era su Fuente de vida, gozo, poder, paz y productividad. Sabía que tenía que estar en unión y comunión con su Padre para poder conocer y hacer su voluntad. No tenía ningún otro propósito en esta tierra que cumplirla. Por lo tanto, no tenía mayor prioridad que estar en constante comunión íntima con su Padre.

Para Jesús, el tiempo a solas con Dios no era una opción. No era algo agregado a su abultada agenda como si fuera un tema secundario. Era la línea de vida con el Padre. No era algo que pudiera obviar. Era la máxima prioridad de su vida; más importante que estar con sus discípulos, más importante que predicar el evangelio, más importante que pasar tiempo con su madre y sus hermanos, más importante que responder a las exigencias y necesidades de las multitudes, más importante que cualquier otra cosa.

El Evangelio de Lucas nos dice que "él se apartaba a lugares desiertos, y oraba" (Lc. 5:16). Este era el patrón de su vida. Allí es donde recibía cada día la "orden de marchar". Allí es donde descubría la voluntad de Dios para su vida. Allí es donde era renovado y restaurado cuando había salido virtud de Él al ministrar a las multitudes. Allí es donde recibía las estrategias para batallar contra Satanás ¡y ganarle! Allí es donde se alejaba de la corrupción, la confusión y las voces de este mundo y recibía la habilidad de verlo desde el punto de vista de Dios. Allí es donde recibía la gracia para amar al que es difícil amar, y poder para hacer lo imposible.

Y allí es precisamente donde tú y yo dejamos de ir y nos perdemos todo lo que Dios tiene para nosotras. A diferencia de Jesús, intentamos vivir la vida en nuestras propias fuerzas. Pensamos que podemos seguir dando sin recibir nuevas fuerzas. Entonces, cansadas y debilitadas por las exigencias de la vida y el ministerio, manifestamos impaciencia y molestia justamente con aquellos que Dios nos ha enviado a servir. En vez de manifestar un espíritu lleno de gracia, paz y gozo, somos mujeres nerviosas, irritables e histéricas; y en vez de recibir bien a las personas y las oportunidades que Dios nos presenta en nuestra vida, las resentimos.

¿Es posible realmente manifestar el mismo espíritu que Jesús cuando nos enfrentamos a las presiones? Todo depende de si estamos dispuestas a tomar las mismas decisiones que Él tomó y adoptar en nuestra vida la misma prioridad, que para Él fue número uno:

> "Muy de madrugada, cuando todavía estaba oscuro, Jesús se levantó, salió de la casa y se fue a un lugar solitario, donde se puso a orar" (Mr. 1:35, NVI).

REFLEXIÓN PERSONAL

1. Evalúa la cantidad y calidad de tiempo que habitualmente pasas a solas con Dios en la Palabra, la alabanza y la oración. ¿Cuáles de las siguientes oraciones describe mejor la condición actual de tu vida devocional personal?

   _____ *Prácticamente no tengo vida devocional.*

   _____ *Mi vida devocional es inconstante y esporádica.*

   _____ *Dedico constantemente tiempo a la Palabra y la oración; pero*

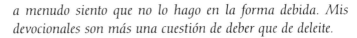

a menudo siento que no lo hago en la forma debida. Mis devocionales son más una cuestión de deber que de deleite.

_____ *Me encuentro a solas con el Señor a diario y estoy cultivando una relación íntima y beneficiosa con Él por medio de la Palabra, la oración y la alabanza.*

2. Escribe tres o cuatro palabras que describan tu espíritu cuando tienes la agenda llena o cuando estás en medio de circunstancias estresantes (por ejemplo: sereno, ferviente, desesperado, irritable).

3. Basándonos en el relato que acabamos de estudiar en Marcos 1, escribe un párrafo corto que describa la manera en que Jesús respondía ante las presiones.

¿Cómo se explica la capacidad de Jesús de responder a las interrupciones, demandas y necesidades incesantes de aquellos que estaban a su alrededor?

4. Tómate unos breves minutos para orar y pedirle a Dios que te hable a través de este estudio. Pídele que te ayude a responder como Jesús ante las circunstancias de la vida. Pídele que te dé el profundo deseo de que tu relación con Él sea la prioridad más importante de tu vida.

UNAS PALABRAS DEL CORAZÓN DE

Elisabeth Elliot

Lo necesitamos "a cada momento". Si queremos ser constantes en nuestra forma de vivir y caminar, no podemos conformarnos con dirigirnos a Dios una que otra vez de manera casual. No hay manera de vivir la vida cristiana sin un gran esfuerzo, un compromiso fiel y una disciplina espiritual.

Yo misma soy el primer obstáculo que enfrento: mi pereza, mis preocupaciones, mis problemas, mi falta de concentración. Debo afrontar esto en las fuerzas del Señor. Pero yo soy la responsable de hacer lo que debo hacer. Él me ayudará, pero no me empujará físicamente a tener el devocional o a ponerme de rodillas.

Casadas o solteras, madres o no, debemos organizarnos para buscar el momento de estar a solas con Dios de manera regular. Debemos organizarnos. Y podemos hacerlo. "Porque Jehová el Señor me ayudará, por tanto no me avergoncé; por eso puse mi rostro como un pedernal, y sé que no seré avergonzado" (Is. 50:7).

El tiempo devocional diario es una ofrenda a Dios de nuestra alabanza y de todo lo que el día pueda deparar. Para comenzar mi tiempo devocional, uso un himnario antiguo, el *Te Deum*. De esta manera, comienzo el día con alabanza, no con una lista de las cosas mezquinas que quiero para mí.

Después leo la Palabra y le pido al Espíritu Santo que hable a mi vida y mi corazón.

Canto y memorizo salmos e himnos. Trato de hacer de mí misma, de mis esperanzas y temores, de toda mi vida (circunstancias, obligaciones, trabajo, tristezas y alegrías, mi cuerpo) una ofrenda y sacrificio diario en acción de gracias.

A lo largo de todo el día, intercedo por una lista de personas y motivos de oración. Le pido a Dios que me enseñe a orar. Uso el Padre Nuestro y las oraciones de las Epístolas como ayuda. No hay excusas legítimas para dejar de orar; es posible hacerlo incluso mientras se friegan ollas en la cocina de un monasterio, como hacía el hermano Lawrence.

A medida que pasan los años, soy más consciente de mi necesidad desesperada de Cristo. Quiero escucharlo, conocerlo y glorificar su nombre cada día más.

□ □ □ ──────────────────────────────────────

Elisabeth Elliot es una oradora y escritora muy querida. Su primer esposo Jim fue martirizado por los indios aucas cuando ambos eran jóvenes misioneros en Ecuador. Elisabeth tiene una hija, ocho nietos y cuatro nietastros, y actualmente está casada con Lars Gren.

CAPÍTULO 2

Creadas para tener intimidad

A todas nos gustan las historias de amor. Las películas, los libros más vendidos y los titulares de periódicos, en su mayoría, están compuestos por historias de amor. Esto se debe a que hemos sido creadas para dar y recibir amor. Hemos sido creadas para tener intimidad.

Sin embargo, la mayoría de nosotras sabe más acerca de la ausencia de intimidad que de la realidad. Esa sensación de soledad y separación que todas hemos experimentado en algún rincón de nuestro ser es un vacío que Dios mismo ha creado, que necesitamos llenar desesperadamente; es el anhelo de tener intimidad.

Desde muy pequeñas, hemos tratado de llenar ese vacío. Anhelamos sentir cercanía, calidez y afecto; anhelamos saber que le importamos a alguien, que alguien se interesa por nuestra vida, que alguien nos sigue amando a pesar de conocernos en verdad. Sin embargo, aun en las mejores familias y relaciones humanas, en cierto modo, lo único que podemos hacer es aliviar ese profundo anhelo, pues otros seres humanos nunca podrán llenar totalmente ese vacío.

La razón es que dado que Dios es el que creó ese vacío en nuestro corazón, es el único que puede llenarlo. En las

Escrituras, vemos que Dios se acerca a nosotros; quiere que nosotros nos acerquemos a Él; nos conoce íntima y celosamente; y nos invita a conocerlo de la misma manera.

En las primeras páginas del libro de Génesis, vemos que el Padre inicia una relación con el hombre. De toda la creación, solo el hombre ha recibido la capacidad de responder a la iniciativa de Dios; de amarlo porque Él nos amó primero; de conocerlo y disfrutar de su compañía.

Sin embargo, apenas comienza la historia, el hombre rechaza esa iniciativa, y la intimidad queda truncada. En respuesta, este Dios-Amante pone inmediatamente en marcha un plan para que sus criaturas amadas, que se separaron de Él, puedan volver a tener comunión íntima con Él. ¿Cuál es el resultado de ese plan?

Cuando leemos las últimas páginas de Apocalipsis, vemos el grandioso cumplimiento del propósito eterno de Dios, dado que el cielo está habitado por aquellos cuyos corazones han sido conquistados por el amor divino y que pasarán la eternidad en una íntima relación de amor con su Creador.

Así se puede ver, de principio a fin, que la Palabra de Dios es una increíble historia de amor. Y, sorprendentemente, es una historia con tu nombre y el mío. Ya sea que hayas crecido, como yo, en la iglesia, o que no tengas ningún trasfondo religioso; ya sea que tengas un pasado "respetable" o que sea cuestionable; ya sea que tengas un gran conocimiento de la Biblia o que apenas la hayas abierto una vez, puedes formar parte de esta historia de amor.

En las Escrituras, hay muchos hombres y muchas mujeres que ilustran qué significa ser amado por Dios y responder a esa iniciativa divina con admiración, adoración y feliz sumisión.

Aquellos que bebieron del profundo manantial de ese amor divino anhelaban estar en su presencia y consideraban que su mayor privilegio y objetivo era vivir en constante unión y comunión con Dios. Sus vidas nos despiertan sed de intimidad con el Creador-Amante, que se aviene con el vacío de nuestro corazón.

Adán y Eva: Solos con su Creador

Adán y Eva fueron las primeras criaturas de Dios que experimentaron esta extraordinaria unión. En ninguna parte leemos que Dios conversara con los árboles, los peces o los océanos. En ninguna parte vemos que, hasta ese momento, Dios buscara tener relación con alguna de sus criaturas inferiores a Él; excepto con el hombre, creado a su propia imagen.

Sólo se dio a conocer a Adán y Eva; solo a ellos les reveló su carácter, sus deseos, sus caminos. El hombre y la mujer respondieron a la iniciativa divina con admiración, amor y obediencia. No había temor, porque había amor perfecto entre Dios y sus criaturas amadas. No había vergüenza, porque el hombre y la mujer se deleitaban en conocer y hacer la voluntad de Dios. Ellos recibían bien la presencia y la voz de su Creador. La comunión con Él era la razón de su existencia.

Tal vez hayas experimentado parte de esta clase de relación con Dios. Tal vez hayas sido receptora de su amor y bendición increíbles, y sepas qué es caminar con Él, escuchar su Palabra y responder en adoración y con un corazón contento.

Pero ¿sabes también cómo es perder esa intimidad? ¿Sabes qué es tomar una decisión que produzca distancia donde una vez había cercanía, temor donde una vez había confianza, y vergüenza donde una vez había libertad?

Ese momento en el cual el primer hombre y la primera mujer firmaron su propio decreto de emancipación fue decisivo. Ellos decidieron creer la palabra de la serpiente en vez de creer la palabra de Dios. Ellos actuaron independientemente de Dios y se separaron de Él. Pero cuando escucharon el sonido del Padre que caminaba por el huerto a primera hora de la mañana, tuvieron temor y no se atrevieron a estar frente a Él, ni uno frente al otro. Cubrieron la desnudez de su cuerpo y trataron de esconderse de Dios.

Como hijas de Eva, todas hemos experimentado esa espantosa sensación de vergüenza y temor que nos hace escondernos de Dios, porque sabemos que hemos rechazado el único amor verdadero que conocimos. En ese momento de oscuridad, podríamos sentir que hemos despilfarrado su amor y que nunca lo volveremos a experimentar.

Pero aun ese momento de vergonzosa separación en el huerto fue un momento de esperanza, dado que Dios, el Amante Eterno, tomó la iniciativa de restablecer la comunión con el hombre y la mujer, que se habían enemistado con Él. Por medio de un sacrificio, los vistió tierna y amorosamente con piel de animales y puso en marcha los sucesos mediante los cuales finalmente el hombre se reconciliaría con Él. Y en todo ese tiempo, Dios nunca dejó de amarlos, comunicarse con ellos, buscarlos, tomar la iniciativa. Así como nunca ha dejado de amarnos y buscarnos a ti y a mí.

Abraham: Amigo de Dios

Siglos más tarde, mientras seguía con su grandioso y eterno plan, Dios se manifestó a otro hombre. Muchas veces he tratado de imaginar qué debío de haber sentido Abraham la primera vez que escuchó la voz de Dios. Abraham no estaba buscando a Dios; él ni sabía que había un Dios. Había sido criado en una cultura idólatra y pagana donde jamás nadie había conocido a Dios. No había creyentes, ni Biblias, ni himnarios, ni iglesias, ni clases de escuela dominical ni predicadores; solo un absoluto silencio del cielo.

Después, un día, Dios interrumpió en el silencio. Se presentó a Abraham y le hizo algunas promesas increíbles. Abraham escuchó la voz de Dios. Y creyó.

Cuando nadie más estaba escuchando, cuando nadie más creyó, Abraham recibió la gracia de responder a la iniciativa de Dios. La historia de su vida es la historia de un hombre que escuchó la voz del Señor, quien le reveló sus secretos, sus planes y su voluntad. Es la historia de un hombre que respondió a la voz de su Amado en adoración, fe, amor y obediencia. Los altares erigidos en Siquem, Betel, Hebrón y el monte Moriah prueban la evidencia de este "amigo de Dios"; un hombre que caminaba en íntima unión y comunión con el Creador.

No es que Abraham nunca vacilara en su fe. De hecho, en más de una ocasión actuó como si no conociera en absoluto a Dios. Pero el amor divino no estaba fundado en el comportamiento de Abraham. Aun cuando este comenzó a actuar como un pagano, Dios buscó apasionada e incesantemente su alma, como lo hizo con Adán y Eva. Como lo hace contigo y conmigo.

David: "Una cosa he demandado"

Catorce generaciones después de Abraham, otro amigo de Dios prolongó la línea que nos llevaría hasta el mismo Señor Jesús. Como estratega y guerrero militar, como músico y poeta, y como hombre de estado y rey —casi en cualquier función—, David se destacaba notablemente entre los hombres de su época.

Este hombre lo tenía todo: fama, popularidad, fortuna, capacidad natural y amigos leales. Por lo tanto, cuando David dice: "Una cosa he demandado a Jehová, ésta buscaré..." (Sal. 27:4), nos preguntamos: ¿Qué es lo que más deseaba y anhelaba este hombre? ¿Qué le importaba más que cualquier otra cosa? ¿Cuál era su mayor prioridad aquí en la tierra? Si solo se pudiera decir una cosa de él al final de sus días, ¿qué querría él que fuera?

A propósito, ¿cómo terminarías *tú* esta oración? "Una cosa he demandado a Jehová, esta buscaré; _____". ¿Qué es lo que más deseas y anhelas? En la respuesta a esta pregunta, se encuentra la explicación de mucho de lo que hacemos; de nuestras decisiones, nuestras prioridades, el uso de nuestro tiempo, nuestra manera de gastar el dinero, nuestra manera de responder a las presiones, a quién o qué amamos. La respuesta de David revela por qué Dios pudo decir: "He hallado a David, varón conforme a mi corazón".

"Una cosa he demandado a Jehová, ésta buscaré; que esté yo en la casa de Jehová todos los días de mi vida, para contemplar la hermosura de Jehová, y para inquirir en su templo" (Sal. 27:4).

A pesar de todo lo que poseía, todo lo que había hecho, todas las personas que conocía, todos los lugares que había frecuentado, y todos los privilegios y las oportunidades que había disfrutado, David solo deseaba ardientemente una cosa en la vida: caminar en íntima unión y comunión con Dios. Es como si estuviera diciendo: "Si solo pudiera hacer una cosa en la vida, si no pudiera hacer nada más, esto es lo único que me importa; esta es mi meta más alta y mi prioridad número uno: *vivir* en la presencia del Señor, *contemplar* su hermosura y *aprender* de Él. Quiero conocerlo, amarlo, tener una relación íntima con él. Eso es lo que más me importa en la vida. Y lo que voy a buscar más que otra cosa en la vida".

Igual que Abraham, David tenía debilidades. Lo demostró en algunas de las relaciones más importantes de la vida. Pero este Dios-Amante no lo abandonaría. Con un amor que lo confrontaba, lo convencía de pecado, lo consumía y lo limpiaba, Dios buscaba a su amado. En ciertos momentos, podríamos preguntarnos por qué Dios insistía con *él*. La respuesta es la misma razón por la que insiste con nosotras: porque es un Amante que busca tener una relación; un Dios que nunca deja de amarnos y buscarnos.

María y Marta de Betania: "Solo una cosa es necesaria"

El Nuevo Testamento nos presenta otra figura conocida; esta vez es una mujer que disfrutaba de una íntima relación de amor con su Señor y que valoraba el tiempo a solas en su presencia. En realidad, la historia de María de Betania está estrechamente ligada a la de su hermana, Marta. Es una historia que me habla cada vez que la leo.

Encontramos por primera vez a estas dos mujeres en Lucas 10:38-42, donde se nos dice que "Marta le recibió [a

Jesús] en su casa" (v. 38). ¡Qué maravilloso escuchar esto de una mujer! Marta era una "anfitriona por excelencia"; la hermana con un talento extraordinario para la hospitalidad.

Cuánto necesitamos hoy día mujeres que estén dispuestas a abrir su corazón y su hogar a otros. En una época en la cual la mayoría de las mujeres invierte sus mejores horas en trabajar fuera de su casa, encontramos muy pocas que tengan un corazón hospitalario; para servir y ministrar a otros, ya sea en su hogar, en la iglesia, en un restaurante o en un parque.

A medida que se desarrolla el relato, vemos una escena dramática que conozco demasiado bien. Una banda de hombres hambrientos llega a la casa de Marta. Puedo imaginarme el proceder de esta mujer sumamente organizada y eficiente. Les da órdenes a todos los que tiene a su alcance; no hay tiempo que perder; el tiempo apremia; hay que amasar y hornear el pan; hay que preparar y asar la carne; hay que lavar y saltear los vegetales; hay que limpiar el piso, poner la mesa; servir las bebidas...

Al leer el pasaje, podemos percibir que las cosas no están muy bien, y que esta mujer virtuosa está nerviosa y alterada; ¡es que no hay manera de que todo esté listo a tiempo! Leemos que "Marta se preocupaba con muchos quehaceres" (v. 40). La Nueva Versión Internacional dice: "Marta, por su parte, se sentía *abrumada* porque tenía mucho que hacer" (cursivas añadidas). La palabra *abrumada* literalmente significa "separada".[1] ¿Te has sentido así alguna vez? Pues yo sí.

Comenzamos con las mejores intenciones de servir a aquellos que nos rodean. Pero una circunstancia se suma a la otra hasta que nos obsesionamos tanto con la mecánica y los detalles de nuestro trabajo, que comenzamos a sentirnos separadas y perdemos de vista qué fue lo que en un principio nos llevó a servir.

Me ha sucedido en la cocina, al preparar el refrigerio para un grupo de estudio bíblico. Me ha sucedido en mi cuarto de estudio, al preparar los mensajes de una conferencia para mujeres. Me ha sucedido en la iglesia, al coordinar los detalles para la clase de escuela dominical.

Tal vez todo sucedió cuando Marta se olvidó de poner el minutero, y los panes se quemaron; cuando la irritación, que se estaba generando, finalmente comenzó a arder al mirar alrededor y darse cuenta de que su hermana menor no estaba en ningún lado.

—¡¿Dónde está María?! —le reclamó al criado que estaba más cerca.

—Está en la sala con los hombres.

Eso era demasiado. ¡Marta no aguantó más!

Cuando estalló, no fue a hablarle a María, sino directamente a Jesús. "Señor —protestó—, ¿no te da cuidado que mi hermana me deje servir sola?" (v. 40). Cuando nos preocupamos por las cosas terrenales y no por las eternas, somos egocéntricas, nos enojamos y nos resentimos. Comenzamos a sentir conmiseración de nosotras mismas y a creer que nadie —ni siquiera Jesús— sabe todo el sacrificio que hemos hecho o que ni siquiera le importa. "Dile, pues, que me ayude", le pide. (¿Has llegado a decirle alguna vez a *Dios* lo que tiene que hacer?).

La razón por la que hasta ahora la mayoría se identifica con esta historia es porque hemos conocido en carne propia esa perturbación interior; nos hemos disgustado, nos hemos enojado y nos hemos vuelto exigentes; hemos sentido como si hubiéramos perdido el control de nuestras circunstancias y emociones. Después de estallar de ira, nos sentimos horribles y pensamos: *¿Qué me pasó? ¿Por qué actué de esa manera? ¿Por qué me puse tan tensa y nerviosa por algo tan insignificante como unos panes quemados?*

Las palabras que Jesús habló a Marta están dirigidas a todas las Martas que hay en nosotras. Con paciencia le dijo: "Marta, Marta, afanada y turbada estás con muchas cosas. *Pero sólo una cosa es necesaria*; y María ha escogido la buena parte, la cual no le será quitada" (Lc. 10:41-42, cursivas añadidas).

¿Qué es lo que María había elegido? ¿Qué estuvo haciendo

María todo ese tiempo? Tan solo estuvo sentada a los pies de Jesús para " [oír] su palabra" (v. 39).

Es como si Jesús dijera: "Marta, tienes muchas cosas en la cabeza y en tu 'lista de cosas para hacer'. No tiene nada de malo que quieras servirnos la cena. El problema es que has permitido que tu 'lista de cosas para hacer' te aparte y te distraiga de lo único que realmente importa en este mundo: conocerme, escucharme, tener una relación conmigo. Esto es lo único absolutamente esencial. Aunque no llegues a hacer las otras cosas de tu lista, ¡nunca dejes de hacer esta!".

Jesús le recordó a Marta que María había tomado la *decisión* de cultivar su relación con el Maestro. Para desarrollar intimidad con el Señor, es necesario tomar una decisión consciente y deliberada. Es la decisión de pasar tiempo sentadas a sus pies y escuchar su Palabra, incluso cuando hay otras cosas buenas que demandan nuestra atención. Es la decisión de ponerlo a Él primero, por encima de los demás quehaceres y responsabilidades que tenemos.

Es como si escuchara a Jesús decirle a Marta: "No tenemos que tener una cena de cinco platos. Yo estoy bien con una sopa y unas galletas. No importa si la cena se retrasa, si los panes se queman o si ni siquiera cenamos. Nada de esto realmente importa. Lo que realmente importa es mi relación contigo. Por eso vine a tu casa. Por eso vine a este mundo. Tu compañía significa mucho más para mí que tu comida. *Tú eres mucho más importante que cualquier cosa que hagas para mí*".

Por lo tanto, volvemos al punto de partida y nos damos cuenta de que Dios es el Amante que nos creó para que tengamos relación con Él. De esto se trata la vida cristiana. No se trata de lo que hacemos para Dios; se trata de recibir su amor, de amarlo porque Él nos amó primero y de caminar en unión y comunión íntima con Él.

La decisión que María tomó no fue por obligación, sino por devoción. Ella no estaba sentada a los pies del Señor Jesús por un sentido del deber, sino porque valoraba su relación con Él.

Poco antes de que Cristo fuera a la cruz, María asistió a

otra cena donde Jesús fue un invitado; esta vez en la casa de Simón el leproso (Jn. 12:1-8). Una vez más, encontramos a Marta que se está encargando de servir (¡aunque quisiera pensar que sirvió esta comida con una actitud diferente!). Y una vez más, encontramos a María a los pies de Jesús, esta vez ungiendo sus pies con una libra de un costoso ungüento. Esta acción, aunque despertó la indignación de algunos de los que observaban, fue muy apreciada por Jesús, pues Él sabía que su amor había cautivado el corazón de ella.

Devocionales sin "devoción"

Puede que algunas hayamos tenido *devocionales*, pero sin *devoción*. Hay una gran diferencia. Puede que leamos la Biblia y "digamos nuestras oraciones", pero sin cultivar una relación de amor con nuestro Dios-Amante. Sabemos mucho *acerca* de Él, pero en realidad no lo conocemos *a Él*. Estamos activas y ocupadas en una diversidad de actividades espirituales, pero hemos perdido la perspectiva y ya no sabemos a quién estamos sirviendo y por qué.

El resultado de nuestra religión "sin devoción" se ve en la manera de responder ante las presiones. Son muchas las mujeres cristianas con estrés crónico. Dondequiera que vaya, lo veo en los ojos y lo escucho en las voces de las mujeres; y muchas veces lo veo cuando me miro al espejo. Sé qué se siente cuando nos presionan de todos lados. Sé qué es responder por cansancio, con un espíritu de hastío e impaciencia. Y sé qué es discutir con Dios, incluso con los ojos llenos de lágrimas por la frustración que sentimos con nosotras mismas y con nuestras reacciones.

También sé que hay un solo lugar donde nuestro ego que se enoja, reacciona y se agobia puede ser transformado —el mismo lugar que eligió María—: a los pies de Jesús. Debemos tomar la decisión diaria, consciente y deliberada de sentarnos a sus pies, de escuchar su Palabra, de recibir su amor, de permitir que nos cambie y derramar nuestro corazón en devoción a Él.

Cuando entro en su presencia, todo el mundo parece diferente. Cuando me acerco a su corazón, encuentro misericordia a pesar de saber que merezco el juicio; encuentro perdón de todas mis acciones mezquinas y egoístas; encuentro gracia para todas mis faltas; encuentro paz para mi corazón atribulado; encuentro perspectiva para corregir mi punto de vista distorsionado. En Él, encuentro el ojo en medio de la tormenta. ¡Oh! Puede que la tormenta alrededor de mí no se calme inmediatamente; pero la tormenta *dentro* de mí se aquieta.

Una invitación a la intimidad

Por lo tanto, Dios, con su corazón de Padre-Amante, sigue llamándonos a tener una relación con Él. Busca amantes. Siempre piensa en nosotras, siempre desea nuestra compañía y nuestra comunión; Él anhela escuchar nuestra voz y ver nuestro rostro.

Hasta que nuestra máxima prioridad y meta en la vida sea buscar a Dios, no podremos cumplir el propósito por el cual Él nos ha creado. Nada —absolutamente nada— es más importante. Y esa relación por la que hemos sido creadas no puede cultivarse o sostenerse si prescindimos del tiempo regular a solas con Él.

¿Cómo es tu relación con Él? ¿Es íntima, vital y creciente? ¿O se ha vuelto distante y desapasionada? ¿Cultivas esta relación y pasas tiempo a solas con Él cada día? ¿Te está dando Él un nuevo deseo de conocer más a Dios y su amor, y ofrecer verdadera devoción a Él? Si es así, ¿por qué no tomas la oración de David (Sal. 27:4) y la haces tuya?

> *Señor, tú me has mostrado que solo una cosa es absolutamente necesaria; y es la única cosa que deseo con todo mi corazón: que pueda estar en tu presencia todos los días de mi vida, que pueda contemplar tu hermosura en admiración y adoración, y que pueda conocer tu corazón, tus caminos y tu voluntad. Me consagro a este propósito supremo. Por tu gracia, haré de esta mi mayor prioridad en la vida. Amén.*

*R*EFLEXIÓN PERSONAL

1. ¿Qué personas de las que conoces parecen tener una relación íntima y personal con el Señor? ¿A qué atribuyes su cercanía a Dios?

2. Marta se "separó" para ocuparse de los preparativos para la comida. ¿Cuáles son algunas de las cosas que te separan y te impiden sentarte a los pies de Jesús para escucharlo?

3. Si alguien viera tu manera de pasar el tiempo, ¿cuál diría que es la mayor prioridad en tu vida?

4. Describe una época de tu vida cuando el hecho de tomar un tiempo para "sentarte a los pies de Jesús" influyó notablemente en tu perspectiva o tu capacidad de responder a tus circunstancias.

UNAS PALABRAS DEL CORAZÓN DE

Nancy Wilson

*C*omo en cualquier relación, es absolutamente esencial que mantenga mi corazón unido al corazón del Señor. ¿Cómo puede prosperar una relación sin pasar tiempo de intimidad juntos? La constancia de estos tiempos a solas con Dios cultiva la práctica de su presencia en mi vida diaria y mi ministerio. Yo le digo que Él es la prioridad número uno en mi vida y le doy la oportunidad de redirigir mis pasos de acuerdo a sus asignaciones y propósitos para mí. Mi mayor deseo es mantener la llama de mi primer amor ardiendo.

A veces el trajín de la agenda de viajes me dificulta apartar suficiente tiempo a solas con Dios. Pero me he propuesto que Él sea lo primero y he encontrado la manera de elegirlo a Él por encima de otras cosas. Por ejemplo, si estoy en una conferencia, a menudo falto al desayuno para pasar tiempo a solas con el Señor. O fijo un momento especial en mi agenda para encontrarme con Él.

Cuando no estoy bien, me doy cuenta de que no estoy tan ansiosa por estar en la presencia de mi *Abba* Padre. He aprendido a contrarrestar todo pensamiento equivocado, a resistir al enemigo y a correr a los brazos de mi Padre amado al concentrarme en su verdad, sus promesas y su increíble amor y pasión por mí. A menudo pienso acerca del hecho de que soy su Esposa amada y que Él me ama y me valora. Eso me da grandes deseos de encontrarme con Él y me ayuda a ver su proceso de santificación como una preparación para pasar la eternidad en su presencia.

He llegado a valorar el lugar de la Palabra en mi vida. Hago uso de la Palabra al orar, alabar y confrontar las mentiras del enemigo, y al buscar la voz de Dios.

Al adorar al Señor, me concentro en su dignidad. Al alabar aparto mis ojos de mí misma y los pongo en Aquel que es digno. Aunque veo mi propia indignidad, no dejo de ser consciente de su increíble gracia. Debo insistir en entrar al Lugar Santo por la sangre de Cristo. Después, puedo llegar tranquilamente al trono de la gracia y hallar la oportuna gracia y misericordia en mi necesidad. ¡Qué precioso Salvador, Esposo y Rey!

□ □ □ ────────────────────────────

Nancy Wilson es la directora asociada nacional de Student Venture, la extensión para escuelas secundarias de Cruzada Estudiantil para Cristo. Nancy es una mujer soltera y participa activamente de la predicación del evangelio de Cristo a jóvenes de todos los Estados Unidos y del mundo.

PARTE DOS

El propósito
de la
vida devocional

Te ruego que me muestres ahora tu camino, para que te conozca.

ÉXODO 33:13

El joven creyente debe entender que, en sí mismo, no tiene poder para sustentar su vida espiritual. No; necesita recibir nueva gracia del cielo mediante una vida diaria de comunión con el Señor Jesús. Esto no puede obtenerse por medio de una oración a la ligera o una lectura superficial de unos pocos versículos de la Palabra de Dios. Debe tomar la decisión deliberada de apartar un tiempo para estar a solas en la presencia de Dios, pensar en sus debilidades y necesidades, y esperar que Él renueve la luz y la vida celestial en su corazón por obra del Espíritu Santo. Después, merecidamente, podría esperar que el poder de Cristo lo guarde a lo largo de todo el día y en todas sus tentaciones.

ANDREW MURRAY

CAPÍTULO 3

La vida interior

¿Alguna vez has pensado de esta manera en lo más íntimo de tu ser?

> Si aparto tiempo para mis devocionales, Dios estará contento conmigo. Si no lo hago, estará descontento.

> Apartar tiempo para mis devocionales diarios me hace más espiritual. Si no aparto tiempo para mis devocionales diarios, soy menos espiritual.

> Si hoy tengo mi devocional, Dios me ayudará durante el día, y no tendré problemas. Si no tengo mi devocional, Dios no me ayudará, y estoy segura de que tendré todo tipo de problemas.

> Tengo que apartar tiempo para mis devocionales diarios; todo buen cristiano lo hace.

Hemos visto que pasar tiempo a solas con Dios de manera regular debe ser nuestra *prioridad*. Hemos visto que Jesús consideraba que era imperativo establecer y mantener un tiempo regular de comunicación con su Padre. Hemos notado que, en las Escrituras, una característica distintiva de los hombres y las mujeres de Dios era su sumo interés en conocer al Señor. Hemos dicho que pasar tiempo con Dios debe ser la prioridad número uno de nuestras vidas para poder cumplir el propósito para el cual Él nos ha creado.

Ahora veremos más específicamente el *propósito* de pasar tiempo a solas con Dios. Una de las principales razones por las que las personas experimentan un sentido de frustración y fracaso en su vida devocional es porque no entienden *por qué* este hábito es tan importante. Como resultado, hay creyentes sinceros que tienen (o tratan de tener) sus devocionales diarios por todo tipo de razones equivocadas.

Pensamientos como los anteriormente detallados han esclavizado a muchos creyentes y les han impedido entrar en el verdadero propósito de apartar tiempo cada día para encontrarse con Dios.

Debemos entender que el propósito de nuestro devocional diario no es para obtener puntos extra con Dios; tampoco es una manera de evitar que Él nos desapruebe; no estamos tratando de ganarnos su favor o hacer que nos ame más. Si le pertenecemos a Él, *ya tenemos* su favor; Él no podría amarnos más, como tampoco podría amarnos menos.

Asimismo, apartar tiempo para la práctica devocional, en sí, no necesariamente nos hace más espirituales. (Los fariseos eran conocidos por sus "hábitos devocionales", pero estaban lejos de ser espirituales). El devocional tampoco es una especie de amuleto para la buena suerte que pone a Dios de nuestro lado, nos garantiza un buen día y nos evita problemas. Los devocionales diarios no son una manera de negociar o hacer un trueque con Dios.

Entonces, ¿cuál *es* el propósito del devocional? ¿Por qué vale la pena hacer el esfuerzo de levantarse más temprano por la mañana y hacerse tiempo en medio de una agenda ya saturada para priorizar nuestro devocional diario? ¿Qué esperamos lograr durante ese tiempo? Y ¿por qué este hábito es tan importante en la vida del creyente? Quisiera sugerir ocho propósitos que he descubierto. Los primeros cuatro, que abordaremos en este capítulo, se refieren principal-

mente a nuestra vida interior con Dios. En el próximo capítulo, examinaremos los cuatro propósitos adicionales que
afectan no solo a nuestra vida interior, sino a nuestro estilo
de vida y a nuestras relaciones interpersonales.

Comunión

El propósito más importante de la vida devocional diaria
no es que podamos cumplir con otra tarea de nuestra "lista
de cosas para hacer", sino más bien que podamos experimentar una unión y comunión íntima con Dios. Recuerda,
estamos hablando de una relación. El Dios del universo *te
ama* y te ha creado para tener *amistad* contigo. Tal vez digas:
"¿Es realmente posible? ¿Cómo podría alguien como yo tener
una relación íntima con Dios?". Moisés debió de haber pensado lo mismo en una época.

Moisés y Dios llegaron a experimentar una relación
extraordinaria. Pero no comenzó así. De hecho, el primer
encuentro entre ambos a duras penas podría llamarse
íntimo. Al estar frente a la zarza que ardía en la ladera de
una montaña y escuchar la voz de Dios, Moisés se atemo-
rizó. Las Escrituras dicen que "cubrió su rostro, porque tuvo
miedo de mirar a Dios" (Éx. 3:6).

Pero una vez que el Señor atrajo la atención de Moisés,
comenzó a darle a conocer cosas que ningún otro hombre
de su época conocía. Dios le reveló la compasión de su corazón y su profundo interés en los sufrimientos del pueblo de
Israel en Egipto. Le reveló su deseo de liberar a su pueblo de
la esclavitud. Le reveló su plan de usar a Moisés como su
instrumento. Y le reveló que tenía todo el poder y los recursos para llevarlo a cabo.

Al pensar en su pasado poco honroso y sus aptitudes
comunes y corrientes, Moisés debe de haber pensado que
no podía ser. Se debe de haber sentido inseguro, conster-
nado e inepto (¿te has sentido así alguna vez?). No obstante,
respondió a la iniciativa de Dios, y desde ese día su vida
nunca volvió a ser la misma; así como tu vida nunca volverá

a ser la misma una vez que te embarques en la aventura de vivir una relación sustancial y creciente con Dios.

Durante los siguientes cuarenta años, solo Moisés tuvo comunión íntima con Dios, pues, con la excepción de Josué, hubo pocos que tuvieron el mismo anhelo de conocer a Dios. Tal vez sepas qué es caminar sola con Él, sin la compañía de una pareja, hijos o amigos íntimos. Pero ten ánimo, aunque puede que en tu vida no haya nadie comprometido a caminar con Dios, aun así puedes disfrutar de una comunión personal con Él.

Después de sacar al pueblo de Israel de Egipto y cruzar el Mar Rojo, Moisés siguió consagrándose a la búsqueda de la comunión con Dios. A veces, eso significaba responder al llamado divino de pasar un período prolongado de tiempo a solas con Él en la montaña.

Durante uno de esos tiempos de aislamiento, Dios dio instrucciones a su siervo para la construcción de un tabernáculo y describió el propósito de esa tienda: "en el cual me reuniré con vosotros, para hablaros allí. Allí me reuniré con los hijos de Israel" (Éx. 29:42-43). El propósito del tabernáculo (y posteriormente del templo) fue que hubiera un lugar en esta tierra donde Dios pudiera tener comunión con su pueblo. Durante siglos, si un israelita quería encontrarse con Dios para tener comunión con Él, acudía al lugar de reunión que Dios había establecido para tal propósito.

Al leer el Nuevo Testamento, aprendemos que ya no necesitamos ir a un lugar o una tienda física de reunión para tener comunión con Dios. La llegada de Cristo y el derramamiento de su sangre por nuestros pecados han abierto un camino para que podamos acercarnos al Padre directamente, sin la necesidad de un mediador humano. Mediante la morada de su Espíritu Santo, tú y yo nos hemos convertido en el templo de Dios, el mismo lugar donde Él habita.

El propósito de este nuevo templo es el mismo que el del templo de la Antigüedad; un lugar donde podamos ir y tener comunión con Dios. Este es el mensaje de las palabras de Jesús a la iglesia de Laodicea: "He aquí, yo estoy a la puerta y llamo; si alguno oye mi voz y abre la puerta, entraré a él, y cenaré con él, y él conmigo" (Ap. 3:20). Comer una comida juntos es un símbolo universal de amistad y comunión. Igual que el caso de Moisés, el propósito de nuestro tiempo devocional no es cumplir con ciertos requisitos espirituales o con alguna clase de tarea o asignación celestial, sino sentarnos y comer una comida en compañía del Señor; tener comunión con Él.

Como resultado de los períodos prolongados de tiempo que Moisés pasaba en presencia de Dios, disfrutaba de una profunda amistad con Él, que era poco común. Mientras que en el campamento, los demás no podían acercarse a Él o mirar su gloria, "hablaba el SEÑOR con Moisés cara a cara, como quien habla con un amigo" (Éx. 33:11, NVI). Moisés no pudo ver su rostro (vv. 21-33), pero Dios le habló directamente, no a través de un intermediario.

UNA AMISTAD CARA A CARA

Las palabras "cara a cara" de Éxodo 33:11 son una descripción de intimidad. La ilustración de dos amantes. Por otro lado, cuando algo se interpone entre dos compañeros, puede ser molesto e incómodo estar cara a cara. Recuerdo haber escuchado a una esposa describir un desacuerdo que había tenido con su esposo la noche anterior. Ella dijo: "¡Me acosté, me di vuelta hacia la pared y le di la espalda a mi esposo!". No hace falta ser terapeuta para saber que esa relación está en problemas. La intimidad ha sido vulnerada.

Habrás visto el mismo principio presente en los niños. Cuando tu hijo hace algo malo, ¿qué es lo último que quiere mirar? Tus ojos. Tú sostienes su pequeño rostro entre tus manos y le dices firmemente: "¡Mírame a los ojos!". Pero él evita mirarte. ¿Por qué? Porque algo se ha interpuesto entre los dos, y la comunión se ha roto.

Si has caminado con Dios por algún tiempo, sabes qué es tener una brecha en la relación; te resulta difícil mirarle "a los ojos". El propósito del tiempo de devocional diario es volver a entrar en su presencia, averiguar qué ha causado la brecha y restablecer la comunión. Después podremos volver a mirar su rostro sin vergüenza o temor.

Vemos en Moisés a un hombre que siempre anhelaba tener una comunión más profunda con el Padre. En una de las más íntimas conversaciones con Dios que se hayan registrado, Moisés le rogó: "Ahora, pues, si he hallado gracia en tus ojos, te ruego que me muestres ahora tu camino, para que te conozca" (Éx. 33:13). Esta es la oración de un hombre que no solo quería conocer más *acerca* de Dios, sino que quería *conocer a* Dios.

Cuando te encuentres con el Señor en tu tiempo de devocional diario, no olvides que el principal propósito no es simplemente adquirir más conocimiento acerca de Dios o de su Palabra, sino conocerlo a Él y disfrutar de una íntima comunión con Él. Puede que seas una estudiante avezada en la Palabra. Puede que incluso seas líder de un estudio bíblico. Pero si el estudio de la Palabra no te lleva a *conocer a Dios*, no habrás comprendido para nada el propósito.

En las primeras hojas de mi Biblia, tengo escritas estas líneas que expresan mi anhelo de llegar a conocer a Dios a través de su Palabra:

> Más allá de estas páginas divinas,
> a *ti* Señor busca mi alma.
> ¡Oh!, mi espíritu por *ti* suspira,
> pues vida es para mí tu Palabra.
> —MARY A. LATHBURY (1841-1913),
> CURSIVAS AÑADIDAS.

Purificación

¿Has sentido alguna vez que lo único que haces es limpiar? Eso se debe a que las cosas (y las personas) tienden a ensuciarse. Ya sea la ropa, las manos de los niños, el piso de la cocina, el baño, las láminas de vinilo, el pasillo de entrada de la casa o nuestro cuerpo; ocuparse del polvo, las migas y la mugre que se acumulan es un proceso necesario e interminable.

El segundo propósito de la vida devocional es la purificación o limpieza de nuestra vida o nuestro corazón. Ahora bien, en lo que se refiere a nuestra *posición* delante de Dios, ya hemos sido declaradas justas, pues el Señor Jesús ha tomado todas nuestras maldades sobre Él mismo y nos ha vestido con su justicia.

En lo que se refiere a nuestra *perspectiva* del futuro, Dios nos ha elegido "antes de la fundación del mundo" y ha determinado "que fuésemos sant[as] y sin mancha delante de él" (Ef. 1:4). Él nos ha predestinado para ser una esposa santa para su Santo Hijo, y un día lo seremos.

Sin embargo, en lo que respecta a nuestra *práctica*, no siempre vivimos conforme a nuestra posición y perspectiva santa. Tú y yo vivimos en un mundo corrupto. Moramos en una carne contaminada, de modo que solemos ensuciarnos los pies, las manos y nuestro vestido espiritual.

En la última cena, Jesús tomó el lugar de siervo y comenzó a ir de uno en uno alrededor de la mesa para lavar los pies de sus discípulos. Cuando llegó a Pedro, le enseñó una importante lección respecto a la limpieza. Pedro no se sentía cómodo con la idea de que el Maestro le lavara los pies. En respuesta a la protesta de su discípulo, Jesús le dijo que si no le lavaba los pies no tendría parte con Él.

El Hijo de Dios puro, sin mancha ni contaminación no puede caminar en unidad con los creyentes impuros y contaminados. "¿Andarán dos juntos, si no estuvieren de acuerdo?" (Am. 3:3). "vuestras iniquidades han hecho división entre vosotros y vuestro Dios", les explicó Isaías a los adoradores que querían saber por qué Dios no escuchaba sus oraciones (Is. 59:2).

Cuando Pedro se dio cuenta de cuál era el costo de impedir que Jesús le lavara los pies, decidió que estaba dispuesto a que le lavara por completo. "Le dijo Simón Pedro: Señor, no sólo mis pies, sino también las manos y la cabeza" (Jn. 13:9).

Jesús siguió explicando que "el que está lavado, no necesita sino lavarse los pies, pues está todo limpio; y vosotros limpios estáis" (v. 10). En otras palabras, una vez que tenemos una relación con Cristo a través de su sangre vertida en la cruz, hemos sido lavadas para siempre. Pero cuando permitimos que nuestra vida se contamine en medio de este mundo o como resultado de las decisiones de nuestra naturaleza humana, necesitamos ser purificadas una vez más.

En el tabernáculo del Antiguo Testamento, encontramos una notable figura de este proceso de limpieza. Antes de entrar al Lugar Santo para representar al pueblo delante de Dios, el sacerdote primero se detenía delante del altar de bronce donde ofrecía el sacrificio de un animal inocente por su propio pecado y por el pecado del pueblo. Después, el sacerdote pasaba a la fuente de bronce donde se lavaba las manos. Y regresaba tantas veces como lo necesitaba a lo largo del día. Aunque Cristo ha derramado su sangre en expiación por nuestros pecados, cuando entramos a su presencia, Él nos lleva a la fuente de bronce para que podamos lavarnos las manos y los pies de cualquier cosa que nos haya contaminado.

EL AGUA DE LA PALABRA NOS LIMPIA

¿Con qué "agua" Dios nos purifica? Con el agua de la Palabra. Jesús oró por sus discípulos y dijo: "Santifícalos en tu verdad; tu palabra es verdad" (Jn. 17:17). En sus últimas palabras a los discípulos antes de ir a Getsemaní, Jesús dijo: "Ya vosotros estáis limpios por la palabra que os he hablado" (Jn. 15:3).

El libro de Efesios enseña que "Cristo amó a la iglesia, y se entregó a sí mismo por ella" (Ef. 5:25). Su muerte en la cruz surgió de su compromiso con una relación de amor. El versículo siguiente nos revela el propósito principal para la Iglesia y cómo Él piensa cumplir ese propósito: "para santificarla, habiéndola purificado en el lavamiento del agua *por la palabra*" (v. 26, cursivas añadidas). El Espíritu Santo toma la Palabra y la aplica a nuestros corazones para limpiarnos y purificarnos. Con frecuencia, tanto antes como después de leer la Palabra, le pido a Dios que la use para limpiar las partes más secretas de mi corazón.

Cuando paso tiempo a solas con Dios a la mañana, le pido a Él, que todo lo ve y todo lo sabe, que exponga cualquier cosa que no sea santa en mi corazón. Él me conoce mejor que yo misma. Y dado que mi tendencia natural es cubrir mi pecado, le pido que alumbre mi corazón con la luz de su santidad y me muestre qué ve allí. Mediante la adoración, la oración y la Palabra, salgo de la oscuridad para entrar a su luz, y oro:

> "¿Quién podrá entender sus propios errores? Líbrame de los que me son ocultos... Examíname, oh Dios, y conoce mi corazón; pruébame y conoce mis pensamientos; y ve si hay en mí camino de perversidad, y guíame en el camino eterno" (Sal. 19:12, 139:23-24).

Día a día, cuando someto mi corazón a su luz, Él fielmente me hace ver aquello que le ha contristado: una palabra dura a un empleado, una decisión o gasto de dinero egoísta, una actitud altiva y poco cariñosa hacia otra persona, un corazón ambicioso, incredulidad, una respuesta impaciente, la búsqueda de la alabanza o admiración humana, haber recibido la gloria por lo que Él ha hecho, un espíritu desagradecido, falta de perdón o resentimiento, la exigencia de derechos...

Al ver lo que la luz pone de manifiesto, acepto mis errores, los confieso como pecado y le pido que me limpie con su sangre preciosa y su Palabra. Si mi pecado ha afectado a otros, me propongo pedirles perdón. Entonces soy libre para caminar delante de Él, sin culpa o vergüenza, y con un corazón puro y una conciencia limpia para con Dios y todos los hombres.

Después de recibir la limpieza de su Palabra por nuestros pecados, Dios usa las Escrituras para proteger nuestro corazón y prevenir que volvamos a pecar contra Él: "¿Con qué limpiará el joven su camino? Con guardar tu palabra" (Sal. 119:9).

*R*estauración

Pregúntale a cualquier mujer hoy cómo está, y es muy probable que te responda: "¡Ocupada!" o "¡Exhausta!". Horarios saturados y vidas estresadas parecen estar a la orden del día. No creo que el problema sea solo una cuestión de cuánto tenemos que hacer. Si así fuera, todo lo que necesitaríamos serían unas vacaciones. Incluso es probable que hayas experimentado, igual que yo, que cuando te tomas unas vacaciones, solo regresas más exhausta que cuando te fuiste. Estoy convencida de que una de las razones principales de no poder manejar las demandas de la vida diaria es que nuestro *espíritu* está debilitado. Nuestra *alma* necesita restauración. Y este es otro de los propósitos de apartar tiempo cada día para estar a solas en la presencia de Dios.

Al tener que responder todos los días a las necesidades de aquellos que nos rodean, podemos llegar a agotarnos física, emocional y espiritualmente. Dios tiene una fuente inagotable de gracia, fortaleza y sabiduría que quiere que fluya a través de nuestra vida hacia los demás. Pero es necesario que volvamos una y otra vez a su presencia para reabastecernos.

Las circunstancias y demandas de un día típico podrían hacernos caer sin fuerzas en la cama cada noche. Pero al despertarnos cada mañana, sus misericordias son nuevas (Lm. 3:23). Si no nos detenemos a recibir de su fuente fresca e inagotable de gracia y misericordia, funcionaremos con nuestras propias reservas escasas y agotadas.

El salmista sabía que su alma se restauraba en la presencia de Dios. Muchos de los salmos comienzan con expresiones de temor, terror, enojo, frustración o confusión. Pero al abrir su corazón al Señor, toda su perspectiva cambiaba, y recibía un nuevo y fresco impulso de esperanza y fortaleza sobrenatural.

Fíjate en la oración de David, cuando está en el desierto huyendo de un rey locamente celoso y obsesionado con quitarle la vida:

"Dios, Dios mío eres tú; de madrugada te buscaré; mi alma tiene sed de ti, mi carne te anhela, en tierra seca y árida donde no hay aguas... Porque mejor es tu misericordia que la vida; mis labios te alabarán... Como de meollo y de grosura será saciada mi alma... Porque has sido mi socorro, y así en la sombra de tus alas me regocijaré" (Sal. 63:1, 3, 5, 7).

Puedes sentir que el alma de David es restaurada cuando clama a Dios en medio de otra de sus crisis:

"Oye, oh Dios, mi clamor; a mi oración atiende. Desde el cabo de la tierra clamaré a ti, cuando mi corazón desmayare. Llévame a la roca que es más alta que yo, porque tú has sido mi refugio, y torre fuerte delante del enemigo. Yo habitaré en tu tabernáculo para siempre; estaré seguro bajo la cubierta de tus alas" (Sal. 61:1-4).

La restauración de nuestra alma es un ministerio de nuestro Buen Pastor. "El SEÑOR es mi pastor; nada me faltará... Él restaura mi alma" (Sal. 23:1, 3, LBLA). La palabra hebrea traducida "restaura" en el Salmo 23 es una palabra que muchas veces se traduce "vuelve" en el Antiguo Testamento. Se usa para hablar del pueblo de Dios que vuelve a Él y de Dios que vuelve a su pueblo. La palabra sugiere "volver al punto de partida".[1] La implicación aquí es que Él restaura nuestra alma a su lugar de descanso original, que es el mismo Señor. Él lo hace por medio de su Espíritu y su Palabra: "En lugares de delicados pastos me hará descansar; junto a aguas de reposo me pastoreará" (Sal. 23:2). Observa que la oveja no es alimentada, renovada y restaurada mientras deambula de un lugar a otro. Debe hacer un alto, de tanto en tanto, para reposar y descansar.

A menudo me doy cuenta de que doy, doy y doy; pero no me tomo tiempo para volver a las aguas de reposo y descanso, donde mi Pastor quiere restaurar mi alma. Si no me tomo tiempo para llenar mi tanque espiritual, pronto me encontraré "vacía". Me sentiré abrumada ante la más mínima demanda y reaccionaré con irritación y enojo ante la menor molestia e interrupción.

En mis devocionales diarios a solas con Dios, Él calma mi espíritu, disminuye mi pulso acelerado, me da una nueva perspectiva y me da fortaleza y deseo renovados para servirle otro día.

Es probable que al leer estas palabras necesites que tu alma sea restaurada. Por qué no te tomas unos minutos para volver a leer las dos oraciones de David mencionadas anteriormente. Trata de leerlas en voz alta. Al hacerlo, deja que el Buen Pastor restaure tu alma.

Instrucción

¿No sería genial si hubiera una clase que te enseñase todo lo que necesitas saber y que te diese las respuestas a todos tus problemas? Tal vez tengas un jefe al que es imposible complacer; una adicción a la comida que simplemente no puedes vencer; un esposo que mira televisión todo el tiempo; una iglesia donde nadie parece tener hambre de Dios; un hijo que ha comenzado a mentir; o cuentas pendientes que siempre parecen más grandes que tu sueldo.

El hecho es que hay un "curso" que trata cada problema que enfrentamos en la vida. Al Maestro le encanta encontrarse uno a uno con sus estudiantes, para poder personalizar su lección según cada necesidad. Él está dispuesto a darnos clases cada día que accedamos a encontrarnos con Él. Ya tenemos el Libro de texto, que el mismo Maestro escribió. Partes del Libro pueden ser difíciles de entender, pero el Maestro está siempre disponible —veinticuatro horas al día— para ayudarnos a entender.

Establecer un hábito del devocional diario nos matricula en este curso. Durante este tiempo, podemos sentarnos a los pies del Señor Jesús y pedirle que nos instruya, nos muestre cómo es Él y cómo vivir de un modo que le agrade.

El Libro de texto —la Palabra de Dios— no afirma resolver todos nuestros problemas (el hecho es que Dios no está interesado en resolver nuestros *problemas*; sino en cambiar nuestra *vida*), pero asegura tener todos los recursos que necesitamos para enfrentarlos. Y nos enseña algo que es absolutamente esencial para afrontar las circunstancias de la vida: *los caminos de Dios.*

El Salmo 103:7 nos dice que Dios *"sus caminos* notificó a Moisés, y a los hijos de Israel *sus obras"* (cursivas añadidas). Hay una gran diferencia entre conocer los hechos de Dios y conocer sus caminos. Todos los israelitas fueron testigos de los hechos de Dios; vieron las plagas que Él envió a los egipcios cuando Faraón endureció su corazón contra Dios; le vieron partir las aguas del Mar Rojo cuando no había otra manera de escapar del ejército egipcio; cuando tenían hambre, le vieron suplirles maná por pan y codornices por carne; cuando tuvieron sed, le vieron sacar agua a borbotones de una roca; cuando María puso en duda el liderazgo de Moisés, vieron a Dios castigarla con la lepra. Estaban bien familiarizados con los *hechos* de Dios.

Pero sabían poco acerca de sus *caminos.* Dios dio a conocer sus caminos a Moisés, porque este tenía un corazón atento, un oído presto a oír y pasión por conocerlo. Moisés estaba dispuesto a pagar el precio de conocer los caminos de Dios. Estaba dispuesto a pasar extensos períodos de tiempo solo con Él, lejos de las multitudes, para esperar pacientemente que Él hablara.

"MUÉSTRAME TUS CAMINOS"

Uno de los mayores deseos de mi corazón y una de mis oraciones más frecuentes es poder conocer los caminos de Dios. Yo quiero conocer sus pensamientos, sus sentimientos, su corazón e incluso sus secretos. Quiero conocer su perspectiva de este mundo, de la historia, de los temas de actualidad, del futuro, del trabajo, del esparcimiento, de las relaciones, de mi familia, de la iglesia y del ministerio; de todo. Quiero saber qué le causa gozo y qué le causa dolor. Quiero conocer sus caminos. No creo que Dios me deba una explicación de nada, pero quiero conocer todo lo que esté dispuesto a revelarme acerca de Él mismo y de su corazón.

Por eso casi cada día, antes de abrir la Palabra de Dios, oro con las palabras que David usó en el Salmo 25:4-5:

"Muéstrame, oh Jehová, tus caminos; enséñame tus sendas. Encamíname en tu verdad, y enséñame".

El salmo sigue diciéndonos a qué clase de hombre y mujer Dios enseña:

"Encaminará a los *humildes* por el juicio, y enseñará a los mansos su carrera... ¿Quién es el hombre que *teme a Jehová*? Él le enseñará el camino que ha de escoger... La comunión íntima de Jehová es con los *que le temen*, y a ellos hará conocer su pacto" (Sal. 25:9, 12, 14, cursivas añadidas).

¿A quiénes enseña el Señor? Él instruye a aquellos cuyos corazones son humildes y mansos; aquellos que tienen un espíritu fácil de enseñar; aquellos que son conscientes de que saben poco y que necesitan aprender más. Y enseña a aquellos que le temen; aquellos que le rinden honor y respeto. Estos son aquellos con los que tiene "comunión íntima". La Biblia de las Américas traduce el versículo 14: "Los secretos del SEÑOR son para los que le temen, y El les dará a conocer su pacto". Qué asombroso es pensar que el Dios del universo pueda tener comunión íntima con nosotros; que pueda confiarnos sus secretos. La disposición de Dios de revelar los secretos de su corazón a sus criaturas es solo otra evidencia de su deseo de tener una relación y una amistad íntima con nosotros.

He sido una ávida lectora y estudiante desde niña. Siempre me gustó ir a la escuela y obtuve buenas calificaciones. Hay algunos temas acerca de los cuales he leído bastante a lo largo de los años. Pero cuando entro a la presencia de Dios y tengo su Palabra en mis manos, me siento muy ignorante, insignificante y necesitada de su instrucción. Además, siento un increíble asombro de que Él se digne en revelarme los secretos de su corazón. Sin duda, por semejante riqueza, vale la pena el tiempo, la disciplina y el sacrificio necesarios de mi parte para recibir del tesoro de su corazón.

Me gradué de la universidad con un título en la especialidad de piano. De vez en cuando, la universidad en la que me gradué ofrece clases impartidas por maestros concertistas que enseñan los secretos que han adquirido a lo largo de muchos años de estudio y actuación. Pero nada puede compararse al gozo y el privilegio de estar sentada y aprender a los pies de nuestro Maestro celestial, "en quien están escondidos todos los tesoros de la sabiduría y del conocimiento" (Col. 2:3).

REFLEXIÓN PERSONAL

1. ¿Qué motivaciones equivocadas te han llevado a veces a practicar el devocional?

2. Piensa en alguna persona con la que tienes una relación estrecha. ¿Cuáles son algunos de los elementos que han contribuido a desarrollar y mantener esa amistad?

   ¿De qué manera esos elementos podrían ayudarte a cultivar una relación íntima con el Señor?

3. Describe una ocasión en la cual Dios usó su Palabra para limpiar tu corazón, restaurar tu alma o enseñarte sus caminos.

4. Escribe un breve párrafo que exprese por qué quieres cultivar una vida devocional constante. Concéntrate en la necesidad de una mayor comunión íntima con Él, para

santificación, para la restauración de tu alma o para instrucción.

5. Lee en voz alta la oración de David en el Salmo 25:4-5.
Después preséntala en oración con tus propias palabras.

UNAS PALABRAS DEL CORAZÓN DE

Sandy Smith

El propósito de pasar un tiempo de devocional diario es
conocer a Dios. Al conocerlo más íntimamente, la obediencia
llegará a ser una cuestión de amor y no de temor; el servicio
a los demás será una manifestación de amor en vez de
un deber; la confianza llegará a ser una respuesta natural
al carácter divino; y nuestra vida dará gloria al nombre de
Cristo.

Apartarnos para comenzar el día en comunión con
nuestro Padre transforma nuestra manera de ver las cosas y
prepara nuestro corazón. Comenzamos a ver a Dios en cada
circunstancia y a aceptar las interrupciones que provienen
de Él. Sin este tiempo devocional, nuestros días se tornan
angustiosos y frustrantes, y a menudo nos perdemos las
grandes oportunidades que Él nos presenta.

La paz de espíritu es el resultado de pasar tiempo a solas
con Dios, en el que nos rendimos a su plan soberano para
cada día. Así obtenemos la firme confianza de que Él está en
absoluto control de cada circunstancia de nuestra vida.

He descubierto que se requiere de un firme compromiso
para ser constante en los devocionales diarios. Sin embargo,

a menudo me siento culpable si el devocional no es tan largo como creo que debería ser o si no cubro todas las disciplinas que creo que son importantes. Me ha llevado años darme cuenta de que Dios no me ama porque tenga mis devocionales diarios; ¡Él simplemente me ama! Y el solo hecho de saber esto ha incentivado mi deseo de estar con Él.

Cuán importante es tener nuestro tiempo devocional, no por temor a que Dios nos castigue si no lo hacemos; sino por el entusiasmo de encontrarnos con Él, a fin de aprender, crecer y experimentar la dulce comunión con un Padre que nos ama mucho más de lo que podemos imaginar.

□ □ □ ─────────────────────────────────────

Sandy Smith es la esposa del evangelista Bailey Smith y madre de tres hijos, ya adultos. Cada año, Sandy y su esposo dan varias conferencias nacionales con el propósito de formar y adiestrar a las mujeres en su andar cristiano.

CAPÍTULO 4

La manera de vivir

¿Estás sedienta de una relación más íntima con Dios? ¿Quieres un corazón puro y libre de pecado? ¿Quieres que Él restaure tu alma cada día? ¿Quieres que Él te enseñe sus caminos? Hemos descubierto que estas son cuatro razones clave para pasar tiempo a solas con Dios cada día. Pero esto no es todo. El Señor quiere hacer más cosas en nuestra vida cuando estamos sentadas a sus pies y permanecemos en su presencia.

A continuación veremos los otros cuatro propósitos importantes. Cuando el Espíritu Santo cumple cada uno de estos objetivos en nuestro corazón, se puede ver el resultado en nuestra manera de vivir con Dios y con los demás.

Sumisión

Cuando pasamos tiempo a solas con Dios, estamos sometiendo nuestra vida a Él y a su voluntad. Soy la primera en admitir que la palabra *sumisión* no es de las más populares en nuestra era de espíritu independiente. La sumisión tampoco ocurre con naturalidad. Todavía no conozco a nadie que haya "nacido sumiso". Yo seguro que no. Vine a este mundo con una voluntad firme e independiente, con el deseo de estar en control de todas las personas y cosas que me rodeaban. Seguramente tú también. La idea de someternos al control o a la voluntad de otra persona es totalmente contraria a nuestra vieja naturaleza.

Cuando recibimos a Cristo en nuestro corazón, recibimos una nueva naturaleza; una naturaleza que reconoce la autoridad de Dios sobre nuestra vida y que quiere complacerlo y someterse a su voluntad. Sin embargo, aunque nuestro espíritu quiere obedecer a Dios, nuestra "carne" (es decir, nuestra tendencia natural) se opone a nuestro espíritu y quiere hacer su propia voluntad.

Como resultado, a veces nos resentimos, nos resistimos o huimos de las circunstancias que Dios ha traído a nuestras vidas. Cuando surge una situación molesta o difícil, tendemos a ver a la persona o circunstancia conflictiva como nuestro problema y a resistir la presión que ejerce sobre nosotros. Al actuar de este modo, terminamos empujando en contra de Dios mismo y resistiendo su voluntad para nuestra vida. Puede que lo hagamos abiertamente o que tan solo sea una "objeción" en nuestro espíritu.

El problema es que no logramos ver que la mano de Dios ha permitido esa situación en nuestra vida. Él quiere usar tal asunto para prepararnos, formarnos a la imagen de su Hijo y desarrollar un carácter santo en nosotros.

Si fuera por nosotros, no dejaríamos de sublevarnos contra las circunstancias hasta que la amargura y el resentimiento nos terminarían por destruir.

Sin embargo, cuando nos tomamos tiempo para entrar en la presencia de Dios y esperar en silencio delante de Él, y cuando colocamos nuestra vida bajo el ministerio y microscopio de su Palabra, nuestra resistencia queda al descubierto, vemos la mano soberana del Padre que obra para nuestro bien y nos damos cuenta de que es una necedad tratar de "luchar" con Él.

Cuando su Espíritu obra en nuestro interior, nuestro espíritu se doblega y se somete una vez más a la autoridad de Dios, y estamos en condiciones de aceptar gozosamente su voluntad. Una evidencia de que nuestra voluntad ha sido quebrada es que comenzamos a agradecer a Dios por aquello que una vez parecía muy amargo, pues sabemos que su voluntad es buena y que, a su tiempo y a su manera, Él es capaz de transformar las aguas más amargas en las más dulces.

RENDIR EL CONTROL DE NUESTRA VIDA

A lo largo de los años, he visto a mujeres atravesar casi toda clase de prueba que podamos concebir, algunas de las cuales han sido increíblemente trágicas o complejas. He orado por amigas que han tenido que luchar contra una enfermedad terminal, hijos rebeldes, esposos abusivos y recuerdos tortuosos de abuso sexual. He llorado con mujeres junto a la tumba de su pequeño hijo, en el hospital tras un accidente que había dejado a su ser amado conectado a un respirador artificial, y junto a la cama de un esposo que moría de cáncer.

Mediante estas experiencias, he aprendido una verdad fundamental. Ya se trate de un hecho estremecedor o una simple interferencia en el radar de nuestra vida, al final el verdadero problema es este: "¿Me rendiré en las manos de Dios y a sus propósitos para mi vida?". Aquellas mujeres que se niegan a rendir el control de su vida terminan en una decadencia emocional y espiritual; se convierten en mujeres amargadas, inflexibles y difíciles de soportar. Aquellas que simplemente dicen: "Sí, Señor, me rindo", salen de la experiencia espiritualmente enriquecidas, y sus vidas llegan a ser una fuente de gracia y aliento para otras mujeres heridas.

Al principio, cuando entramos a la presencia de Dios, puede que oremos y digamos: "Oh, Señor, quisiera que pasaras de mí esta copa". Después, al esperar delante de Él, recordamos que el Hijo de Dios tuvo que beber una copa llena de los pecados más viles del mundo. Él también pidió que pasara de Él esa copa, que no tuviera que beberla. Pero después sometió su voluntad a la voluntad del Padre y eligió el camino de la cruz, pues sabía que eso era lo que compla-cía a Dios. Ante una sumisión tan costosa, nuestro corazón se ablanda, nuestra voluntad se doblega, y comenzamos a orar: "Oh, Padre mío, que no se haga mi voluntad, sino la tuya. Si a ti te complace, a mí me complace".

CUANDO LUCHAMOS CON DIOS

Jacob era un hombre con una herencia divina y un futuro brillante lleno de las promesas de Dios. Sin embargo, quería hacer las cosas a su manera. A pesar de tener momentáneas vislumbres de Dios, siempre parecía estar traspasando los límites; nunca estaba contento, siempre estaba inquieto y luchando por lo que Dios quería darle; pero lo quería a su manera.

Un día, llegó hasta un muro que no podía mover. En cuestión de horas, tendría que enfrentarse a su hermano gemelo, a quien había engañado años atrás, y quien ahora estaba llegando acompañado de un ejército para encontrarse con él. Por primera vez en su vida, Jacob no podía manipular su forma de resolver o salir de un problema, que era justa-mente donde Dios lo quería llevar.

En medio de la noche, finalmente se quedó solo con Aquel que había estado ingeniando sigilosamente las cir-cunstancias de su vida. Jacob y Dios solos. Nadie más alre-dedor. En la quietud de aquella larga noche, Jacob luchó con cuerpo y alma. Igual que un niño que sigue insistiendo, pero que en realidad está probando a sus padres para ver si al final darán su brazo a torcer, Jacob no dejó de luchar hasta que finalmente, exhausto, se dio cuenta de que nunca, jamás podría controlar a Dios.

Jacob salió de aquel encuentro con su voluntad quebrada, su cadera descoyuntada (no esperes luchar con Dios y salir ilesa), y su nombre cambiado; Jacob salió de ese encuentro divino como un hombre nuevo.

Y lo mismo sucederá con nosotros, cuando finalmente estemos a solas con Dios. En esos preciosos (y a veces dolo-rosos) encuentros, nuestra vida experimentará un cambio radical, en el que nuestra voluntad se volverá a alinear con la de Dios. Cuando salgamos, podremos decir tal como el Hijo de Dios: "El hacer tu voluntad, Dios mío, me ha agradado, y tu ley está en medio de mi corazón" (Sal. 40:8).

Dado que sé que la tendencia de mi corazón es hacer mi propia voluntad, procuro arrodillarme delante del Señor al menos una vez al día. De este modo, reconozco que Él es mi Señor y que yo soy su sierva. Al doblegarme delante de Él físicamente, mi yo independiente, obstinado y tenaz se doblega ante su autoridad absoluta. Depongo toda resistencia, ondeo la bandera de rendición, y digo en sencilla sumisión y adoración: "Sí, Majestad".

Dirección

Soy una de esas personas que no tiene casi ningún sentido de la orientación. Recuerdo una vez que dejé la habitación de mi hotel y, como no tenía idea de dónde estaban los elevadores, ¡tuve que detenerme en uno de los pasillos y pedirle a uno de los empleados del hotel que me oriente! No hace falta decir que dependo absolutamente de mapas e instrucciones escritas para encontrar casi cualquier lugar.

Encontrar la voluntad de Dios con respecto a nuestra vida, nuestras relaciones y nuestras responsabilidades puede ser mucho más difícil que encontrar el elevador de un hotel, un restaurante nuevo o el consultorio de un médico. Esta es otra de las razones importantes para pasar tiempo a solas con Él de manera regular.

Recuerda que Dios quiere tener una relación íntima con nosotros. Una de las características de una amistad íntima es la libertad de discutir cualquier asunto y pedir las opiniones o perspectivas de los demás sobre temas que nos conciernen a nosotros.

Algo que valoro en mi círculo de amigas íntimas es la libertad de levantar el teléfono o de reunirnos con el propósito de pedir sus opiniones en áreas donde tienen el conocimiento especializado o la experiencia que a mí me falta.

Hace poco hemos estado conversando y he pedido consejo en asuntos prácticos acerca de cómo arreglar mi purificador del agua y cómo saber si el seguro de mi automóvil y mi propiedad me proveen la cobertura que necesito. En otras conversaciones, he pedido consejo sobre asuntos tales como la contratación de un nuevo empleado y la decisión de aceptar o no una invitación a dar una conferencia.

Dios desea tener una clase de relación en la que seamos prontas a buscar su consejo y dirección sobre los temas que nos conciernen. Su Palabra dice: "Y si alguno de vosotros tiene falta de sabiduría, pídala a Dios, el cual da a todos abundantemente y sin reproche, y le será dada" (Stg. 1:5).

Durante nuestro tiempo devocional, entramos a la presencia de Dios y presentamos nuestra vida delante de Él: nuestra agenda, nuestras preguntas, las circunstancias que enfrentamos y las decisiones que debemos tomar. Después, con su Palabra abierta ante nosotras, y nuestro corazón abierto ante Él, tratamos de escuchar y buscar su opinión acerca de un asunto. Esperamos silenciosamente ante Él hasta que alumbra nuestro camino con su luz.

Hay muchos asuntos sobre los cuales necesitamos su dirección. Piensa en nuestras agendas y prioridades. Yo me doy cuenta de que cuando trato de coordinar mi propia agenda —cuando acepto reuniones, citas y obligaciones sin buscar primero la dirección del Señor—, termino frustrada porque tengo más de lo que en realidad puedo hacer, así como irritable por las interrupciones que tanto me retrasan.

Sin embargo, estoy aprendiendo a someter mi agenda y planificación diaria al Señor, a pedir su dirección antes de aceptar compromisos, a buscar su voluntad con respecto a mis prioridades y a pedirle que ordene cada aspecto de mi día (incluso las interrupciones) de acuerdo a su perfecta voluntad. Después, cuando esas interrupciones llegan (pues llegarán), puedo tener la sabiduría de saber si vienen de su mano (en dicho caso, debo aceptarlas con gozo) o si debo evitarlas como una distracción innecesaria.

He aprendido que nunca habrá tiempo suficiente en el

día para hacer todas las cosas de mi "lista de cosas para hacer". Tampoco habrá tiempo para hacer todas las cosas en las "listas" que otros tienen para mí. Pero siempre habrá suficiente tiempo para hacer todas las cosas de "la lista" *de Dios* para mi vida.

Este concepto me ha ayudado a descomprimir mi agenda. Habitualmente le pido al Señor que me haga libre de mis propias expectativas y de las expectativas de los demás, y que me ayude a discernir cuáles son *sus* prioridades para mi vida. Después le pido que me dé la gracia y la disciplina de decir que sí solo a aquello que Él me ha pedido.

APRENDER A ESCUCHAR A DIOS

En los últimos años, me ha impresionado lo perceptible y sensible que era Jesús para con la voluntad de su Padre. Esto se pone de manifiesto particularmente en el Evangelio de Juan, donde una y otra vez, Jesús hablaba de hacer la obra que su Padre le había encomendado. Él no decía nada que su Padre no le hubiera dicho que dijera, ni iba a ningún lugar que su Padre no le hubiera dicho que fuera, ni hacía nada que su Padre no le hubiera dicho que hiciera (Jn. 5:19, 30; 6:38; 7:16; 8:28; 12:49-50; 14:10). Estaba tan decidido a complacerlo y actuar de acuerdo con Él, que no estaba dispuesto a hacer su propia voluntad y actuar independientemente.

Pero ¿cómo sabía Jesús cuáles eran sus prioridades cada día cuando debía redimir a todo el mundo? Ante las multitudes de personas necesitadas que acudían a Él, ¿cómo sabía cuándo enseñarles y cuándo apartarse por un momento de ellas a fin de pasar tiempo con sus discípulos? ¿Cómo sabía cuál era la mujer entre la multitud o el leproso a la vera del camino que debía tocar ese día? ¿Cómo sabía cómo manejar cada situación en particular; tocar los ojos de un hombre ciego, simplemente hablarle, o hacer lodo y untarle los ojos? ¿Cómo sabía que debía reprender a un grupo de personas por su incredulidad y alentar a otro hombre que admitía estar luchando con dudas?

La respuesta nos lleva nuevamente al argumento presentado en el capítulo 1:

"Levantándose muy de mañana, siendo aún muy oscuro, salió y se fue a un lugar desierto, y allí oraba" (Mr. 1:35).

Él se apartaba de las multitudes el tiempo suficiente y con bastante regularidad, y decía: "Padre, ¿qué quieres que haga?".

Al final de este pasaje, los discípulos de Jesús salieron a buscarlo. Y le dijeron: "Señor, todos te buscan". Todas las obras que Jesús hizo el día anterior están en primera plana de periódicos principales. Él viene a ser el programa de la ciudad más frecuentado. ¡Es el sueño de cualquier agente de publicidad! Sin embargo, Jesús dijo:

—No nos vamos a quedar aquí. Vamos a otro pueblo.

—Pero ¿por qué, Jesús? ¡Podríamos quedarnos aquí al menos otro mes! Hay tantas personas que necesitan de ti. ¿Por qué irnos?

—Porque es lo que mi Padre quiere que haga.

¿Cómo lo sabía? Porque estuvo bastante tiempo en la presencia de su Padre y había escuchado su corazón.

Algunas de nosotras no tenemos idea de qué quiere Dios que hagamos con nuestra vida o nuestros días. No sabemos cómo resolver los conflictos de nuestra casa, cómo suplir las necesidades de aquellos que nos rodean, cómo compartir el evangelio a nuestros vecinos o cómo tomar simples decisiones. Puede que la razón sea que no hemos estado suficiente tiempo en la presencia de Dios para pedir su dirección.

CÓMO NOS HABLA DIOS

Dios nos guía por medio de su Palabra. Al leer y meditar en ella, el Espíritu Santo que mora en nuestro interior ilumina nuestro entendimiento y nos da la sabiduría para saber cómo ponerla en práctica en cada ámbito específico y práctico de nuestra vida. Él usa su Palabra para revelarnos sus prioridades.

Hay muchas actividades que, aunque buenas, no son prioridades de Dios para esta época de nuestra vida. De este modo, cuando alguien viene y nos dice: "¿Puedes dar una clase de escuela dominical, o cantar en el coro, o cuidar a mis hijos, o encargarte del nuevo proyecto de la compañía o cualquier otra cosa?", deberíamos responder: "Primero déjame orar y ver qué me dice el Señor, y después te doy una respuesta".

Puede que te preguntes cómo funciona eso de orar primero. ¿Me dirá realmente el Señor si debo o no debo dar una clase de escuela dominical, o si debo encargarme o no de un nuevo proyecto? Es probable que no. Sin embargo, usará su Palabra y su Espíritu para dirigir tus pasos.

A menudo reclamo la promesa de Proverbios 16:3: "Encomienda a Jehová tus obras, y tus pensamientos serán afirmados". Al orar respecto a una decisión o cuestión específica, a veces coloco simbólicamente esa preocupación en mis manos, después las levanto al Señor en forma de hueco y digo: "Señor, te entrego este asunto a ti. Yo soy tu sierva; quiero hacer lo que tú quieras. Por favor, aclara mis pensamientos y usa tu Palabra para guiarme a tomar una decisión sabia que te agrade".

Puede que Dios me traiga a la mente varios pasajes de las Escrituras referentes a la situación; tal vez algunos acerca de prioridades, valores, actitudes o respuestas. Puede que me impulse a buscar consejo de un hombre o mujer de Dios o de una autoridad espiritual. Puede que me haga recordar otra prioridad que me había dado antes, pero que ahora tendría que dejar a un lado para ocuparme de algo nuevo. O podría concederme el deseo, la fe y la libertad en mi corazón para emprender una nueva aventura.

Las Escrituras dicen: "en tu luz veremos la luz" (Sal. 36:9). Y "la exposición de tus palabras alumbra" (Sal. 119:130). ¿Necesitas luz que alumbre tu camino? ¿Necesitas dirección para criar a ese hijo tan difícil? ¿Qué hacer frente a un esposo adicto a la pornografía? ¿Cómo responder a esa compañera de trabajo prepotente? ¿Cómo animar a una amiga que está atravesando una crisis? ¿Cómo cuidar de un padre anciano con Alzheimer? ¿Cómo recibir dirección? "La exposición de tus palabras alumbra".

CONSULTAR A DIOS

En 2 Crónicas 20 leemos la conocida historia de un inmenso ejército de moabitas y amonitas que se unieron para hacer guerra contra Judá. Leemos que el rey Josafat tuvo temor y "humilló su rostro para consultar a Jehová" (v. 3). Antes de convocar una reunión del Consejo de Defensa Nacional, convocó una reunión solemne para que el pueblo ayunara y buscara al Señor. En su oración, Josafat le presentó los hechos a Dios. Al terminar la oración dijo: "no sabemos qué hacer, y a ti volvemos nuestros ojos" (v. 12). En respuesta a ese clamor, Dios derrotó espectacular y terminantemente al enemigo mediante uno de los planes de batalla más insólitos de la historia.

Muchos años después, el rey de Asiria envió al comandante de su ejército a Jerusalén para humillar y amenazar públicamente al rey Ezequías (2 R. 18:17-35). Cuando este recibió noticias del incidente, envió mensajeros para que le pidieran al profeta Isaías que orara (19:1-4). Isaías oró, y aquella grave situación se resolvió. Sin embargo, al poco tiempo, el rey de Asiria envió a Ezequías otro mensaje intimidatorio. ¿Cómo reaccionó Ezequías? Me encanta su reacción:

> "Y tomó Ezequías las cartas de mano de los embajadores; y después que las hubo leído, subió a la casa de Jehová, y las extendió Ezequías delante de Jehová. Y oró Ezequías delante de Jehová" (2 R. 19:14-15).

¿Cuál es la crisis, la dificultad o la decisión que estás enfrentando? Preséntalas delante del Señor y ora:

> "Guíame, Jehová, en tu justicia… endereza delante de mí tu camino" (Sal. 5:8).

Después, haz un alto y observa cómo Él dirige tus pasos. El buen Pastor promete guiar a sus ovejas por "sendas de justicia" (Sal. 23:3). Cree su Palabra; Él no te fallará.

Intercesión

Otro propósito de pasar tiempo a solas con el Señor es interceder por las necesidades de los demás. Al estar en su presencia, encontramos en Él a un "amigo más unido que un hermano", a un buen Pastor, a un Padre amoroso que se goza de suplir las necesidades de sus hijos. Bebemos en abundancia de la fuente de su amor y bondad hasta que nuestra propia alma está llena y satisfecha. Miramos su rostro y encontramos gracia y aceptación. Escuchamos su corazón, conocemos sus caminos y recibimos su provisión y dirección para nuestra vida.

De esta manera, viene a nuestra mente una amiga que está en necesidad. Nos encantaría poder suplir esa necesidad por nuestros propios medios si pudiéramos. Pero nuestros escasos recursos no son suficientes para la situación apremiante de esta amiga. Y entonces recordamos que hay Uno cuyos recursos nunca se agotan y que se goza de dar buenas dádivas a sus hijos. Así pues, con ánimo nos acercamos a Él para pedir en favor de aquellos que amamos.

Vamos a su puerta y golpeamos. Si Él se demora en llegar, seguimos golpeando, suplicando encarecidamente por nuestra amiga en necesidad, hasta que Él llega y nos concede nuestra petición. Esto es lo que Andrew Murray refirió como "el triple cordón que no puede romperse: el amigo hambriento que necesita ayuda, el amigo que ora y busca ayuda y el Amigo Poderoso, deseoso de darle todo lo que necesita"[1] (ver Lc. 11:5-13).

En ese tiempo a solas con el Señor, nos acercamos denodada y humildemente a su trono de gracia para obtener misericordia, no solo para nosotras mismas, sino para aquellos que Él ha confiado a nuestro cuidado y cuyas necesidades nos preocupan en gran manera; y para suplicar por la gracia de ayudarlos en su tiempo de necesidad.

Así como aquellos cuatro hombres de la época de Jesús hicieron un agujero en el techo para llevarle a un amigo paralítico al Maestro (Mr. 2:1-5), del mismo modo empujamos cualquier barrera de desesperanza, duda o temor que pueda interponerse en nuestro camino, a fin de presentar a nuestros seres amados ante su trono, pues sabemos que solo Él puede suplir sus necesidades. Allí decimos: "Oh, Señor, has hecho mucho por mí. Ahora vengo a ti una vez más, no por mis propias necesidades —tú has suplido en abundancia mis necesidades—, sino por este ser amado. Te pido que toques su vida y la restaures, cautives su corazón, quites las vendas de sus ojos, le des fuerza para esta hora de prueba, le coloques ángeles guardianes alrededor de su corazón y de su hogar, lo hagas libre de las cadenas de impureza y rebeldía...".

¿YA ORASTE POR ESO?

La mayoría de nosotras hemos nacido con la tendencia a querer resolver los problemas por nuestros propios medios. Nuestra tendencia natural es tomar las cosas en nuestras manos, inquietarnos y preocuparnos, y exigir soluciones. En el proceso, a menudo pasamos por alto el único medio verdaderamente efectivo que tenemos de afectar la vida de aquellos que nos rodean. Una pequeña placa sobre mi escritorio dice: "¿Ya oraste por eso?". Lamentablemente, a menudo paso por alto esa simple pregunta hasta que se me agotan todas mis propias ideas y soluciones.

Estoy convencida de que tú y yo veríamos muchos más resultados si pasáramos más tiempo orando por los demás, en vez de pasar tiempo preocupadas por ellos, hablando de ellos y tratando de resolver sus problemas por nuestros propios medios. A veces me imagino a Dios sentado en el cielo, que observa nuestro frenetismo al tratar de manejar la vida de todos y de resolver sus problemas. Después escucho que dice: "¿Te quieres encargar de ello? Hazlo. ¡Ah! ¿Quieres que *yo* me ocupe de ello? Pues bien, ¡déjame mostrarte qué puedo hacer!". El autor del siguiente himno tenía razón cuando dijo:

> ¿Vive el hombre desprovisto
> de paz, gozo y santo amor?
> Esto es porque no llevamos
> todo a Dios en oración.
>
> —JOSEPH M. SCRIVEN (1819-1886)

En su maravilloso librito *La escuela de la oración*, Andrew Murray nos muestra el ejemplo de Abraham:

> En Abraham vemos cómo la oración no es tan solo, ni principalmente, el medio de obtener bendición para nosotros mismos, sino el ejercicio de su prerrogativa real de influenciar los destinos de los hombres y la voluntad de Dios que los rige. No encontramos a Abraham ni una sola vez orando por él mismo. Su oración por Sodoma y Lot, por Abimelec, por Ismael, demuestran qué poder tiene un hombre, que es amigo de Dios, de hacer la historia de aquellos que lo rodean.[2]

Muchas vivimos en el reino de lo natural. Solo hemos visto lo que nuestra capacidad y esfuerzo naturales pueden hacer. ¿Has estado tratando de cambiar a tu compañero de trabajo, a tu esposo, tus hijos, tu pastor, tus amigos? ¿Ha funcionado? ¡Qué tal si dejas a Dios que trabaje en ellos!

Hace poco, una mujer se acercó a mí durante una conferencia y me contó que por muchos años había tratado de cambiar a su esposo. Cuando me escuchó hablar un año antes, Dios le dijo: "¿Por qué no me dejas que te cambie primero a ti?". Cuidadosamente, me contó que había permitido que Dios trabajara en su vida y, que después de entregarle la vida de su esposo, comenzó realmente a orar por él. Con lágrimas de gozo, dijo: "¡Hoy día no es el mismo hombre que era hace un año!".

¿Por qué nos cuesta tanto creer lo que Dios puede hacer?

¿Has estado tratando de cambiar a alguien? ¿Has estado tratando de resolver alguna situación en la vida de otra persona? Tu más fiel Amigo te invita a presentar a esa persona necesitada ante el trono de la gracia. Entra a la presencia de Dios y dile: "Oh, Señor, no puedo encargarme de lo que este niño necesita; no puedo cambiar a esta persona; no puedo resolver este problema o modificar esta situación. Pero sé que nada es demasiado difícil para ti. Por favor, dame sabiduría; muéstrame cómo ser la amiga, la esposa, la madre, la empleada que tú quieres que sea. Por favor, interviene en la vida de esta persona; atráela hacia ti".

Dios no promete eliminar todos nuestros problemas o cambiar a todas las personas difíciles de nuestra vida. Pero promete escuchar el clamor de sus hijos y actuar de acuerdo a sus propósitos eternos y santos.

Transformación

Llegamos ahora al último propósito de pasar tiempo a solas con Dios. Tal vez sea el más maravilloso de todos, pues al permanecer en su presencia somos transformados a su semejanza.

Hemos escuchado que se dice que las parejas que han estado casadas por muchos años comienzan a parecerse uno al otro. No sé cómo sucede, pero en muchos casos suele ser cierto.

El hecho es que nos comenzamos a parecer a las personas con las que pasamos tiempo. Comenzamos a adoptar las características de todo aquello que atrae nuestra atención. Por ejemplo, una mujer que está obsesionada por una suegra crítica y controladora corre el peligro de convertirse también en una mujer crítica y controladora. Cuán importante es, pues, que fijemos nuestros ojos en Aquel cuya imagen deseamos reflejar.

Anteriormente vimos que Moisés pasaba largas horas y largos días solo en la presencia de Dios. Las Escrituras nos dicen que cuando descendió del monte Sinaí, después de recibir la ley, "no sabía Moisés que la piel de su rostro resplandecía, después que hubo hablado con Dios" (Éx. 34:29). El resplandor era la manifestación de la gloria del Padre que se reflejaba en el rostro de Moisés. El pasaje sigue diciendo:

> "Y cuando acabó Moisés de hablar con ellos, puso un velo sobre su rostro. Cuando venía Moisés delante de Jehová para hablar con él, se quitaba el velo hasta que salía; y saliendo, decía a los hijos de Israel lo que le era mandado. Y al mirar los hijos de Israel el rostro de Moisés, veían que la piel de su rostro era resplandeciente; y volvía Moisés a poner el velo sobre su rostro, hasta que entraba a hablar con Dios" (Éx. 34:33-35).

¿METAMORFOSIS O DISFRAZ?

Cuando el apóstol Pablo escribió a los corintios, se refirió a este relato y explicó su importancia para nuestra vida. Comparó la gloria del antiguo pacto, que perdió validez y ministró condenación y muerte, con la gloria mucho más superior del nuevo pacto, que da vida y permanece. Después explicó que, así como Moisés contempló la gloria de Dios con el rostro descubierto y fue transformado, "nosotros todos, mirando a cara descubierta como en un espejo la gloria del Señor, somos transformados de gloria en gloria en la misma imagen, como por el Espíritu del Señor" (2 Co. 3:18).

Para mí, este es uno de los versículos más maravillosos de toda la Palabra de Dios. Pablo está diciendo que al entrar en la presencia del Padre sin máscara o hipocresía, sino con nuestra vida abierta y expuesta delante de Él, y al contemplarlo fijamente, seremos gradualmente transformados a su semejanza.

La palabra traducida "transformados" ("cambia", TLA), es la palabra griega *metamorphoō*, de la cual proviene la palabra de nuestro vocablo *metamorfosis*. Esta palabra sugiere un cambio completo, que tiene lugar de adentro hacia fuera, como la metamorfosis que experimenta la oruga al transformarse en mariposa. Además del pasaje de 2 Corintios 3, esta palabra se usa solo en dos ocasiones más en el Nuevo Testamento. Se usa en los Evangelios para describir lo que tuvo lugar en el monte de la transfiguración mientras Jesús oraba (Lc. 9:29): "y se *transfiguró* delante de ellos, y resplandeció su rostro como el sol, y sus vestidos se hicieron blancos como la luz" (Mt. 17:2, cursivas añadidas; ver también Mr. 9:2). Y se vuelve a usar en Romanos 12:2, donde Pablo dice que no debemos conformarnos a este mundo, sino "transformarnos" por medio de la renovación de nuestro entendimiento.

A diferencia de transformarse, leemos en 2 Corintios 11:13-14 de "falsos apóstoles, obreros fraudulentos, que se disfrazan como apóstoles de Cristo", y que "el mismo Satanás se disfraza como ángel de luz". La palabra traducida "disfraza" es la palabra griega *metaschēmatizaō*, que habla de un cambio tan solo exterior; simplemente un cambio de apariencia.

Podemos usar esta segunda palabra para describir a los niños que tocan el timbre de una casa en la noche de brujas, disfrazados de payasos o piratas. Esos niños no son payasos o piratas de verdad; solo tienen un traje o disfraz que los hace parecer a un personaje que en realidad no son.

El triste hecho es que muchas de nosotras, como creyentes, simplemente tenemos puesto un disfraz de "buena cristiana". Pero, en nuestro interior, no somos para nada semejantes a Cristo; somos egoístas, perezosas, amargadas e irascibles. Pero como queremos que todos piensen que somos como Jesús, nos ponemos nuestro disfraz de "buena cristiana"; especialmente cuando vamos a la iglesia.

Esto es como colgar naranjas de las ramas de un limonero y decir que es un naranjo. Podría parecerse a un naranjo, pero sigue siendo un limonero.

Dios no quiere que nos disfracemos. Él quiere que experimentemos una metamorfosis; una transformación de adentro hacia fuera a semejanza del Señor Jesucristo. Podemos disfrazarnos en las fuerzas de nuestra propia carne, pero es muy probable que terminemos exhaustas y frustradas. Solo el Espíritu de Dios puede hacer que experimentemos una metamorfosis (transformación) a la imagen de Jesús.

¿Cómo ocurre este glorioso proceso? Cuando miramos a Dios "a cara descubierta", cuando estamos dispuestas a contemplar su gloria, llegamos a ser semejantes a Él por el poder de su Espíritu Santo. Cuando pasas tiempo a solas con Cristo cada día, contemplas su rostro y escuchas su voz, te darás cuenta de que tu vida es transformada de adentro hacia fuera. Entonces comienzas a pensar como Él piensa, a amar como Él ama y a obedecer su voz como Él obedece la voluntad de su Padre.

¿Quieres ser una mujer tolerante, buena, tierna y dulce? Puedes serlo y lo serás a medida que seas transformada en su presencia.

Y ¿cuándo terminará este proceso? Cuando finalmente lo veamos cara a cara, "seremos semejantes a él, porque le veremos tal como él es" (1 Jn. 3:2).

TRANSFORMADAS POR AMOR

En el libro del Antiguo Testamento, llamado Cantar de los Cantares (o Cantar de Salomón), leemos la historia de un rey acaudalado que decide buscar una esposa. Para sorpresa de muchos, el rey no elige a una muchacha cortesana, adinerada y bien educada de la ciudad. Antes bien, sale al campo y toma por esposa a una muchacha campesina, común y corriente. No es bella; de hecho, es de piel curtida y oscura por trabajar bajo el sol en las viñas de su familia. Cuando el rey la lleva al palacio, las "hijas de Jerusalén" se sorprenden de su elección. Y nadie se sorprendió más que la misma muchacha.

Aun así, el rey lleva a su reciente esposa a su alcoba, donde le entrega todo su amor. Al final de la historia, esta joven muchacha se ha convertido en una mujer tierna y radiante, cuya belleza atrae la atención de todos los que la ven. ¿Qué ha sucedido? Ha pasado tiempo a solas con su esposo. Y ha adoptado las características de él. No es su propia ternura, sino la de él, la que los otros ven en ella. Ella ha sido transformada por su amor.

En lo profundo del corazón de cada verdadera hija de

Dios, existe el anhelo de ser como Jesús, de reflejar su belleza. Por eso, clamamos:

> ¡Oh, ser como tú! ¡Oh, ser como tú!
>   Puro como tú, bendito Redentor.
> Dame tu dulzura, dame tu plenitud,
>   graba tu imagen en lo profundo de mi corazón.
> —THOMAS O. CHISHOLM (1866-1960)

Pero no hay atajos para llegar a ser como Cristo. Los atajos solo nos llevan a disfrazarnos. No podemos sustituir el tiempo de calidad que pasamos a solas en su presencia cada día. El costo es grande, pero la recompensa es aún más grande. Si queremos ser transformadas, debemos estar dispuestas:

> Tómate tiempo para ser santo y orar sin cesar;
>   permanece siempre en el Señor, de su Palabra
>   te has de alimentar...
> Tómate tiempo para ser santo, el mundo está
>   en aprietos;
>   pero si pasas tiempo con Cristo en el lugar
>   secreto,
> al contemplar al Señor, como Él serás;
>   y tus amigos la imagen de Él en ti verán.
> —WILLIAM D. LONGSTAFF (1822-1894)

ℛEFLEXIÓN PERSONAL

1. ¿Te has resistido a las decisiones o a la voluntad de Dios en cualquier ámbito de tu vida? Identifica el asunto específico. ¿Estás decidida ahora a ondear la bandera blanca de rendición y someter tu voluntad a la de Él? Si quieres, puedes inclinarte en reverencia delante del Señor como una expresión de sumisión; después expresa tu entrega

en palabras como las siguientes: "Sí, Majestad; recibo esto de tu mano. Úsalo para moldearme y conformarme a la imagen de Jesús".

2. ¿Te sientes oprimida por algo que te preocupa en estos momentos? ¿Por qué no lo "presentas" delante del Señor, como hizo Ezequías con las cartas intimidatorias del rey de Asiria? Busca un símbolo tangible de ese problema (por ejemplo: una carta, una foto, un contrato, una chequera, una página de tu diario personal o una licencia de matrimonio). Preséntalo delante del Señor y pídele que te dé sabiduría, dirija tus pasos, supla la necesidad y glorifique su nombre a través de esa situación.

3. Escribe el nombre de una amiga o un miembro de la familia que tenga una gran necesidad en este momento. Escribe un breve resumen de su necesidad específica. Después, comprométete a interceder en favor de esa persona durante los próximos treinta días.

4. Haz una lista de cualidades de la vida de Jesús que quisieras tener en tu vida. Pídele a Dios que te transforme a su imagen por el poder de su Palabra y su Espíritu.

UNAS PALABRAS DEL CORAZÓN DE

Mary Madeline Whittinghill

Una vida devocional constante alimenta mi alma como el alimento lo hace con mi cuerpo. Me coloca en la misma sintonía que el corazón y los caminos de Dios, y me permite estar en paz con Él y con los demás. Me ayuda a caminar en dependencia de Él. Como una amiga dice: "prepara mi barca para zarpar cada día".

Solía proponerme pasar una o dos horas con el Señor cada mañana. Cuando diversos obstáculos saboteaban mi elevado objetivo, sentía la tentación de pensar que si no podía dedicarle al Señor una o dos horas, entonces solo treinta minutos no serían de valor.

Ahora tengo una perspectiva diferente. Planifico períodos de tiempo con el Señor durante las primeras horas de la mañana, lo que Él me da es de beneficio y siempre quiero más. Me deleito al adorar y escuchar a Dios en mi vida personal y al buscar su rostro a favor de otros. Si me quedo corta de tiempo, trato de seguir en esa misma actitud de oración a lo largo de todo el día. Que sea "diario" es más importante que su duración.

Cuando nuestros cinco hijos eran pequeños, no logré ser lo regular que anhelaba. Si volviera a empezar, me pondría metas más pequeñas y más realistas, y dejaría que el Señor incrementara el tiempo cuando fuera posible. Me doy cuenta de que la cantidad de tiempo no es el factor clave; pero también sé que toma tiempo adorar, orar, interceder y meditar en la Palabra.

Me encanta comenzar con la lectura de un breve devocional y seguir con algunos himnos, salmos y otros cánticos de adoración. Después leo un pasaje de las Escrituras, buscando escuchar la voz de Dios y oro usando el pasaje. Un ingrediente importante es la confesión de pecado y ser sensible a lo que Dios quiere enseñarme y cambiar en mí. Hace poco comencé a llevar un diario personal, lo cual ha sido una verdadera bendición y me ha dado más concentración y claridad.

Después, con un corazón limpio, intercedo por otros. Orar en voz alta me ayuda a mantenerme concentrada. Es útil tener un diario de oración con un plan específico de oración por las personas y las necesidades que el Señor nos presenta en la vida. Sé que no puedo orar por cada persona y cada necesidad todos los días, de modo que le pido al Señor que traiga a mi mente las necesidades especiales de oración para cada día.

□ □ □ ───────────────────────────────

Mary Madeline Whittinghill es una madre que se ha encargado de la propia educación de sus hijos y es esposa del evangelista Al Whittinghill. Ella y Al tienen cinco hijos y han servido con Precept Ministries y Ambassadors for Christ.

PARTE TRES

El patrón de la vida devocional

Muy de madrugada, cuando todavía estaba oscuro, Jesús se levantó

MARCOS 1:35 (NVI)

La mañana es un momento sumamente importante del día. No enfrentes nunca la jornada hasta que hayas buscado el rostro de Dios. Y tampoco busques a nadie hasta que hayas buscado el rostro de Dios.

No esperes salir victorioso si comienzas el día en tus propias fuerzas. Enfrenta la labor de cada día con la influencia de un momento de meditación y quietud entre tu corazón y Dios. No hables con nadie, ni siquiera con los de tu propia familia, hasta haber hablado primero con el gran Huésped y soberano Compañero de tu vida: Jesucristo.

Encuéntrate con Él a solas. Encuéntrate con Él regularmente. Encuéntrate con Él y abre su Libro de consejos, y cumple con tus responsabilidades típicas y atípicas de cada día con la influencia del carácter de Dios guiando cada uno de tus actos.

MANANTIALES EN EL DESIERTO

CAPÍTULO 5

Cómo empezar

"Está bien —dices tú—. Sé que es importante pasar tiempo a solas con Dios, y la verdad es que quiero empezar a hacer de esto la prioridad número uno en mi vida. Quiero cultivar una relación con Dios y caminar en íntima unión y comunión con Él. Quiero ser transformada a la imagen de Cristo. Pero... ¿cómo empezar?".

En este capítulo, veremos tres principios generales para comenzar a practicar una vida devocional personal. Cada uno de estos principios lo vemos explicado en las Escrituras y ejemplificado en la vida del Señor Jesús. Luego, en los capítulos siguientes, estudiaremos algunos ingredientes específicos que constituyen una parte importante de nuestro tiempo a solas con Dios.

Una práctica constante

Con frecuencia Él se retiraba.
LUCAS 5:16 (LBLA)

El primer principio general ya lo hemos visto en otro capítulo. Jesús era constante en la práctica de pasar tiempo a solas con su Padre cada día; y nosotras también debemos serlo. Además, el devocional diario no es solo una obligación, sino un increíble privilegio; el mismo Dios del universo quiere encontrarse *contigo y conmigo*.

En su revelador libro *Spiritual Disciplines for the Christian Life* [Disciplinas espirituales para la vida cristiana], Donald Whitney extiende esta agradable invitación:

> Piensa en lo siguiente: el Señor Jesucristo desea recibirte en privado durante todo el tiempo que quieras, ¡y está dispuesto —incluso ansioso— de encontrarse contigo todos los días! Imagínate si fueras uno de los miles de seguidores de Jesús durante gran parte de los últimos tres años de su vida en esta tierra. ¿Puedes imaginarte cuán emocionado estarías si uno de sus discípulos llegara y te dijera: "El Maestro quiere que te diga que está deseoso de encontrarse contigo a solas cuando quieras y durante el tiempo que quieras, y te estará esperando con sumo agrado todos los días"? ¡Qué privilegio! ¿Quién se hubiera quejado de esta posibilidad? Ahora bien, este es un maravilloso privilegio y una posibilidad para ti también.[1]

He tenido la dicha de estar en los caminos de Dios desde mi niñez. He tenido la bendición de crecer en un hogar cristiano, haber recibido catorce años de educación cristiana, haber conocido la vida de muchos hombres y mujeres de Dios y haber escuchado a algunos de los mejores maestros de la Biblia de nuestra generación.

Pero he llegado a creer que es absolutamente imposible tener una relación íntima con Dios, o llegar a ser la mujer que Él quiere que sea, sin pasar tiempo a solas con Él *cada día*. No puedo dedicarle tiempo a Dios de manera esporádica —cada vez que pueda incluirlo a la fuerza en mi agenda diaria— y disfrutar de una amistad vital y creciente con Él. No es posible en las relaciones humanas y tampoco es posible en nuestra relación con Dios.

UNA PROVISIÓN DIARIA

El Antiguo Testamento nos da varios ejemplos de la necesidad de encontrarnos con Dios cada día.

Durante los cuarenta años que los hijos de Israel deambularon por el desierto, al salir de Egipto rumbo a la tierra prometida, Dios suplió todas sus necesidades; a veces de manera insólita. Suplió su necesidad de pan al enviarles maná: "una cosa menuda, redonda, menuda como una escarcha sobre la tierra" (Éx. 16:14). ¿Con qué frecuencia les enviaba el maná? Cada día (excepto el día de reposo). ¿Y con qué frecuencia tenían que recolectar el maná? Cada día. Seis días a la semana, cincuenta y dos semanas al año durante cuarenta años. Observa que cada individuo tenía que recolectar su propia ración (v. 16). Nadie más podía hacerlo por él. Dios daba exactamente lo que cada individuo necesitaba para saciar sus necesidades de ese día.

Este pan físico era una figura del Pan de Vida: la Palabra de Dios. Dios creó tanto nuestro cuerpo como nuestra alma con la necesidad de un sustento diario. Él le recordó a su pueblo que "no sólo de pan vivirá el hombre, mas de todo lo que sale de la boca de Jehová vivirá el hombre" (Dt. 8:3). La alimentación física no era suficiente; también necesitaban alimento espiritual. Así como tenían que recolectar y comer pan todos los días, del mismo modo tenían que recolectar y participar del Pan de Vida para alimentar su alma todos los días.

Cuando Jesús nos enseñó a orar: "El pan nuestro de cada día, dánoslo hoy", no solo nos estaba enseñando a confiar en que Dios supliría nuestras necesidades físicas diarias, sino que también nos estaba recordando la importancia de buscar el alimento espiritual que nuestra alma necesita cada día.

D. L. Moody dijo: "El hombre no puede recolectar una provisión de gracia para el futuro, así como no puede comer suficientes alimentos para estar saciado durante los seis meses siguientes, o llenar de suficiente aire sus pulmones para sustentar su vida durante una semana. Debemos recurrir a la fuente inagotable de gracia que nos provee nuestro sustento diario".[2] Tenemos acceso a esa fuente de gracia un día a la vez, y el maná en el desierto nos recuerda nuestra necesidad de tomar lo que necesitamos un día a la vez.

UNA RUTINA DIARIA

En el tabernáculo, había otro recordatorio de la necesidad de cultivar una unión y comunión diaria con Dios. En la entrada al Lugar Santísimo, estaba el altar del incienso. Dios le dijo a Moisés:

"Y Aarón quemará incienso aromático sobre él; cada mañana cuando aliste las lámparas lo quemará. Y cuando Aarón encienda las lámparas al anochecer, quemará el incienso; rito perpetuo delante de Jehová" (Éx. 30:7-8).

El incienso que se ofrecía en ese altar representaba la alabanza y las oraciones que ascendían a Dios dadas por un pueblo redimido. Este no se ofrecía ocasionalmente o cada vez que el sacerdote se acordaba; sino cada día: cada mañana y cada noche. ¿Por qué le importaba a Dios si se dejaba de ofrecer uno o dos días? Porque estaba buscando una relación con su pueblo. Y Él sabía que eso requería una comunicación constante y diaria. Era este incienso el que el sumo sacerdote llevaba con él cuando entraba al Lugar Santísimo una vez al año para el día de la expiación. Del mismo modo, se nos invita a entrar en su santa presencia y llevar con nosotros el incienso de alabanza y oración ofrecido regularmente a Dios.

Había otras rutinas que tenían lugar en el tabernáculo. El aceite de las lámparas debía mantenerse encendido continuamente, se tenía que hacer sacrificios, se debía reemplazar los panes de la proposición, y los sacerdotes debían estar limpios. Cada mañana, cada noche, todos los días.

Puede que digas que eso podía convertirse en una rutina insignificante. Tienes razón. De hecho, eso es exactamente lo que les sucedió a los israelitas. Perdieron de vista el propósito oculto en las rutinas; caminar en unión y comunión con su Dios. Pero aún así las rutinas eran correctas. Dios las había establecido. Y eran necesarias para sustentar una relación con Él.

Desde luego, siempre se corre el riesgo de que el devocional diario o cualquier otra disciplina espiritual pueda menoscabarse y convertirse en una rutina sin vida. Pero he descubierto que es mucho más fácil infundir nueva vida a una rutina muerta, que obtener vida de donde ni siquiera hay una rutina.

EL ESPOSO DESEA A SU ESPOSA

Al buscar apartar tiempo cada día para encontrarte con Dios, no olvides que el objetivo es cultivar una relación íntima. Él anhela tener una relación íntima contigo y está ansioso por pasar tiempo contigo.

Hay un momento conmovedor en el Cantar de los Cantares cuando el rey invita a su esposa a dejar lo que está haciendo para estar con él y pasar un tiempo de intimidad a solas. "Mi amado habló, y me dijo: Levántate, oh amiga mía, hermosa mía, y ven... Muéstrame tu rostro, hazme oír tu voz; porque dulce es la voz tuya, y hermoso tu aspecto" (Cnt. 2:10, 14).

Este pasaje ha alterado radicalmente mi perspectiva sobre todo este asunto del devocional diario y me ha ayudado a ver que mi Esposo celestial anhela pasar tiempo conmigo. Tiempo con Él no es solo algo que *yo* necesite (aunque lo necesito desesperadamente); es algo que responde al anhelo de *su* corazón. Cuando entro a su presencia de mañana, es con la necesidad y el deseo de ver su rostro y escuchar su voz. Pero ¿habías pensado alguna vez que Él quiere ver *tu* rostro y escuchar *tu* voz?

Este fue un punto de vista increíble para mí. Mi corazón dijo con asombro y admiración: "Señor, ¿por qué querrías *tú* ver *mi* rostro? ¿Qué de lo que veas en mí puede bendecirte? ¿Por qué querrías escuchar *mi* voz? ¿Qué de lo que yo diga puede ministrar tu corazón?". Después de todos estos años de caminar con el Señor, todavía no puedo comprender por qué querría Él encontrarse conmigo. Pero sé que es verdad. Por lo tanto, entro en su presencia con la perspectiva de que Él quiere estar conmigo y que yo puedo complacerlo al permitir que vea mi rostro y escuche mi voz.

Una canción de Larnelle Harris y Phil McHugh señala el hecho de que cuando descuidamos nuestro tiempo con Él, las *dos* partes sienten el efecto. No solo *nuestro* espíritu se seca y se vacía, sino que *su* corazón se compunge:

> Allí me esperaba Él, en nuestro antiguo y típico lugar;
> un lugar vacío junto a Él donde una vez yo solía esperar
> la fortaleza y sabiduría para enfrentar las batallas de
>   cada día.
> Lo hubiera pasado de largo otra vez, pero escuché que
>   claramente me decía:
> Extraño pasar tiempo contigo, extraño esos momentos
>   de comunión.
> Necesito estar cada día contigo, y me duele tu
>   explicación
> de que en mi servicio estás demasiado ocupado.
> Pero ¿cómo me puedes servir si tu espíritu se ha
>   secado?
> Hay un anhelo en mi corazón, quiero todo de ti,
>   quiero estar en intimidad.
> Extraño pasar tiempo contigo; es verdad.[3]

Con respecto a esto, pasar tiempo con Dios es más necesario que cualquier otra cosa que hagas cada día, incluso comer, dormir, vestirte e ir a trabajar.

En esta etapa de tu vida en particular (y recuerda que las etapas cambian), tal vez no puedas pasar horas ininterrumpidas a solas con el Señor cada día. Pero si conocer a Dios y tener una relación con Él es importante para ti, puedes y, de hecho, decidirás apartar *algún* tiempo cada día para escucharlo y expresarle que lo amas y lo necesitas.

Por la mañana

Levantándose muy de mañana, siendo aún muy oscuro.
MARCOS 1:35

Tal como Jesús se hacía tiempo para estar a solas con su Padre cada día, nos invita a hacer lo mismo; pero también nos invita a levantarnos temprano para tener nuestro devocional. Ya hemos tratado este punto en varias partes de este libro; pero es tan importante que necesitamos volver a enfatizarlo aquí. Cada vez que surge el tema del devocional diario, "de mañana" parece ser el punto que evoca la mayor frustración e incluso resistencia, especialmente entre las madres.

Muchas veces he sentido la tentación de minimizar u omitir este punto. Pero cuanto más estudio la Palabra y los caminos de Dios, más me convenzo de la importancia de comenzar el día con Él. El ejemplo bíblico del devocional de mañana es difícil de refutar. Presta atención a estos versículos (cursivas añadidas):

"Oh Jehová, *de mañana* oirás mi voz; *de mañana* me presentaré delante de ti, y esperaré" (Sal. 5:3).

"Mas yo a ti he clamado, oh Jehová, y *de mañana* mi oración se presentará delante de ti" (Sal. 88:13).

"Despierta, alma mía; despierta, salterio y arpa; me levantaré *de mañana*. Te alabaré... oh Señor" (Sal. 57:8-9).

"Me anticipé *al alba*, y clamé; esperé en tu palabra" (Sal. 119:147).

"Hazme oír por *la mañana* tu misericordia" (Sal. 143:8).

"Jehová el Señor me... despertará *mañana tras mañana*, despertará mi oído para que oiga como los sabios" (Is. 50:4).

Jacob se levantó temprano de mañana para hacer un voto con Dios en Betel (Gn. 28:18-19).

Dios le dijo a Moisés: "Prepárate, pues, *para mañana*, y sube *de mañana* al monte de Sinaí, y preséntate ante mí" (Éx. 34:2, cursivas añadidas).

David se levantaba temprano de mañana para adorar, orar y meditar.

Temprano por la mañana, aquel primer domingo de Pascua, María Magdalena y la otra María fueron a la tumba donde Jesús había sido sepultado (Mt. 28:1).

Dios enviaba maná a su pueblo *por la mañana*. La ración de alimento para el día debía juntarse *por la mañana*, mientras aún estaba fresco. Cada mañana Dios tiene una nueva provisión de misericordia para su pueblo. Cuando no nos apartamos de mañana para tomar lo que Él ha provisto para ese día, básicamente estamos diciendo que podemos enfrentar el día con nuestras propias fuerzas; que nuestra fortaleza, sabiduría y recursos son suficientes para las demandas del día. De este modo, no solo perdemos el derecho a la gracia de Dios, sino que nuestra autosuficiencia y orgullo fuerzan a Dios a resistirnos a lo largo de todo el día.

Puede que te preguntes: "*¿Cuán temprano* de mañana tengo que encontrarme con Dios? No sé a qué hora es temprano para ti. Dado que mi oficina está en mi casa, temprano para mí es antes que el teléfono comience a sonar. Si para ese entonces no me he encontrado aún con Dios, se me hace casi imposible encontrar un momento sereno, un lugar sereno o un corazón sereno durante el resto del día. Si no lo hago temprano, me pierdo el momento más preciado y valioso del día; y, en el mejor de los casos, por lo general tengo que fragmentar mi tiempo de devocional.

Esto no significa que para ser espiritual tengas que ser una de esas mujeres madrugadoras que se levantan dos horas antes que salga el sol. Tampoco estoy sugiriendo un método legalista y rígido que dice que si no estás sobre tus rodillas a las cinco de la mañana, no eres espiritual. No olvides que el propósito es conocer a Dios y tener una relación con Él. Pero en definitiva, si tú y yo queremos ser como Jesús, si queremos realmente conocer a Dios, tenemos que estar dispuestas a pagar el precio de levantarnos de mañana para buscar su rostro.

Hombres de Dios a lo largo de la historia han enfatizado la importancia de encontrarse con el Señor de mañana. Presta atención a la insistencia unísona de estos grandes espirituales:

> ¡Comienza el día con Dios!
>   ¡Él es tu sol, Él es tu día!
> De tu aurora, Él es el fulgor;
>   solo a Él dedica tu día.
>
> ¡Que sea a Él tu primer canto!
>   A ningún hombre mortal;
> a ninguna obra de sus manos,
>   sino al que se viste de Majestad.
> —HORATIUS BONAR (1808-1889)[4]

"No ofrezcas tu concierto primero y afines tus instrumentos después. Comienza el día con Dios" (J. HUDSON TAYLOR).

"Sería bueno tener por norma no buscar a nadie por la mañana hasta no haber buscado el rostro de Dios" (CHARLES H. SPURGEON).[5]

"El mejor momento para hablar con Dios es antes que un acontecimiento de este mundo golpee a nuestra puerta; la mañana es, por así decirlo, la mejor parte del día, y Dios se merece lo mejor. Eleva tu corazón al cielo al comenzar el día, y el resto de la jornada será mejor. Aquel que pierde su corazón en este mundo por la mañana, difícilmente lo vuelva a encontrar en el resto del día" (THOMAS WATSON).[6]

Una de las cosas que he aprendido a lo largo de los años es que el éxito para encontrarnos con Dios de mañana comienza la noche anterior. Cada noche tomamos decisiones que determinan si podremos levantarnos o no a la mañana siguiente. Una de las razones por la que mi padre pudo ser tan constante en la práctica de pasar al menos una hora con Dios cada mañana fue que era disciplinado para irse a dormir la noche anterior. Sin importar lo que pasara en nuestra casa, él pedía permiso para retirarse no más de las diez de la noche y se preparaba para irse a dormir antes de las once.

Ahora, nosotros, sus hijos, nos reímos cariñosamente cuando recordamos lo que le decía a sus invitados: "¡Buenas noches! No se olviden de cerrar la puerta y apagar las luces cuando se vayan". Él no nos transmitía un espíritu rígido o inflexible acerca de esta disciplina. Simplemente quería estar seguro de no perderse la reunión más importante del día; el encuentro matutino con la Persona más importante de su vida.

Podría mencionar que la ausencia de televisión en nuestro hogar colaboró mucho en este compromiso de irse a dormir de noche. En vez de quedarnos despiertos para escuchar el último noticiero de la noche, seguido de las noticias de madrugada, seguido de…, cuánto bien le haríamos a nuestra alma si nos fuéramos a dormir más temprano y pasáramos las últimas horas de la noche escuchando música cristiana o meditando en las Escrituras, en preparación para nuestra cita matutina con Dios.

A propósito, madres, no se imaginan lo bien que les hace a sus hijos saber que, cuando se despiertan, ustedes ya se han encontrado con el Señor, que han orado por ellos y que le han encomendado todas las actividades del día al Señor. Hasta el día de hoy, cada vez que intento comenzar el día raudamente, como a menudo, me viene la imagen de una madre y un padre que sentaron las bases de pasar tiempo con el Señor antes de realizar cualquier otra actividad del día.

Con el transcurso de los años, Dios ha usado este conocido poema para recordarme la importancia de encontrarme con Él de mañana:

Me encontré con Dios por la mañana,
    en el mejor momento del día;
y su presencia llegó como el alba,
    cuando su gloria en mi pecho sentía.

Todo el día me acompañó su presencia,
    todo el día estuvo a mi lado,
y navegamos en perfecta calma
    por las aguas de un mar atormentado.

Unos recibían golpes y maltrato,
    otros estaban zozobrando;
pero los vientos que parecían a ellos azotarlos,
    a nosotros nos traían paz y descanso.
Después pensé en otras mañanas,
    con agudo remordimiento de conciencia,
cuando yo también había soltado amarras,
    y dejado atrás su presencia.

Ahora creo que sé cuál es el secreto,
    que aprendí en los tiempos de agonía:
¡Busquemos a Dios de mañana primero,
    y su presencia nos acompañará todo el día!
—RALPH SPAULDING CUSHMAN[7]

Un lugar solitario

Jesús salió y se fue a un lugar solitario.
LUCAS 4:42 (NVI)

Para cultivar la intimidad, el esposo y la esposa necesitan pasar tiempo solos; lejos de amigos, familiares e incluso sus propios hijos.

Jesús entendía la importancia de apartarse de las multitudes para poder mantener una íntima relación con su Padre. Lucas 5:15 nos dice que cuando se llegó a difundir su fama, "se reunía mucha gente para oírle, y para que les sanase de sus enfermedades". Jesús tenía compasión por las multitudes y se sacrificaba para ministrar a sus necesidades. Pero sabía que no podía suplir sus necesidades si no cultivaba su relación con su Padre. Por eso el siguiente versículo nos dice que con frecuencia Jesús "se retiraba a *lugares solitarios* y oraba" (5:16, LBLA, cursivas añadidas).

Cuando Dios llamó a Moisés para encontrarse con Él en el monte Sinaí, dijo: "...preséntate ante mí sobre la cumbre del monte. Y no suba hombre contigo" (Éx. 34:2-3). Como parte de una comunidad de fe, necesitamos tiempos de adoración, oración y búsqueda del Señor en compañía del pueblo de Dios. Pero también debemos apartar tiempo para estar a solas con Él. Hay una dimensión de nuestra relación con Dios que no puede cultivarse ni experimentarse en medio de una multitud.

UNA TIENDA DE REUNIÓN

Antes que se construyera el tabernáculo, las Escrituras dicen que Moisés solía llevar la tienda y montarla a cierta distancia fuera del campamento. La hacía llamar "tienda de reunión". Todo aquel que quería pedirle algo al Señor debía ir a la tienda de reunión, fuera del campamento (Éx. 33:7). Este lugar de reunión especial se encontraba lejos de la multitud, lejos de la circulación habitual de personas. Era un lugar apartado, reservado para encontrarse con Dios.

En mi caso, he encontrado provechoso dedicar un lugar de mi hogar para encontrarme con el Señor. En un rincón de mi cuarto de estudio, tengo un cómodo sillón colocado sobre una leve plataforma. Este sillón se ha convertido en mi sillón del devocional. Es mi tienda de reunión; un lugar donde me encuentro con Dios. Dado que viajo mucho, no siempre puedo encontrarme con Él en el mismo lugar. Pero donde quiera que esté, trato de crear una tienda de reunión en mi corazón; un lugar sereno, un lugar solitario, un lugar apartado de la multitud, un lugar donde pueda estar a solas con Dios.

Puede que a una madre con muchos hijos le resulte difícil encontrar un lugar solitario. La esposa de un pastor escribió y explicó cómo hacía para apartarse de la multitud:

Tengo un dulce recuerdo de nuestro hijo Jon cuando tenía alrededor de dieciocho meses. Cada mañana se levantaba de su cuna y venía a buscarme. El único lugar en nuestra pequeña casa donde podía apartarme de mis hijos (de 1, 2, 6 y 8 años de edad) era en nuestro pequeño baño con puerta corredera. Desde luego, había solo un lugar donde sentarse en el baño. Por lo tanto, con la tapa del inodoro cerrada y mi Biblia abierta, tenía mi devocional diario. Jon venía hasta la puerta del baño, pasaba su pequeña manita bajo la puerta y se sostenía de mi pie hasta que yo terminaba. Desde muy pequeño, había aprendido que yo tenía que leer la Biblia todos los días.

Una amiga con hijos pequeños me dijo una vez: "Las veces que hemos estado de visita en casa de algunos familiares he tenido que tener mi devocional junto a una lámpara de noche, en el mismo cuarto donde mis hijos estaban durmiendo. Pero he descubierto que hay una forma de hacerlo, si realmente quieres hacerlo".

Tu tienda de reunión podría ser un baño, un closet, un pasillo o incluso un automóvil. Lo importante es que busques un lugar donde puedas encontrarte *a solas* con tu Esposo celestial.

Si tu temperamento es como el mío, puede que te resulte difícil acostumbrarte a la soledad. En particular, si estás acostumbrada a tener la televisión o la radio encendida todo el tiempo o a estar siempre en compañía de otras personas, tendrás que adaptarte y buscar el momento de estar en quietud y a solas con Dios. Pero, como nos recuerda un escritor:

Hay una extraña fortaleza que se genera en la soledad. Los cuervos andan en bandadas y los lobos en jaurías, pero los leones y las águilas andan solos. La fortaleza no se encuentra en el estruendo y el ruido....

La fortaleza se encuentra en la quietud. El lago debe estar sereno para que el cielo se refleje en su superficie. El Señor amaba a los que lo seguían, pero cuán a menudo leemos que se apartaba de ellos por un tiempo....

Lo que más necesitamos hoy por sobre todas las cosas es apartarnos para estar con el Señor y sentarnos a sus pies en la sagrada privacidad de su bendita presencia. ¡Oh, el perdido arte de la meditación! ¡Oh, la cultura del lugar secreto! ¡Oh, la tónica de esperar en Dios![8]

UN TESTIMONIO PERSONAL

Desde que tenía veinte años, durante casi doce años, viajé todo el tiempo, los 365 días de todo el año. Durante ese período, fui adicta a la comida rápida. No quiero recordar la cantidad de veces que me compraba tacos o hamburguesas con papas fritas desde mi automóvil, en la ventanilla de un restaurante de comida rápida, y después me quedaba sentada en el estacionamiento durante los dos minutos y medio que me tomaba devorar mi comida. A menudo, ni siquiera me molestaba en parar, sino que seguía conduciendo mi automóvil mientras comía mi almuerzo hasta llegar al lugar de mi próxima cita.

En realidad no me importaba vivir de esa manera; hasta que llegué a los treinta años de edad. Para ese entonces, mi cuerpo comenzó a sentir los efectos de los años de comida chatarra. Me di cuenta de que mi cuerpo necesitaba una dieta más nutritiva y equilibrada, y que no podía seguir comiendo de la manera que lo había estado haciendo durante más de una década. Tuve que hacer algunos cambios bastante drásticos en mi estilo de vida para responder a las necesidades de mi cuerpo.

Hace algunos años, después de un período de dieciocho meses de una agenda muy extenuante, me levanté un día y me di cuenta de que me había convertido en una adicta a la comida rápida *espiritual*. Había permitido que los vencimientos, los proyectos y las demandas tuvieran prioridad sobre mi relación con el Señor. Sí, seguía teniendo mi devocional; o una especie de devocional. Normalmente me las arreglaba para consumir alguna especie de alimento espiritual. Pero muchas veces ese alimento espiritual consistía en una rápida lectura de un breve pasaje de las Escrituras, un rato antes de salir rápidamente de mi casa para llevar a cabo una cosa más para Dios.

Espiritualmente, estaba viviendo a base de comida rápida de restaurante autoservicio. Tenía mis devocionales, si es que se pueden llamar devocionales. Pero no tenía *devoción*. No me estaba encontrando con Dios. No estaba cultivando nuestra relación.

Igual que la mujer sulamita del Cantar de los Cantares, había cuidado las viñas de otros; había estado ocupada cuidando del bienestar de otros; pero había descuidado el jardín de mi corazón (Cnt. 1:6).

Cuando Dios usó las circunstancias para revelar la desnutrición de mi vida espiritual, comencé a darme cuenta de que había pagado un alto precio por esos meses de descuido.

Cuán agradecida estoy por un Padre celestial paciente y misericordioso, que nunca deja de buscar una relación de amor con sus hijos. Con bondad y compasión, conquistó mi corazón distraído e insensible hacia Él. Su bondad me llevó al arrepentimiento por haberme apartado de su lado, a la renovación de mis votos con Él y a la reconfirmación de mi relación con Él como la prioridad número uno de cada día. Al responder a su iniciativa, el buen Pastor comenzó el proceso de restauración de mi alma y me llevó a las aguas de reposo y al lugar de delicados pastos que tanto necesitaba.

En el Cantar de los Cantares, leemos de una ocasión cuando la esposa no respondió a la iniciativa de su esposo y experimentó una pérdida de intimidad. Atribulada por la brecha en la relación, emprendió una búsqueda intensa de su Amado. Al relatar ese momento emocionante en el que ella lo recupera, dice: "hallé al que ama mi alma; lo agarré y no quise soltarlo" (Cnt. 3:4, LBLA).

Igual que aquella esposa agradecida, puedo decir: "Hallé al que ama mi alma". Ahora, el mayor deseo de mi corazón es agarrarlo fuertemente y no soltarlo jamás. No conozco ninguna otra manera de experimentar unión y comunión continua con nuestro amado Señor Jesús, si no es con la decisión consciente y deliberada de pasar tiempo a solas con Él cada mañana.

REFLEXIÓN PERSONAL

1. ¿Cuál de los tres elementos de la vida devocional planteados en este capítulo (una práctica constante, de mañana, un lugar solitario) te resulta más difícil?

2. ¿Has tenido alguna vez una vida devocional insuficiente; una alimentación espiritual a base de comida rápida de restaurante autoservicio? Describe brevemente las circunstancias de ese tiempo y algunas de las consecuencias que has experimentado en tu caminar con Dios y con los que te rodean.

3. ¿Cuáles son los peores obstáculos que te impiden tener un tiempo constante a solas con el Señor cada mañana?

Pregúntale al Señor qué pasos prácticos podrías dar para superar esos obstáculos. Registra cualquier idea que Él te dé.

4. Si aún no te has hecho el hábito constante de encontrarte a solas con el Señor, ¿quisieras proponerte pasar un tiempo en la Palabra y la oración cada mañana durante los próximos siete días? Coméntale tu compromiso a tu

esposo o a una amiga y pídele a esa persona que te ayude a ser responsable con tu compromiso.

UNAS PALABRAS DEL CORAZÓN DE

Vonette Bright

Cuanto más tiempo paso en oración y devoción, ¡más me pregunto por qué no paso más tiempo! Las recompensas son mucho mayores que las que puedo recibir haciendo cualquier otra cosa. El tiempo a solas con Dios determina cuánto crezco en la fe y aprendo a depender de Cristo y caminar en Él.

Durante mi devocional diario, me encuentro con el Señor, lo escucho hablar a través de su Palabra, recibo dirección para mi vida y abro mi corazón a Él en oración. Pasar tiempo con Él renueva, revive y fortalece mi espíritu. Eso podría llevar algunos minutos o varias horas. Mi propósito es estar ante Dios hasta sentir que me he encontrado con Él.

Al comenzar tu devocional, pídele a Dios que te revele su verdad. Practica la presencia de Dios. Imagínate en su presencia y actúa en consecuencia.

Comienza la lectura de la Biblia con oración y pídele discernimiento, dirección y entendimiento. Sugiero leer toda la Biblia de principio a fin. Podrías leer una versión diferente de la Biblia cada año (o hasta que hayas terminado esa versión). He disfrutado de la Biblia en un año, que incluye pasajes del Antiguo y Nuevo Testamento, así como un salmo y un proverbio.

Al orar, comienza con alabanza y adoración, tal vez puedas usar un himnario. Confiesa todos los pecados y recibe el perdón de Dios. Habla como si estuvieras hablando con tu mejor amiga. Divide los pedidos de oración entre los días de la semana para que no te resulte tan gravoso. Lleva un diario de oración. Al orar, confiesa los nombres de Dios que se detallan en las Escrituras.

Transmite a otra persona las verdades que el Señor te muestra cada día.

□ □ □ ──

Vonette Bright es madre de dos hijos y abuela de cuatro nietos. Ella y su esposo Bill son cofundadores de la Cruzada Estudiantil para Cristo Internacional. Durante muchos años, Vonette ha participado activamente de la promoción y dirección de movimientos de oración internacionales.

PARTE CUATRO

Los problemas de la vida devocional

Lo busqué, y no lo hallé.

CANTARES 5:6

Me postro en mi habitación, y pido a Dios y sus ángeles que vengan a este lugar. Y cuando se hacen presentes, me olvido de Dios y sus ángeles por el zumbido de una mosca, el traqueteo de un carruaje o el crujido de una puerta; sigo hablando, en la misma postura de oración: con los ojos al cielo y mis rodillas dobladas, como si estuviera orando. Y si acaso Dios o sus ángeles me preguntaran cuándo me acordé de Dios en toda esta oración, no sabría qué decir.

JOHN DONNE

CAPÍTULO 6

"Lo difícil para mí es…"

Hace algún tiempo, envié un cuestionario a trescientas mujeres de los Estados Unidos, que asistieron a una de las conferencias para mujeres de nuestro ministerio. Quería saber qué opinaban de la práctica de la vida devocional diaria. Las mujeres contestaron a las siguientes preguntas:

- ¿Por qué crees que es importante tener un tiempo devocional diario? (De 178 mujeres que reenviaron el cuestionario, 175 respondieron que consideraban "muy importante" ser constantes en la práctica de la vida devocional diaria).
- ¿Cuáles son algunos de los beneficios que has recibido por ser constante en tus devocionales?
- ¿Cuáles son para ti los mayores obstáculos para poder tener una vida devocional constante y provechosa?
- ¿Qué ideas podrías dar para que otras mujeres puedan tener una vida devocional provechosa?

Agradezco las respuestas reflexivas y sinceras que las mujeres dieron a estas preguntas. Muchas fueron sinceras al contar sus luchas y fracasos en su esfuerzo por tener sus devocionales diarios. Y muchas dieron excelentes y prácticas sugerencias que me han sido útiles en mi propia vida.

En este capítulo, veremos algunos de los obstáculos que estas mujeres han encontrado al tratar de desarrollar una vida devocional constante. (Las respuestas al cuestionario aparecen en letra cursiva a lo largo de todo el capítulo). Los obstáculos que se identificaron son los que la mayoría de nosotras ha experimentado en un momento u otro de su andar cristiano. Por ejemplo, puede que pienses (o digas)...

"¡No me alcanza el tiempo!"

Hace seis años, era soltera y podía enfocarme en el Señor. Ahora que he estado casada por tres años y tengo dos hijos pequeños, se me hace difícil encontrar tiempo para mis devocionales diarios. ¡Por favor, ayúdenme!

El problema del tiempo fue, de lejos, el obstáculo principal que identificaron las mujeres que respondieron a nuestro cuestionario.

El hecho es que, si no hacemos un esfuerzo consciente y deliberado de apartar tiempo para estar con el Señor, otras cosas llamarán nuestra atención. Una de mis mentoras espirituales, que ahora está con el Señor, solía decir: "No trates de incluir a la fuerza a Dios en una agenda diaria ya repleta. ¡Planifica tu agenda diaria a partir de Él!". Varias de las mujeres que hemos encuestado sugirieron hacer una cita con Dios y asistir a ella, como haríamos con cualquier otra cita.

Otras mujeres comentaron la necesidad de ver el devocional como el momento más importante de nuestra vida:

No consideres la oración y el estudio de la Biblia como algo para lo cual tratas de hacer tiempo. Considéralo como una necesidad; una necesidad que, si no se suple, podría tener graves consecuencias.

Nuestro devocional con el Señor es el momento más importante del día. Si tenemos nuestro devocional, habremos cumplido con la actividad más importante de la jornada. Si no lo tenemos, habremos dejado de hacer lo más importante, para hacer lo menos importante. Tenemos que planificar nuestro tiempo de devocional, o no nos alcanzará el tiempo.

He descubierto que si me hago tiempo para el devocional, el Señor me da tiempo para otras cosas.

El pastor puritano William Gurnall (1616-1679) consideraba inconcebible que un hijo de Dios no tuviera tiempo para leer el Libro en el cual Dios ha comunicado su gracia y amor:

> Si Dios tuvo la disposición y el tiempo para escribir y enviarte esta carta de amor, ¡¿cómo puede ser que tú no tengas tiempo para leerla y meditar en ella?! ¡El enfermo no tiene tiempo para leer la prescripción de su médico! ¡El malhechor condenado no tiene tiempo para abrir la carta de indulto donde el príncipe le ha firmado su perdón![1]

"¡Mi vida es muy agotadora!"

¿Cómo se hace para que la vida sea menos ajetreada? Las diez o doce horas que trabajo al día me están agotando. No sé cómo hacer para tener una vida más tranquila.

De vez en cuando, necesitamos hacer un alto y reevaluar nuestra agenda y actividades diarias a la luz de las prioridades que Dios nos ha dado. Esto no es algo fácil de hacer. Tendemos a pensar que todo lo que estamos haciendo es indispensable. Aunque podría ser verdad que todo lo que hacemos es *bueno*, si no tenemos tiempo de cultivar nuestra relación con el Señor, entonces, evidentemente estamos haciendo algunas cosas que no están en la agenda de Dios para nuestra vida.

Si queremos tener una relación íntima con el Señor Jesús, debemos estar dispuestas a colocar todas nuestras actividades bajo el escrutinio de su Espíritu y permitirle que nos muestre cuáles no son sus prioridades; al menos para esta etapa de nuestra vida. (Tu esposo o alguna creyente madura podrían ser de gran valor para ayudarte a analizar detenidamente tus actividades).

Si eres madre, puede que además te resulte necesario evaluar las actividades que realizan tus hijos. He visto a muchas madres bien intencionadas, que viven una vida descontrolada a un ritmo acelerado, porque sus hijos participan de toda clase de programas extraescolares —deportes, lecciones particulares de música, banda, coro, drama— además de que se les impulsa a (o se les permite) participar de diversos pasatiempos y recreaciones, un torbellino de actividades sociales y toda clase de reuniones de niños o adolescentes. Estas madres parecen pasarse la vida corriendo con sus hijos de una actividad a la otra. Esto no solo les provoca un constante trajín desde la mañana temprano hasta tarde por la noche, sino que además genera en sus hijos una "adicción a la actividad", que merma la capacidad de ellos de aquietar su corazón y reprime su apetito por la Palabra de Dios y la oración.

Ya sean nuestras propias actividades o las de nuestros hijos, todas deben evaluarse a la luz de nuestras prioridades fundamentales y eternas. Una de las mujeres que encuestamos expresó muy bien este punto en particular:

> Vale la pena posponer todo lo demás por un tiempo de devocional con Dios. La ropa sucia puede esperar. El tiempo con el Señor tiene un valor eterno. A la luz de la eternidad, ¿qué importancia tienen todas estas cosas?

El poderoso predicador del siglo XVII, Lewis Bayly, instaba a sus oyentes a que en esta vida tomaran decisiones que tuvieran repercusión en la vida eterna:

> Pero puede que digas que tus ocupaciones no te permiten tener tiempo para leer cada mañana un capítulo. ¡Oh! hombre, recuerda que tu vida es corta, y que todas estas ocupaciones solo se aprovechan en esta corta vida; ¡mas

la salvación o condenación es eterna! Por lo tanto, levántate cada mañana, cuanto más temprano mejor; engaña a
la carne confusa de tanto dormir; pero no le prives de alimento a tu alma, ni a Dios de su servicio; y sirve al Todopoderoso debidamente mientras tengas tiempo y salud.[2]

"El día no me alcanza para todo lo que tengo que hacer"

Me es difícil ser constante en mis devocionales cuando trabajo hasta las
cuatro o cinco de la tarde, vuelvo a casa, cocino, limpio y, cuando ter
mino de hacer todo, quedo exhausta. Después tengo la responsabilidad
de complacer a mi esposo. A veces me siento culpable y pienso: ¿Por qué
no puedo poner mi vida en orden y ser más organizada?

Al evaluar nuestra agenda diaria a la luz de las prioridades que Dios nos ha dado, debemos determinarnos a eliminar (o limitar) cualquier actividad que nos impida cumplir
con esas prioridades.

Algunas de estas decisiones son más claras que otras. Por
ejemplo, una de las decisiones difíciles, pero obvias, que he
tenido que tomar en los últimos años es apagar el televisor.
Dado que vivo sola, estaba encendiendo la televisión cuando
llegaba a casa por la noche, solo por el ruido y la compañía. Estaba malgastando horas preciosas en actividades irreflexivas; horas que podría haber usado para alimentar mi
espíritu o ministrar a las necesidades de otros. Después me
preguntaba por qué no me alcanzaba el tiempo para estar a
solas con el Señor.

En mi corazón, sabía que mi vida espiritual se beneficiaría si no encendía el televisor. Finalmente, alcé la "bandera
de rendición" y dije: "Sí, Señor", e hice el compromiso de no
mirar televisión cuando estuviera sola.

Esta decisión ha resultado ser una de las mejores que he
tomado en mi vida. No solo tengo más tiempo para dedicarle a mi relación con el Señor, sino que también tengo más
apetito por las cosas espirituales puesto que no me estoy
alimentando de las cosas de este mundo.

También he tenido que decirle que no a otros tipos de actividades; algunas de ellas saludables, pero ninguna de ellas tan importantes como sentarse a los pies de Jesús y escuchar su Palabra. Esto es lo que han dicho algunas de las mujeres encuestadas con respecto a seleccionar nuestras actividades basadas en nuestras prioridades:

¡Si podemos hacernos tiempo para ir de compras, podemos hacernos tiempo para Dios!

No pierdas tiempo en novelas, compras, etc. Hazte tiempo para estar con el Señor cada día; nada es más importante.

No te comprometas a hacer más de lo que puedes hacer. Evalúa cuidadosamente cada nueva responsabilidad: ¿Me restará tiempo de estar a los pies de Cristo para estar en otra cocina?

Aunque sea difícil admitirlo, si tú y yo estamos demasiado ocupadas para cultivar nuestra relación con Dios, entonces algo anda mal; algo tiene que cambiar. El cambio que se requiere podría ser un ajuste relativamente menor en nuestra agenda diaria o podría ser una reordenación drástica de nuestras prioridades.

Muchas de las mujeres que respondieron a nuestra encuesta indicaron que no pueden hacer malabarismos entre las demandas de un trabajo de tiempo completo, la crianza de los hijos, la atención de las necesidades de un esposo y el cuidado de la casa, y que les sobre tiempo de calidad para estar con el Señor. Las Escrituras enseñan claramente que una esposa y madre debe dedicar su atención a las necesidades de su esposo, sus hijos y su hogar (Tit. 2:4-5). Pero ¿es posible que la responsabilidad adicional de trabajar fuera del hogar esté impidiendo que algunas mujeres se dediquen a "sólo una cosa... necesaria" (Lc. 10:42)?

Hay muchos factores que influyen en la decisión de una mujer de trabajar fuera del hogar; pero creo que las mujeres cristianas deben tomar esa decisión en base a las cosas que más importan en esta vida y para la eternidad. El problema es que si no puedes trabajar fuera de tu casa y atender a tu familia y tener tiempo para conocer a Dios, entonces debes pedirle a Dios que te muestre a ti (y a tu esposo) la manera de dejar de trabajar afuera para quedarte en tu casa y enfocarte en llegar a ser una mujer que conozca y camine con Él.

Una mujer que respondió a nuestro cuestionario lo expresó de la siguiente manera:

> ¡Debemos tomar la decisión! La vida se compone de decisiones. Todos los días tomamos decisiones en muchos ámbitos de nuestra vida. ¿Creemos realmente que encontrarnos con Dios es tan importante y necesario como nuestro alimento físico diario? ¡Entonces decidamos que sea nuestra prioridad!

"A menudo me suelo apresurar a terminar mi devocional con el Señor"

> Por la mañana, estoy apresurada; por la noche, estoy cansada y no me puedo concentrar.

He llegado a creer que una actitud acelerada o apresurada es uno de los peores enemigos de la práctica de la vida devocional. Hace algún tiempo, estaba haciendo ejercicio en una máquina de correr estática mientras escuchaba una cinta de mi amigo, el Dr. Henry Blackaby (autor de *Mi experiencia con Dios*), en una entrevista acerca de su vida devocional. En esa entrevista, el Dr. Blackaby dijo algo que ha influido enormemente en mi propia vida devocional.

Hablaba acerca de una época que se levantaba cada mañana para encontrarse con el Señor, pero tenía que darse prisa a fin de cumplir con las diferentes responsabilidades del día. Después dijo que Dios lo había convencido de que era una penosa ofensa "apresurar al Dios del universo", y que había resuelto adelantar media hora el comienzo de su devocional para no tener que darse prisa. Eso hizo, pero se dio cuenta de que seguía dándose prisa para terminar con su devocional; de modo que lo adelantó otra media hora. El doctor Blackaby dijo: "Lo seguí adelantando hasta saber que podía encontrarme con Dios tanto tiempo como Él quisiera, sin tener que darme prisa".

Al escuchar esas palabras de un hombre ocupado, que evidencia una vida cristiana sólida y fructífera, me propuse en mi corazón hacer lo que fuera necesario para tener un tiempo sosegado que le permita a Dios hablarme cada día. He tenido que hacer ajustes en mi agenda diaria y algunos "sacrificios". Pero el fruto de pasar un tiempo sosegado con el Señor ha sido precioso y dulce.

Hasta un gran hombre de Dios como Martyn Lloyd-Jones tuvo que luchar contra la tendencia de apresurar al Señor:

> En los últimos días, quise agradecerle a Dios por cierto asunto; pero en ese momento también debía atender otros asuntos urgentes. Estaba a punto de expresar un apresurado agradecimiento a Dios para poder regresar a mi obligación urgente; pero al darme cuenta de lo que estaba por hacer, de repente pensé: *Este no es el modo de agradecer a Dios. ¿Sabes a quién estás por darle gracias?* Todo debe pasar a un segundo plano cuando te diriges a Él; todas las cosas, todas las personas, aunque sean urgentes. ¿Cómo se pueden comparar a Él? ¡Detente! ¡Haz un alto! ¡Espera! ¡Recuerda! Date cuenta de lo que estás haciendo.[3]

"¿Qué puedo hacer frente a las interrupciones y distracciones?"

Me siento con mi Biblia, leo una frase, suena el teléfono, la secadora deja de funcionar, el volumen del televisor de mi esposo está demasiado alto…

Resulta ser que soy una persona que se distrae con facilidad. De hecho, hace algunas horas desde que comencé a trabajar en este capítulo, he tenido que luchar contra una continua serie de distracciones: un ruidoso camión de carga que se detuvo en la calle frente a mi ventana y estuvo allí casi treinta minutos; tuve que levantarme y cerrar la ventana para poder concentrar; me dio sed y tuve que ir a buscar algo para beber; me dio frío y tuve que ir a ponerme ropa más abrigada; me detuve a revisar los mensajes de mi correo electrónico, lo cual me llevó a revisar los mensajes de mi buzón de voz y, a su vez, me llevó a atender varios asuntos que nada tenían que ver con este libro; me levanté a matar una araña que estaba trepando por la pared; ¡finalmente, estaba tan cansada que tuve que ir a dormir una breve siesta! (Mientras escribía este párrafo, yo misma provoqué otra distracción al tirar del cable de alimentación de mi computadora y perder todo lo que había escrito en los últimos quince minutos).

Todas estas distracciones tuvieron lugar cuando nadie más estaba en la casa. Cuando le agregas hijos que tienen hambre y se encaprichan, perros que ladran, teléfonos que suenan y técnicos en reparaciones que golpean a tu puerta, puede ser extremadamente difícil concentrarse para leer la Biblia y orar.

Siempre habrá posibles distracciones, pero las siguientes ideas me han sido de ayuda.

Muchas distracciones pueden evitarse simplemente al levantarte temprano. Hemos visto que Jesús se levantaba antes que saliera el sol para poder disfrutar de un tiempo tranquilo de comunión con su Padre, antes que las multitudes comenzaran a seguirlo. Como ya he mencionado, una vez que el teléfono de la oficina en mi casa comienza a sonar, sé que va a ser mucho más difícil que aquiete mi corazón delante del Señor.

Pídele a Dios que te ayude a reconocer e ignorar las distracciones innecesarias. Por ejemplo, he tenido que aprender que no tengo que correr a responder el teléfono cada vez que suena.

Hace algunos años, tuve el honor de reunirme con el presidente Ronald Reagan. Por respeto al hombre y su posición, no hubiera respondido una llamada durante ese encuentro. Cuando estoy en reuniones de trabajo o sesiones de consejería, por lo general les pido a mis empleados que no me pasen ninguna llamada telefónica, excepto las emergencias.

Sin embargo, ¡cuántas veces he estado en una cita con el Rey del universo y corro a atender cada llamada telefónica como si fuera más importante que Él! ¿Acaso no es una falta de respeto que lo ponga "en espera" a Dios cada vez que me interrumpen para que atienda otro asunto?

Sé flexible para responder a las "interrupciones divinas". ¿Has estado alguna vez leyendo la Palabra u orando, solo para responder con enojo o impaciencia ante tu hijo, tu esposo o una amiga que te interrumpe con una necesidad genuina?

Hasta Jesús tenía interrupciones en su tiempo de devocional. En el pasaje que ya hemos estudiado de Marcos 1, los discípulos interrumpen a Jesús cuando le dicen: "Todos te buscan" (v. 37). Dado que Jesús sabía escuchar, captaba la voluntad de su Padre y podía discernir cuándo era una interrupción divina o no. En este caso, supo que era tiempo de marcharse y de predicar en otras aldeas vecinas. Como era sensible para con el Padre, podía responder a las interrupciones sin enojarse.

"Cuando trato de leer u orar, mi mente divaga. No me puedo concentrar"

Con respecto a mi propio tiempo de devocional, muchas de las distracciones no son externas, sino internas. Apenas me siento en mi "sillón del devocional", comienzo a pensar en una infinidad de cosas que tengo que hacer: escribir notas de agradecimiento, hacer llamadas, terminar asuntos de mi trabajo... ¡Puede que hasta de repente tenga una nueva carga por la limpieza de la casa!

El poeta inglés del siglo XVII, John Donne, expresó esta tendencia tan típica de todo aquel que alguna vez se ha dispuesto a buscar las cosas de arriba:

> El recuerdo de una alegría del ayer, el temor a un peligro del mañana, una paja bajo mis rodilla, un ruido en mi oído, una luz en mis ojos, algo, nada, una fantasía, una quimera en mi cerebro, me molestan al orar.[4]

He descubierto que a menudo toma tiempo aquietar el corazón delante del Señor. Podrías empezar el devocional cantando algunos coros de adoración, leyendo un salmo de alabanza en voz alta y pidiéndole a Él que aquiete tu corazón en su presencia. Cuando estoy luchando por concentrarme, a veces hago un alto y le pido al Señor que me ayude a "[llevar] cautivo todo pensamiento a la obediencia a Cristo" (2 Co. 10:5).

Cuando vienen a mi mente pensamientos o asuntos irrelevantes, en vez de ocuparme con ellos en ese momento o tratar de recordarlos más tarde, simplemente los anoto en un bloc de papel. De hecho, en vez de luchar contra esos pensamientos, al anotarlos se convierten en una guía de oración específica. He descubierto que cuando coloco esos asuntos delante del Señor, Él me da la sabiduría y la agudeza que necesito para ocuparme de ellos, así como para ayudarme a establecer las prioridades de cada día.

Algunas de las mujeres encuestadas comentaron que orar mientras están afuera caminando les permite enfocarse más en el Señor. Leer la Biblia en voz alta, orar en voz alta, anotar nuevos conceptos de la Palabra y escribir tus oraciones son otras prácticas que pueden favorecer la concentración.

"¿Qué hago si tengo hijos pequeños?"

¿Cómo haces para tener una vida devocional de calidad cuando tienes hijos pequeños cuyo radar se activa al minuto que te levantas de la cama?

Hace poco les pregunté a varias mujeres cristianas mayores si habían podido ser constantes en su vida devocional cuando sus hijos eran pequeños. Algunas admitieron que no habían podido; la mayoría admitió que no había sido fácil; pero todas concordaron en que debe ser una prioridad. Estas son algunas ideas prácticas que dieron a conocer.

Tómate tiempo cuando los niños duermen. Pídele a Dios que te despierte en medio de la noche o cuando hayas dormido lo suficiente. Muchas veces tuve que hacer mis devocionales con mis hijos a mi lado o mientras estaba amamantando a uno de ellos.

(Una madre con ocho hijos). *Una vez que mis hijos se levantan, es imposible; sin embargo, después de la medianoche hasta las tres de la madrugada es cuando, generalmente, puedo tener mi devocional. Creo que las madres tal vez tendrían que renunciar al derecho de tener el devocional perfecto y darse cuenta de que pueden encontrarse con el Señor incluso mientras atienden las necesidades físicas y emocionales de su familia. A veces, cuando solo alcanzo a leer algunos versículos, pero ese día he sido disciplinada en la práctica de mi devocional y la actitud de mi corazón ha honrado a Cristo, estoy más contenta que cuando cumplo formalmente con la práctica de mi devocional, pero he estado todo el día dependiendo de mi propia capacidad, resentida por las exigencias de mi tiempo.*

La única manera de haber podido ser constante en mi vida devocional con hijos pequeños ha sido al levantarme antes que ellos. Esta etapa de la vida no siempre es propicia para un estudio extenso y profundo de la Palabra; pero hasta algunos versículos y un breve tiempo de oración y adoración me fueron de ayuda durante muchos días. Dios entiende nuestras circunstancias y el deseo de nuestro corazón de encontrarnos con Él. No podemos sentirnos culpables en esta etapa de la vida cuando no podemos pasar tanto tiempo como quisiéramos en la Palabra. Sin embargo, debe seguir siendo nuestra mayor prioridad, aunque sea breve.

Pídele a Dios que resguarde tus tiempos de devocional. Los niños deberían aprender que el devocional es una prioridad y que deben dejar a mamá sola a menos que sea una emergencia. Ellos pueden aprender si se les instruye. Yo me levantaba más temprano que ellos. Pasaba tiempo con Dios mientras dormían la siesta. Y posteriormente pasaba tiempo con Dios después que se iban a la escuela.

Cuando nuestra hija tenía dos y tres años, teníamos un reloj cucú que marcaba la hora cada treinta minutos. Yo le decía a Renata que iba a tener mi tiempo de devocional con Jesús. Ella se sentaba a mi lado con su libro (a veces al revés) y tenía su devocional. Después que el cucú marcaba los siguientes treinta minutos, pasábamos un tiempo como madre e hija. ¡Ella sabía que tenía que dejarme ese lapso de tiempo entre las dos veces que sonaba el cucú!

Tienes que ser resuelta y creativa. Recuerdo muchas veces durante aquellos años, que acunaba a uno de mis hijos enfermo en mis brazos y mecía al otro con mis pies. Entonces colocaba un casete de audio de la Biblia, y oraba: "Señor, dame algo que aliente la fe en mi alma". Cuando el Señor me hablaba, yo lo anotaba en una hoja, después escribía una oración y simplemente decía: "Señor, cumple esto en mi vida".

Recuerda que esta etapa no durará para siempre. Es muy importante mantener nuestro tiempo personal con el Señor durante estos años. Sin embargo, el tiempo y el lugar podrían variar. Debemos tener nuestro devocional cuándo y dónde podamos. Dios nos ama y entiende nuestras necesidades. Él viene fielmente a nuestro encuentro cuando fielmente buscamos su rostro. Cuando mis hijos eran pequeños, colocaba versículos sobre las puertas de la alacena y arriba del fregadero, incluso sobre el tablero del automóvil. Esto hacía que la memorización y meditación de las Escrituras fuera mucho más fácil. Si vemos y pensamos bastante en la Palabra, pronto será parte de nuestra vida.

Puede que no sea fácil, pero si quieres pasar tiempo con Dios en verdad, ¡encontrarás la manera de hacerlo!

Me contaron que Susana Wesley, madre de diecinueve hijos (nueve de los cuales murieron en la infancia), se las arreglaba para pasar una hora por la mañana, una hora por la noche y a menudo una hora al mediodía sola con el Señor. Sus hijos aprendieron desde niños que ese tiempo a solas con Dios era una prioridad sagrada. No es de extrañar, pues, que dos de sus hijos, Juan y Carlos, crecieran para convertirse en dos poderosos siervos del reino del Dios.

"Estoy tan cansada que no tengo fuerzas para tener el devocional"

Como madre soltera, tengo muy pocas fuerzas. Para mí el día comienza temprano, y cuando llega la noche estoy exhausta. A menudo tengo que

detener mi lectura devocional, porque se me cierran los ojos y ni siquiera
sé qué acabo de leer.

Los discípulos de Jesús sabían muy bien cómo es estar demasiado cansados para orar. En el momento en que su amado Amigo los necesitó para que velaran espiritualmente por Él, se quedaron dormidos porque estaban agotados emocional y físicamente. Jesús no los reprochó, pero les recordó que si no velaban ni oraban, estarían indefensos y caerían en la tentación.

He descubierto que cuanto más cansada estoy, más necesito la presencia reparadora de Dios. Sí, hay días cuando los párpados de los ojos nos pesan. Pero hay algo reparador en el tiempo que pasamos en la Palabra, la alabanza y la oración. Tal vez sea porque cuando le expresamos nuestra debilidad y necesidad a Dios, Él derrama su gracia.

Busca una manera creativa de despabilarte y estar despierta: sal de la cama (para mí, estar en la cama es la manera segura de quedarme dormida), toma una ducha, ponte de pie o camina mientras oras, canta, si el tiempo lo permite, ten tu devocional al aire libre.

Si siempre estás exhausta, pregúntate por qué estás tan cansada. ¿No será una simple condición física que se podría resolver con una combinación de vitaminas, dieta y ejercicio? (El ejercicio es una de las cosas menos favoritas de mi "lista de cosas para hacer", pero lo hago regularmente, porque me da más energía y fuerzas para buscar al Señor y cumplir con las responsabilidades que Él me ha confiado). ¿No estarás tomando decisiones poco sabias con respecto a tu agenda diaria que contribuyen a tu cansancio? ¿No estarás haciendo algunas cosas que Dios no ha diseñado para esta etapa de tu vida?

Puede que estés en una etapa de tu vida sumamente agotadora, como el embarazo, tras el nacimiento de un hijo, tras una cirugía mayor o con la responsabilidad de cuidar de alguno de tus padres con alguna enfermedad terminal. Si es así, no permitas que el enemigo te convenza de que tu cansancio es un problema espiritual ni que use tu cansancio como una excusa para no buscar al Señor.

Un día una joven madre se acercó a mí para pedirme consejo. Acababa de tener a su cuarto hijo y estaba inquieta porque no tenía deseos de leer la Palabra u orar. Se sentía culpable e incluso se cuestionaba si en realidad era cristiana. Desde luego, solo el Espíritu Santo podía darle seguridad de su salvación; pero mientras la escuchaba, sentí que el agotamiento físico de cuidar a un bebé y las escasas horas de sueño, probablemente, explicaban gran parte de lo que estaba experimentando.

En vez de decirle algo que le hiciera sentirse más culpable, le hablé de uno de los nombres de Dios que más me gustan del Antiguo Testamento: El Shaddai. Nuestra Biblia en español traduce este nombre hebreo como "Dios Todopoderoso". Pero la raíz de la palabra para El Shaddai es la palabra *shad*, la palabra hebrea para "pecho". Este nombre describe a Dios como "Aquel que amamanta". Así como una mujer que amamanta se derrama a sí misma para satisfacer la sed de su bebé, que se calma mientras mama del pecho de su madre, del mismo modo El Shaddai "se derrama a sí mismo en la vida de los que creen"[5] y satisface la sed y el clamor de sus hijos.

Aconsejé a esa joven madre agotada que meditara en El Shaddai, incluso mientras amamantara a su bebé en las horas de la noche, y que permitiera que el Señor la saciara y llenara con su amor incondicional. Oramos juntas, y le pedí a Dios que sostuviera a esta frágil mujer cerca de Él y que se derramara a sí mismo en su vida. En ese momento, comenzó a llorar —con lágrimas de liberación—, mientras el Espíritu Santo impartía gracia a su corazón y ella se rendía al tierno amor de El Shaddai.

Cuando tu cuerpo está débil, pídele a Dios que te dé la fortaleza física necesaria para hacer su voluntad; Él conoce tus necesidades y puedes confiar que las suplirá. En el momento de más necesidad en la vida terrenal de Jesús, cuando estaba orando en el huerto de Getsemaní, el relato de Lucas nos dice que "se le apareció un ángel del cielo para fortalecerle" (Lc. 22:43). Cuando ores, ejerce fe en su promesa:

> "El da esfuerzo al cansado, y multiplica las fuerzas al que no tiene ningunas. Los muchachos se fatigan y se cansan, los jóvenes flaquean y caen; pero los que esperan a Jehová tendrán nuevas fuerzas; levantarán alas como las águilas; correrán, y no se cansarán; caminarán, y no se fatigarán" (Is. 40:29-31).

"Mi esposo no me apoya"

¿Cómo hago para lidiar con un esposo que dice que es cristiano, pero que me desalienta a la hora de tener mi devocional? Trato de tener mi devocional cuando él no está. Sin embargo, me pregunta por qué no termino de hacer todas las cosas de la casa cuando vuelvo del trabajo. Es como si estuviera celoso de mi tiempo con el Señor. Él no lee la Biblia ni pasa tiempo de oración a solas con Dios.

Otras mujeres encuestadas indicaron que tienen que lidiar con un esposo no cristiano que se opone a su relación con el Señor.

La mujer sabia buscará la manera de priorizar tanto su relación con Dios como su relación con su esposo. Si tu esposo está celoso del tiempo que pasas con el Señor, pídele a Dios que te muestre cuál es la clave de su desagrado. Hazte preguntas como las siguientes:

- *¿Puede ser que mi esposo sienta que no es realmente importante para mí? ¿Le he hecho sentir que tiene que competir con Dios por mi tiempo y atención?*
- *¿Hay necesidades físicas o prácticas de mi esposo o de mi familia que no he estado atendiendo?*
- *¿Suelo estar dispuesta a pasar tiempo con mi esposo y escucharlo?*
- *¿Expreso genuino interés en las cosas que son importantes para él?*

- ¿Soy prudente al elegir el mejor momento de encontrarme con el Señor?
- ¿Estoy usando mi tiempo de devocional como una excusa para desatender otras responsabilidades de mi hogar?
- ¿Siente mi esposo que lo menosprecio viéndolo como una persona "no espiritual"? ¿Lo he criticado por su falta de interés en las cosas espirituales? ¿Le he dado muestras de un "complejo de superioridad" espiritual?

En la mayoría de los casos, las responsabilidades de una esposa para con su esposo y su amor al Señor no deberían estar en conflicto, pues ambas cosas son voluntad de Dios. El tiempo que una mujer pasa en la Palabra y la oración no deberían impedirle atender las necesidades de su esposo y sus hijos; por el contrario, deberían transformarla en una *mejor* esposa y madre. Cuando la mujer pasa tiempo con el Señor, es más reverente, tierna, amable y atenta para con su esposo; tiene un espíritu agradecido, humilde y gozoso; y procura ser fiel en atender las necesidades de su casa.

"A veces siento como si mi devocional fuera una obligación"

Mis devocionales parecen haberse vuelto legalistas: algo para cumplir de mi lista de "cosas para hacer" cada día. Creo que si realmente amara al Señor, saltaría de la cama y correría para pasar tiempo con Él.

En primer lugar, nuestros sentimientos raras veces constituyen un indicador confiable de la realidad. Además, es importante cultivar cualquier hábito bueno, aunque no sea motivado por los sentimientos o un deseo intenso. Frecuentemente, la práctica constante de una disciplina terminará por ser un deseo cada vez mayor. Por ejemplo, a una mujer podría resultarle difícil honrar a sus padres o a su esposo si no *siente* simpatía o cariño hacia ellos. Pero si decide honrarlos y *actuar* con cariño, a pesar de sus sentimientos, podría llegar a descubrir que sus sentimientos vendrán después.

Lo mismo sucede en nuestro andar cristiano. No podemos depender de nuestros sentimientos. En cambio, la devoción de nuestro corazón por Él se profundizará y crecerá cuando decidamos ponerlo en primer lugar e invertir tiempo en esta relación, a pesar de lo que sentimos.

Varias de las mujeres encuestadas comentaron que Dios nos bendice cuando tomamos buenas decisiones:

> *En ocasiones tenemos nuestro devocional solo por obediencia, y después nuestro corazón se llena de devoción por Él.*

> *Aunque lo sintamos como una obligación, aunque parezca una rutina, aun cuando no sintamos que sea provechoso, las bendiciones de Dios provienen de los tiempos de devocional.*

> *He estado orando diariamente durante tres años. Comenzó como una obligación en la que simplemente seguía los "pasos". Pero ahora que nuestra relación se ha afianzado, mis devocionales son absolutamente por devoción.*

C. H. Spurgeon aconseja a las personas a orar, tengan o no tengan ganas:

> Deberíamos orar cuando tenemos ganas, pues sería un pecado ignorar tan buena oportunidad. Deberíamos orar cuando no tenemos ganas, pues sería peligroso seguir en tan mala condición.[6]

"¿Cómo se enfrentan los tiempos de sequía?"

> *¿Por qué la Biblia se ha vuelto seca y aburrida, especialmente cuando solía ser tan maravillosa? ¿Por qué perdí el deseo?*

Los Salmos 42 y 43 se parecen al diario de un creyente en medio de un tiempo de sequía espiritual. El salmista clama y dice:

"Mi alma tiene sed de Dios, del Dios vivo; ¿cuándo vendré, y me presentaré delante de Dios?... ¿Por qué te abates, oh alma mía, y te turbas dentro de mí?" (Sal. 42:2, 5).

En medio de este desierto espiritual, primero piensa en el pasado y recuerda el gozo que ha experimentado en la presencia de Dios:

"Me acuerdo de estas cosas, y derramo mi alma dentro de mí; de cómo yo fui con la multitud, y la conduje hasta la casa de Dios, entre voces de alegría y de alabanza" (Sal. 42:4).

Por fe, también piensa en el futuro, en el día cuando se vuelva a gozar:

"Espera en Dios; porque aún he de alabarle, salvación mía y Dios mío" (Sal. 42:5).

Mientras tanto, decide alzar sus ojos al cielo:

"Dios mío, mi alma está abatida en mí; Me acordaré, por tanto, de ti... Pero de día mandará Jehová su misericordia, y de noche su cántico estará conmigo, y mi oración al Dios de mi vida" (Sal. 42:6, 8).

Si estás atravesando una etapa de sequía espiritual, pídele a Dios que te muestre cualquier asunto específico que pueda ser un obstáculo en tu relación con Él. ¿Hay algún pecado conocido que no hayas confesado o del que no te hayas arrepentido? ¿Hay falta de perdón en tu corazón hacia algún miembro de tu familia o un individuo que te haya ofendido? ¿Hay algún paso de obediencia que Dios quiere que des, pero que has estado demorando? Algunas de las mujeres que encuestamos hablaron de permitir que el enojo o la decepción sean obstáculos en su relación con Dios. Todas estas cosas pueden dar lugar a la sequía espiritual.

A veces los períodos de sequía espiritual son simplemente la manera que usa el Señor para revelar lo que hay en nuestro corazón: si amamos a Dios por las sensaciones espirituales que nos causa o si lo amamos simplemente porque es Dios.

En otras ocasiones, los períodos de sequía constituyen la evidencia de haber caído en una rutina en nuestra vida devocional. Puede que nos hayamos enfocado demasiado en el procedimiento de lo que estamos haciendo y no en el significado. Muchas veces podemos solucionarlo con una variación de nuestra rutina. Hace poco sentí la necesidad de una renovación de mi vida devocional; de modo que me tomé algunos días para revisar y meditar en algunos pasajes que había memorizado anteriormente en vez de hacer mi lectura habitual de la Biblia.

Una de las mujeres encuestadas comentó lo importante que es estar comprometida con una relación, incluso al atravesar tiempos difíciles:

Amo a mi esposo con quien, durante nuestros treinta y ocho años de matrimonio, hemos decidido atravesar los tiempos difíciles juntos. Terminar con la relación y perdernos los beneficios hubiera sido la salida rápida. Yo he resuelto amar y obedecer al Señor con todo mi corazón. A veces, sería fácil dejar de cultivar mi relación con Él, ¡pero cuántos beneficios me perdería! ¡Sé que vamos a atravesar los tiempos difíciles juntos!

"La verdad es que no tengo un fuerte deseo de pasar tiempo con Dios"

Lo que necesito es un toque nuevo de Dios que me proporcione deseos de leer más su Palabra.

Todas hemos enfrentado tiempos de falta de hambre o deseo de encontrarnos con el Señor. En el aspecto físico, cuando tenemos hambre, comemos hasta saciarnos. Cuanto más comemos, menos hambre tenemos. Sin embargo, en el mundo espiritual, sucede lo contrario. Cuanto más alimento espiritual comemos, más hambre tenemos y más queremos comer. Cuanto más saboreamos la Palabra de Dios, más queremos. Cuanto más participamos de Cristo, el Pan de Vida, más hambre tenemos de Él. Si no tienes apetito del alimento espiritual, es muy probable que no hayas estado alimentando ese apetito.

Una razón estrechamente relacionada con la falta de deseo espiritual es que podríamos estar llenándonos de lo que el mundo nos ofrece, y eso podría estar disminuyendo nuestro apetito del alimento espiritual. Cuando le dices a tus hijos que no coman dulces antes de la cena "porque les va a quitar el hambre", sabes que si se llenan de la energía inmediata que el azúcar proporciona, no tendrán hambre de los alimentos que realmente necesitan.

Cuando los israelitas salieron de Egipto y entraron al desierto de Sinaí, les llevó tiempo adquirir apetito por el maná, que parecía insípido y soso comparado con el sabor y la variedad de "los puerros, las cebollas y los ajos" que disfrutaban en Egipto. Pero Dios estaba interesado en más que satisfacer sus paladares; Él sabía qué los alimentaría y sustentaría realmente para soportar esos años en el desierto. Él quería alejarlos de las emociones efímeras y pasajeras de Egipto para que pudieran conocer el verdadero gozo de ser alimentados por su mano, a fin de poder desarrollar en sus vidas el anhelo de entrar a la Tierra Prometida.

Si tienes el hábito de alimentarte de lo que el mundo ofrece —libros, revistas, radio, música, televisión, videos, diarios, catálogos, centros comerciales—, es probable que tengas poco apetito por la Palabra y la oración.

¿Quieres tener más hambre del Señor? Trata de privarte de la dieta de este mundo; prepárate para tener algunos síntomas de abstinencia cuando apagues la radio y el televisor, y cuando elimines algunas actividades innecesarias. Después comienza a alimentarte de la Palabra de Dios. Al principio, podría parecerte insípida y sosa; pero, con el tiempo, descubrirás que te satisface mucho más y mejor que aquellas cosas que una vez pensaste que te satisfacían.

"A veces, parece que Dios está a millones de kilómetros"

Parece como si tuviera un monólogo diario.

En ocasiones, Dios retiene de nosotros la percepción consciente de su presencia; son momentos en los que el Señor parece muy lejano, y no sentimos la intimidad que una vez sentíamos. Creo que esto se debe a que Él quiere que aprendamos a caminar por fe y lo busquemos con todo nuestro corazón.

En medio de su extremo sufrimiento, a Job le costaba creer que Dios estaba con él cuando no podía sentir su presencia.

> "He aquí yo iré al oriente, y no lo hallaré; y al occidente, y no lo percibiré; si muestra su poder al norte, yo no lo veré; al sur se esconderá, y no lo veré" (Job 23:8-9).

Después, con los ojos de la fe, Job pudo declarar lo que sabía que era verdad y confirmar su compromiso de aferrarse al Señor y a su Palabra, a pesar de lo que sus sentimientos le decían:

> "Mas él conoce mi camino; me probará, y saldré como oro... Del mandamiento de sus labios nunca me separé; guardé las palabras de su boca más que mi comida" (Job 23:10, 12).

El Cantar de los Cantares registra dos etapas en las cuales la esposa sulamita tuvo una experiencia similar: "Por las noches busqué en mi lecho al que ama mi alma; lo busqué, y no lo hallé... pero mi amado se había ido, había ya pasado" (3:1; 5:6). En ambas ocasiones, la dolorosa ausencia (aunque solo percibida) hacía que la acongojada esposa buscara a su amado con afán hasta encontrarlo. Su diligente búsqueda tuvo la recompensa de una percepción restaurada de su presencia, así como de una determinación renovada de estar junto a él. Cuando finalmente encontró a su amado, dijo: "lo agarré y no quise soltarlo" (3:4, LBLA).

Las personas que recién se convierten a Cristo y son menos maduras, a menudo, tienen una percepción consciente específica de la presencia de Dios. Al crecer, Él nos da la oportunidad de confiar en Él, aunque no lo podamos ver. Dios se complace con la fe que se fortalece cuando andamos a ciegas. Este es el punto central de la exhortación de Isaías a aquellos que han seguido fielmente al Señor, pero no pueden sentir su presencia:

> "¿Quién hay entre vosotros que teme a Jehová, y oye la voz de su siervo? El que anda en tinieblas y carece de luz, confíe en el nombre de Jehová, y apóyese en su Dios" (Is. 50:10).

El enemigo pondrá estos y otros obstáculos en nuestro camino para intentar hacernos vivir la vida cristiana sin la constancia de pasar un tiempo en la presencia de Dios cada día. A veces te desanimarás y sentirás ganas de tirar la toalla. ¡No te rindas! Sigue buscando a Dios. Tu búsqueda tendrá su recompensa.

REFLEXIÓN PERSONAL

1. ¿Con cuál de los obstáculos planteados en este capítulo te identificas más? ¿Qué sugerencias le harías a una amiga que está luchando con los mismos obstáculos?

2. Piensa detenidamente en tu agenda diaria actual e identifica cualquier actividad que podría impedirte priorizar adecuadamente tu relación con el Señor.

3. ¿Qué pasos necesitas tomar para que tu relación con el Señor sea la prioridad más importante de tu vida?

Cuéntale a una amiga qué pasos debes tomar para que ella te ayude a cumplirlos.

4. ¿Quiénes de entre tus conocidos tienen constancia en su vida devocional? Pídeles a uno o más de ellos que te cuenten cómo han superado los obstáculos específicos que tú has encontrado.

□□□ UNAS PALABRAS DEL CORAZÓN DE □□□

Barbara Rainey

Cuando recién me convertí, aprendí la importancia de tener el devocional diario. (Yo era una estudiante de diecinueve años que cursaba su segundo año en la universidad). Comencé un diario de oración y algunas lecturas bíblicas, y fui bastante constante durante mis años en la universidad hasta los primeros años de mi matrimonio. De hecho, parte de la etapa de adaptación en el matrimonio fue descubrir que mi esposo no tenía la misma clase de devocionales diarios estructurados que yo tenía.

Esto llegó a ser una fuente de orgullo espiritual en mi vida. Pensaba que tenía más madurez espiritual que él debido a mi disciplina. Pero la verdad es que mi relación con Dios era más legalista, mientras que la relación de mi esposo era más personal y real.

Cuando nacieron nuestros hijos y mis responsabilidades como madre aumentaron, mi disciplina espiritual se vio afectada. Comenzaba con mi rutina, solo para fracasar a las pocas semanas. Lidié con todo esto por muchos años; quería hacer lo correcto y quería crecer, pero gran parte del tiempo me sentía una fracasada.

Finalmente llegué a un punto en el que decidí renunciar. No estaba renunciando a crecer, estaba renunciando a mi imagen mental de lo que debería ser una "cristiana espiritual". Seguía orando todos los días, pero no me sentaba con una lista de oración durante cierta cantidad de tiempo.

Aunque creo que necesitaba atravesar ese proceso, también creo que no leía suficientemente la Palabra ni oraba con la finalidad correcta. En consecuencia, pude haberme perdido algo de lo que Dios tenía para mí para aquellos años.

Ahora estoy en una etapa diferente de la vida, con cuatro hijos casados o en la universidad, y un poco más de control sobre mi tiempo. En este momento, estoy leyendo la Biblia en un año; ya estoy casi un mes atrasada, pero he descubierto que este es el sistema que preciso, aunque me lleve dos años en vez de uno.

Creo que encontrarme con el Señor diariamente es esencial. Sí, lo hacemos para buscar a Dios, pero el Espíritu Santo es el que nos encamina y nos permite ser como Él.

□ □ □ ───────────────────────────────

Barbara Rainey es madre de seis hijos. Su esposo Dennis es el director ejecutivo y cofundador de FamilyLife (una división de Cruzada Estudiantil para Cristo). Barbara y Dennis han escrito conjuntamente cinco libros sobre la relación del matrimonio y de la familia, y han dado conferencias de FamilyLife dentro y fuera de los Estados Unidos.

PARTE CINCO

La práctica
de la
vida devocional

Esperé yo a Jehová... en su palabra he esperado.
SALMO 130:5

Cada mañana, todos los días, paso tiempo a solas con Dios. No me puedo imaginar ir a mi oficina sin, ante todo, haber pasado tiempo a solas con Él. Ni intentaría cumplir mi servicio en la iglesia sin primero encontrarme con Dios cada mañana. Apenas termino de desayunar, me retiro a mi cuarto de estudio, cierro la puerta y allí paso la primera hora solo con Dios. Hace más de cincuenta años que oro por la mañana. Si Dios me ha usado de alguna manera a través de los años es porque cada mañana me encuentro con Él. Resuelvo mis problemas antes de enfrentarme a ellos. Sin el devocional de la mañana, mi labor sería ineficaz. Sería débil e inútil. Solo cuando espero en Él, mi espíritu se fortalece.

OSWALD J. SMITH

Cómo recibir su Palabra

María... sentada a los pies del Señor, escuchaba su palabra.

LUCAS 10:39 (LBLA)

Descubrí que lo más importante era entregarme a la lectura y meditación de la Palabra de Dios, para que, de esta manera, mi corazón fuera reconfortado, animado, advertido, amonestado e instruido; y para que, también, al meditar en la Palabra de Dios, mi corazón experimentara la comunión con el Señor.

Por lo tanto, comencé a meditar en el Nuevo Testamento desde el principio, temprano por la mañana. Lo primero que hacía, después de elevar una breve oración para pedir la bendición del Señor sobre su preciosa Palabra, era comenzar a meditar en ella, como si estuviera buscando, en cada versículo, una bendición.

GEORGE MÜLLER

CAPÍTULO 7

La maravilla de la Palabra

"¡*Quiero tener mi propia Biblia! ¡Voy a tener una Biblia, aunque tenga que ahorrar durante diez años!*".

Era el año 1794. La pequeña Mary Jones siempre había anhelado tener una Biblia en sus manos para poder leerla por sí misma. Hacía años que se sentaba en el regazo de su padre, un tejedor de oficio, para escucharlo mientras le contaba las historias de Abraham, José, David y Daniel. Pero su familia era demasiado pobre para poder comprar una Biblia, de haber sido fácil de conseguir, pues en aquella época casi no se conseguían Biblias en todo Gales.

Hacía dos años, la señora Evans, esposa de un granjero vecino, al enterarse de que Mary anhelaba leer la Biblia, le había prometido que cuando aprendiera a leer, podría ir a su casa para leer la Biblia que ellos tenían. Apenas se abrió una escuela en las cercanías del pueblo, Mary comenzó a asistir, entusiasmada por aprender a leer.

Esta vez, la niña de diez años caminó más de dos kilómetros desde el pueblo de Llanfihangel, al norte de Gales, hasta la granja de la familia Evans. La distancia no fue un problema para la ansiosa niña: "¡Caminaría mucho más por semejante placer, señora mía!", le dijo a la señora Evans.

Finalmente, cuando Mary se quedó sola con la Biblia en la habitación, levantó reverentemente el paño blanco que cubría y protegía el preciado libro. Después, con manos temblorosas, abrió el libro en el capítulo cinco de Juan, y sus ojos se posaron en las palabras: "Escudriñad las Escrituras; porque a vosotros os parece que en ellas tenéis la vida eterna; y ellas son las que dan testimonio de mí" (Jn. 5:39). Con la certeza de que Dios le había hablado claramente, hizo la fiel promesa de que escudriñaría la Palabra con todo su corazón.

Desde ese día, cada sábado iba caminando hasta la granja de la familia Evans, donde leía, estudiaba y memorizaba capítulos enteros de aquella Biblia prestada. Sin embargo, su corazón no dejaba de consumirse por el profundo anhelo de tener su propia Biblia. Mary se había propuesto tener una Biblia, a cualquier precio.

Durante los siguientes seis años, además de sus estudios escolares y los diferentes quehaceres de la casa, Mary aprovechó cada momento libre para hacer trabajos ocasionales para amigos y vecinos. Y persistió diligentemente en ahorrar cada centavo que ganaba, hasta que juntó suficiente dinero para comprar su propia Biblia. Cuando se enteró de que el lugar más cercano para comprar una Biblia era el pueblo de Bala, a unos cuarenta kilómetros de distancia, no dudó en ir. Llena de esperanza, una mañana temprano comenzó a caminar descalza, para no arruinar su único par de zapatos. Antes de llegar a su destino, las piedras del camino ya habían ampollado y lastimado todos sus pies.

Agotada físicamente, pero sin poder contener la emoción de estar a punto de cumplir la aspiración de toda su vida, Mary finalmente llegó a Bala, donde le contó su historia al señor Charles, ministro religioso del lugar. Cuando Mary terminó de hablar, el señor Charles se lamentó de informarle que acababa de vender la última Biblia que tenía a la venta, y que la pequeña cantidad de Biblias que le quedaban ya estaban reservadas para otros. Además, la sociedad que había impreso aquella pequeña cantidad de Biblias en galés ya no pensaba imprimir más.

Fue tan grande la desilusión de Mary que comenzó a llorar incontrolablemente. Conmovido por la gran pasión de aquella niña por una Biblia, el señor Charles sintió que debía darle una de las Biblias que le quedaban. Las palabras no pueden describir la felicidad que Mary sintió cuando el señor Charles colocó en sus manos el precioso tesoro por el que había estado orando, llorando y ahorrando todos esos años. Durante el trayecto de los cuarenta kilómetros de regreso a casa, su corazón rebosaba de alegría por tener su propia Biblia, el libro que seguiría siendo el mejor amigo y compañero de toda su vida.[1]

Si Dios nunca hubiera hablado

¿Has pensado alguna vez cómo sería la vida si Dios nunca hubiera hablado? ¿Qué hubiera sido si nunca se hubiera comunicado con el hombre? ¿Qué hubiera sido si nunca nos hubiera dado su Palabra escrita? Trata de imaginar un mundo en el que nunca se hubiera escuchado la voz de Dios, un mundo en el que no existiera la Biblia.

Sabríamos que *hay* un Dios, porque "los cielos cuentan la gloria de Dios" (Sal. 19:1). Pero ¿cómo sabríamos cómo es Él? Hemos sido creados por designio de su voluntad (Ap. 4:11). Pero ¿cómo sabríamos cuál es su voluntad?

Si Dios hubiera decidido no hablar ni manifestarse, no tendríamos un patrón que nos mostrase lo que está bien y lo que está mal. No sabríamos cómo debemos vivir. Al pecar, podríamos experimentar un vago sentimiento de culpa, pero no sabríamos por qué; ni sabríamos qué hacer con nuestro pecado. No tendríamos manera de comunicarnos con nuestro Creador. Nuestra vida no tendría sentido ni valor.

Imagina tener que enfrentar la vida sin tener ningún conocimiento de las promesas de Dios, sus mandamientos, su amor y misericordia, su voluntad o sus caminos.

Gracias a Él, no tenemos que vivir en semejante vacío espiritual. Dios *ha* hablado. Se *ha* manifestado al hombre. ¿Te has detenido alguna vez a considerar qué significa esto realmente?

Nuestro planeta cuenta con muchas maravillas naturales. Y el hombre ha creado, inventado y elaborado muchas maravillas científicas y tecnológicas. Pero ninguna se podrá asemejar a la maravilla de las tres pequeñas palabras que se encuentran en el primer capítulo de Génesis: *Y dijo Dios...*

¡Piensa en esto! El Dios eterno y Creador del universo, Aquel que tiene todas las masas de agua de la Tierra en la palma de sus manos, Aquel que usa los continentes como estrado de sus pies, Aquel que mide la extensión del universo con el ancho de su mano; ese Dios nos ha hablado a *nosotros*, que somos criaturas finitas, pero infinitamente amadas.

En el reino espiritual, Dios nos ha dado varias dádivas extraordinarias: maravillas divinas que nos hacen asombrar de la grandeza, el poder y el amor de Dios. La creación del mundo, la encarnación del Señor Jesús, el milagro del nuevo nacimiento; cada una de estas maravillas está inextricablemente relacionada con la *Palabra de Dios*.

Cuando Dios *dijo*: "Sea la luz", *fue* la luz. Tan "solo" por la palabra hablada de Dios se creó todo el universo. El apóstol Pedro nos recuerda que "fueron hechos por la palabra de Dios los cielos, y también la tierra" (2 P. 3:5).

La palabra de Dios participó activamente, no solo en la creación, sino en la encarnación. Cuando el Señor de gloria vino a esta tierra como un niño en Belén, *Dios* estaba hablando. "Aquel que es la Palabra se hizo hombre y vivió entre nosotros" (Jn. 1:14, DHH).

Esa misma Palabra, que el Espíritu de Dios implantó en nuestro corazón, es la que nos hace nacer de nuevo: "siendo renacidos, no de simiente corruptible, sino de incorruptible, por la palabra de Dios que vive y permanece para siempre" (1 P. 1:23).

ME REGOCIJO EN SU PALABRA

Cuanto más pasa el tiempo y más profundizo en las riquezas de la Palabra de Dios, más la atesoro, más me maravillo y más me regocijo en ella "como quien halla un gran botín" (Sal. 119:162, LBLA). Creo que esto es lo que el salmista debió de haber sentido al pensar en el fragmento de la Palabra de Dios que existía en su época. A lo largo del Salmo 119, el rey David parece no poder encontrar las palabras adecuadas para describir lo que siente por la Palabra de Dios:

"Pues tus testimonios son mis delicias y mis consejeros... ¡Oh, cuánto amo yo tu ley! Todo el día es ella mi meditación... ¡Cuán dulces son a mi paladar tus palabras! Más que la miel a mi boca... he amado tus mandamientos más que el oro, y más que oro muy puro... Sumamente pura es tu palabra, y la ama tu siervo... mi corazón tuvo temor de tus palabras..." (Sal. 119:24, 97, 103, 127, 140, 161).

David no fue el único que se sintió así. Ningún otro libro en la historia ha recibido aclamación y elogios como la Biblia. Presta atención a lo que algunos hombres y algunas mujeres célebres han dicho acerca de ella:

"La Biblia es un libro que hace parecer a todos los demás, según mi opinión, menos importantes; y que en todas mis perplejidades y ansiedades nunca ha dejado de darme luz y fortaleza" (ROBERT E. LEE).

"Este gran libro... es el mejor regalo de Dios a la humanidad" (ABRAHAM LINCOLN).

"Los libros de los hombres tienen su época y pierden vigencia. La Palabra de Dios es como Él: 'el mismo ayer, y hoy, y por los siglos'" (ROBERT PAYNE SMITH).

"Después de más de sesenta años de lectura casi diaria de la Biblia, siempre descubro que se renueva y se adapta maravillosamente a las necesidades cambiantes de cada día" (CECIL B. DEMILLE).

"¿A qué otra fuente de mayor inspiración y consejo podríamos recurrir que a esta fuente inagotable de verdad perenne, la Biblia?" (REINA ISABEL II).

"Los más grandes placeres de esta tierra no son más que una sombra del gozo que encuentro al leer la Palabra de Dios" (LADY JANE GREY).

"La Biblia es el mayor bien del que la raza humana haya disfrutado... Un simple versículo me ha consolado más que todos los demás libros que he leído " (IMMANUEL KANT).

"La Biblia es el mapa de navegación que guía el timón de tu vida, te guarda de caer al fondo del mar y te muestra cómo llegar a puerto seguro, sin encallarte en ninguna roca o escollo" (HENRY WARD BEECHER).

"Una sola frase de la Palabra de Dios tiene más certeza y más poder que todos los descubrimientos de todos los hombres sabios de todas las generaciones" (C. H. SPURGEON).

Más preciosa que el oro

Aun más importante que aquello que los hombres piensen de la Palabra de Dios es lo que Dios dice de su propia Palabra. Según la Biblia, la Palabra del Señor es verdad (Sal. 33:4; 119:160); es pura (Sal. 12:6; 19:9; 119:140; Pr. 30:5); es recta y fiel (Sal. 119:138); es eterna y está firme en los cielos (Sal. 119:89); ha sido divinamente inspirada (2 Ti. 3:16; 2 P. 1:21); es útil para nuestra vida y enseñanza (2 Ti. 3:16); es perfecta (Sal. 19:7); es más valiosa que millares de oro o plata (Sal. 119:72); es dulce al paladar (Sal. 19:10; 119:103; Ez. 3:3).

El poder y la autoridad de la Palabra de Dios superan infinitamente los de cualquier otro libro jamás escrito. Como un atribulado joven profesor de teología, perseguido por el "Cazador de los cielos", Martín Lutero experimentó el poder transformador de la Palabra, que posteriormente le llevó a escribir: "La Biblia está viva, me habla; tiene pies, me persigue; tiene manos, me atrapa".

Cuando adquirimos una Biblia, ¿entendemos realmente qué tenemos en nuestras manos? ¿Nos hemos detenido a pensar alguna vez que, en realidad, es la *Palabra de Dios*? Como

Agustín nos recuerda: "¡Cuando la Biblia habla, *Dios* habla!". En occidente hemos tenido la bendición de tener acceso tan fácil a la Palabra, que es difícil no subestimarla.

Margaret Nikol recuerda vívidamente cómo era no tener acceso a una Biblia. Margaret, una concertista de violín, creció en Bulgaria bajo uno de los regímenes más represivos del comunismo. Aunque su padre era pastor, no tenía una Biblia. Cuando ella era una niña, los comunistas confiscaron casi todas las Biblias del país.

Sin embargo, una anciana del pueblo de Margaret había logrado conservar una Biblia, que se convirtió en el tesoro compartido, literalmente, por todos los creyentes del pueblo. Las páginas de la Biblia, arrancadas cuidadosamente, se distribuyeron una a una. Margaret se sintió bendecida por haber recibido una página que incluía Génesis 16 y 17; una página que atesoró y estudió diligentemente. Su hermano, un pastor de Bulgaria, tenía como única "biblioteca" un par de páginas de la Biblia que había copiado a mano.

Cuando Margaret tenía alrededor de treinta y cinco años, fue exiliada a los Estados Unidos. Poco después de llegar, una de sus nuevas amigas le preguntó qué regalo quería para Navidad. Margaret no tuvo que pensar mucho. Más que nada, quería una Biblia.

Margaret describe el día que sus amigas la llevaron a una librería cristiana para comprar una Biblia. Era la primera vez que veía una Biblia entera: "¡Había Biblias rojas, negras, verdes, azules y marrones —de todo tamaño y toda forma— por todos lados!". Anonadada por lo que estaba viendo, esta mujer de treinta y siete años, parada en el pasillo de aquella librería ¡no podía dejar de llorar de gozo!

A la mayoría le resulta imposible imaginar lo que sintió Margaret en ese momento. Un reciente recuento en mi biblioteca personal reveló más de treinta ejemplares de la Biblia —roja, negra, verde, azul y marrón, de todo tamaño y toda forma— en, al menos, ocho versiones diferentes. Esto sin incluir una gran cantidad de comentarios, concordancias, libros de referencias, libros devocionales e himnarios.

Proverbios nos dice que "el hombre saciado desprecia el panal de miel; pero al hambriento todo lo amargo es dulce" (27:7). Para aquellas almas hambrientas de partes del mundo donde nunca se les permitió tener una Biblia, la Palabra de Dios es muy preciosa. Pero nosotros, que podemos encender la radio y escuchar la predicación de la Palabra a cada hora del día, que podemos entrar a cualquier librería y encontrar la Biblia que más nos gusta, que podemos encontrar varias Biblias en los respaldos de los bancos de la iglesia y que tenemos bibliotecas repletas de ellas, algunas sin uso, podemos estar en peligro de adoptar una actitud superficial hacia la Palabra de Dios.

Si alguna vez has viajado a Medio Oriente, probablemente hayas conocido la extrema reverencia que los musulmanes le confieren a su libro sagrado, el Corán. Nunca los veremos colocar un ejemplar del Corán en el piso o tratarlo superficialmente. Por el contrario, deben colocar el Corán por sobre el nivel de su cabeza y sobre todo otro libro de la habitación. Ellos tratan con sumo cuidado su libro sagrado, lo envuelven en un paño especial; y, cuando quieren leerlo, lo colocan en un pedestal especial. Creen que cada palabra del libro es santa, y que debería ser sumamente respetado.

Las Escrituras dicen que Dios ha engrandecido su Palabra por sobre todas las cosas (Sal. 138:2). Si Dios tiene en tan alta estima su Palabra, ¿cuál debería ser nuestra actitud hacia ella? En el Salmo 119, David habla de amar la Palabra, reverenciarla, regocijarnos en ella, anhelarla, confiar en ella y tener temor de ella. Dios dice por medio del profeta Isaías: "Yo estimo a los pobres y contritos de espíritu, a los que *tiemblan* ante mi palabra" (Is. 66:2, NVI, cursivas añadidas; cp. Sal. 119:161). ¿Qué significa temblar ante la Palabra del Señor? Significa tener una actitud de asombro y temor reverente. Es lo contrario de una actitud arrogante.

Mi padre tenía gran reverencia y amor por la Palabra de Dios. Como una manera de demostrar ese respeto, nunca apoyaba nada sobre la Biblia; un hábito que yo misma he adoptado, no porque el papel o cuero tenga algunas propiedades místicas o de valor inherente, sino como una manera visible de honrar lo que sus páginas contienen.

Nuestro tesoro más valioso

En el Salmo 119, David apenas puede contener el gozo al recordar las bendiciones y los beneficios que ha recibido de la Palabra de Dios. Vemos que la Palabra tiene poder para guardarnos del pecado (Sal. 119:9, 11), nos fortalece cuando estamos afligidos (v. 28), nos consuela cuando estamos sufriendo (vv. 50, 52), nos hace libres (v. 45), nos da entendimiento e ilumina nuestro camino (v. 104), nos da paz y nos guarda de tropezar (v. 165).

La Palabra de Dios iluminará tu camino; te ayudará a tomar las decisiones correctas; sanará tus heridas y afirmará tu corazón; te advertirá del peligro; te protegerá y limpiará del pecado; te guiará; te hará sabio. Es pan; es agua; es un consejero; es vida. Es gratificante; es suficiente; es suprema; es sobrenatural. El autor de este himno lo expresa así:

Santa Biblia, libro divino,
    precioso tesoro, tú eres mío;
mío, para decirme de dónde vengo
    y enseñarme lo que soy.

Mío, para reprenderme cuando yerro,
    y mostrarme el amor del Salvador;
mío eres tú, que me guías y me guardas;
    y que me disciplinas o me recompensas.

Mío eres tú, que me consuelas en la aflicción,
    cuando sufro en la tribulación;
mío, para mostrarme que por fe puedo creer,
    que sobre la muerte he de vencer.

Mío, para anunciar la dicha que a mí me espera,
    y al rebelde pecador, su condena;

¡Oh! tú, Santo libro divino,
  precioso tesoro, tú eres mío.
—JOHN BURTON (1773-1822)

¡*La* preparación sí importa!

Si supieras que mañana a primera hora tienes una reunión importante con tu jefe y el dueño de la compañía, ¿cuándo comenzarías a prepararte para la reunión? ¿Esperas hasta mañana, después de levantarte, hacer ejercicios, darte una ducha, vestirte y desayunar, para comenzar a pensar en prepararte para la reunión? ¿Acaso miras de repente el reloj y, al darte cuenta de que la reunión ya comenzó, sacas una prenda arrugada del canasto de la ropa sucia, te vistes rápidamente mientras corres hasta tu automóvil, llegas treinta minutos tarde, te sientas a la mesa donde los otros ya están reunidos y entonces comienzas a garabatear apresuradamente algunas notas para tu presentación? No, si te importa tu trabajo.

Cuando les anuncias a tus hijos pequeños que dentro de dos semanas, cuando termine la escuela, harán un viaje para visitar a su tío favorito, ¿se olvidan ellos del viaje hasta la hora de subir al automóvil y partir? Si tus hijos son como algunos de los niños que yo conozco, ¡seguramente prepararán sus maletas una semana antes! Planificarán exactamente lo que van a hacer con sus primos y harán dibujos para el tío Manuel y la tía Susana; difícilmente puedas hacer que piensen en otra cosa.

Hace algunos años, mientras tomaba clases de violoncelo, me enseñaron que si apenas agarraba el instrumento comenzaba a tocar, el resultado seguramente sería desagradable a los oídos. Primero tenía que tensar el arco y lubricarlo con resina. Después tenía que acomodar correctamente la altura. Luego tenía que afinar cada cuerda. Toda esta preparación afectaba de manera directa al resultado de lo que yo ejecutara.

Hace poco, cuando acepté hacer una cena especial en mi

casa, comencé inmediatamente con los preparativos; tenía listas y listas de cosas que hacer. Pasé la mayor parte de tres días preparándome para mis invitados.

Ya sea para una reunión decisiva, vacaciones familiares, hacer música o recibir invitados, la preparación es esencial. La preparación no es menos decisiva para encontrarnos con Dios y cultivar una relación con Él por medio de su Palabra.

De hecho, he descubierto que lo que más nos estorba para tener un tiempo devocional provechoso es no preparar nuestro corazón. A cada hora del día, nuestros ojos y oídos están expuestos a la seducción del mundo que nos rodea. Las imágenes, los sonidos y las demandas de nuestro medio ambiente tienden a atrapar nuestra mente y nuestro corazón. Por eso, a menudo descubrimos que nos distraemos, nos apresuramos y tenemos nuestro devocional con un corazón que no se ha aquietado en absoluto. Un poco de preparación puede producir un gran cambio en nuestra vida devocional.

COMIENZA LA NOCHE ANTERIOR

Algunos de estos preparativos son cosas muy prácticas. Por ejemplo, me es de ayuda juntar mi Biblia, diario y lápiz, así como mis libros devocionales, himnarios y otros elementos (hablaremos más de estos elementos en el capítulo 9), y dejarlos en el lugar donde estoy planeando encontrarme con el Señor por la mañana. Si tengo que ir de un sitio a otro para buscar estos elementos, perderé un tiempo valioso, y mi mente estará distraída incluso antes de comenzar.

Siempre que puedo, trato de prepararme para el día siguiente, desde la noche anterior, para que por la mañana mi mente esté libre para concentrarse en el Señor. (No soy una persona organizada por naturaleza, pero he descubierto que tener la disciplina de planear mi devocional con antelación puede enriquecer en gran manera la calidad de tiempo que paso con el Señor a solas. Aunque esos hábitos no sean naturales para mí, bien vale la pena el esfuerzo de desarrollarlos).

Como señalamos en el capítulo anterior, otra clave del éxito para encontrarnos con Dios por la mañana es irnos a dormir bastante temprano la noche anterior. No todos tienen la capacidad física de estar despiertos hasta la medianoche y después estar despabilados y atentos al Señor por la mañana; al menos, de ninguna manera con regularidad. Irse a dormir a una hora razonable podría requerir acostar más temprano a los niños, limitar los compromisos y las actividades sociales de noche, tomar menos responsabilidades de noche, terminar los quehaceres más temprano por la noche o apagar el televisor. A propósito...

Si lo último que tenemos en nuestra mente por la noche es el sonido desapacible de los programas de entretenimientos nocturnos, es probable que no nos despertemos preparadas y entusiasmadas para buscar al Señor a la mañana siguiente. Como una alternativa, ¿por qué no intentamos escuchar una cinta de suave música instrumental de alabanza y adoración, mientras nos preparamos para ir a dormir? (A propósito, mantener un ambiente sereno de adoración en el hogar por la noche podría ayudar a tus niños a dormir mejor, así como a estar más tranquilos por la mañana).

Dedicar los últimos momentos en los que estamos despiertas a meditar en el Señor y su Palabra es otra manera de preparar nuestra reunión con Él por la mañana.

El Salmo 4 bien podría ser una oración que David hiciera antes de ir a dormir por la noche. Observa que aun en medio de las circunstancias estresantes que él estaba atravesando, no transmite una sensación de pánico; su espíritu está sereno mientras eleva sus pensamientos al cielo:

"Meditad en vuestro corazón estando en vuestra cama, y callad. Ofreced sacrificios de justicia, y confiad en Jehová... Alza sobre nosotros, oh Jehová, la luz de tu rostro. Tú diste alegría a mi corazón mayor que la de ellos cuando abundaba su grano y su mosto. En paz me acostaré, y asimismo dormiré; porque solo tú, Jehová, me haces vivir confiado" (Sal. 4:4-8).

Hay otras oraciones en los salmos que puedo imaginar que David eleva al Señor antes de cerrar sus ojos al irse a dormir por la noche:

"¡Cuán preciosos me son, oh Dios, tus pensamientos! ¡Cuán grande es la suma de ellos! Si los enumero, se multiplican más que la arena; despierto, y aún estoy contigo" (Sal. 139:17-18).

"En cuanto a mí, veré tu rostro en justicia; estaré satisfecho cuando despierte a tu semejanza" (Sal. 17:15).

Antes de dormirte por la noche, podrías hacer una oración parecida a la siguiente: "Padre, te pido que tu Espíritu ministre a mi espíritu durante toda la noche. Mientras duermo, llena mi subconsciente de los pensamientos de Cristo. Y que pueda despertarme a tu semejanza; pensando en ti y llena de amor por ti, saciada de ti y preparada para buscar tu rostro".

Cuando suena el despertador

¡Rrriiinnnggg! Tan pronto como suena el despertador, nos enfrentamos a una decisión importante. (Estoy suponiendo que hemos tomado otra decisión bien importante la noche anterior: poner el despertador bastante temprano para no tener que apresurar nuestro tiempo con el Señor antes de comenzar con nuestra jornada laboral diaria).

Lo que hacemos apenas nos despertamos nos ayudará o nos dificultará cultivar la intimidad durante nuestro tiempo a solas con el Señor.

Puede que seas una de esas personas que lo primero que hacen ante el sonido del despertador es pulsar el botón de "dilación de la realidad" (también conocido como el botón de repetición de la alarma); de alguna manera, en ese momento, poder dormir otros dos minutos nos atrae más que comenzar a escudriñar la Palabra.

O, si eres como yo, tan pronto como abres tus ojos, comienzas a pensar en todas las cosas que tienes que hacer ese día. Apenas te levantas, sientes la tentación de comenzar a ocuparte de las pilas de tareas pendientes en la casa. (Este es un peligro para mí en particular, dado que tengo la oficina en mi casa, ¡y las pilas de "tareas pendientes" nunca se acaban!).

El pastor puritano Lewis Bayly nos exhorta a tomar una decisión diferente y nos explica por qué es tan importante buscar al Señor antes de hacer cualquier otra cosa por la mañana:

> Tan pronto te despiertes por la mañana, mantén la puerta de tu corazón bien cerrada, para que no entre ningún pensamiento terrenal, hasta que primero entre Dios. Y permite que Él, antes que cualquier otra persona, tenga el primer lugar allí. De este modo, ningún mal pensamiento se atreverá a entrar o será más fácil mantenerlo fuera, y el corazón se deleitará más en la piedad y la santidad ese día; pero si apenas te despiertas, no te ocupas en llenar tu corazón con un tiempo de meditación en Dios y su Palabra..., Satanás intentará llenarlo con preocupaciones terrenales o deseos de la carne, a fin de descalificarlo para servir a Dios ese día...
>
> Por lo tanto, comienza tu labor diaria con la Palabra de Dios y la oración... y apenas te despiertes dile a Él algo parecido a lo siguiente: "Mi alma ha esperado en ti, oh, Señor, ¡más que el vigía del alba vela por la mañana! ¡Oh, Dios, por lo tanto, ten misericordia de mí, y bendíceme, y haz brillar tu rostro sobre mí! Lléname de tu misericordia esta mañana, y me alegraré y regocijaré todos los días de mi vida".[2]

Afina tu corazón

Lo que Bayly estaba sugiriendo es que debemos "afinar" nuestro corazón para escuchar al Señor, así como un instrumento musical debe afinarse en un tono exacto antes de ejecutar una bella música. A través de los años, he usado diversos métodos para afinar mi corazón para escuchar a Dios.

El pasaje de Isaías 50:4-5 me ha ayudado con frecuencia a sintonizar mi corazón; muchas veces, antes de salir de la cama por la mañana, he meditado en este pasaje y he orado al Señor con estas palabras:

"Jehová el Señor me dio lengua de sabios, para saber hablar palabras al cansado".

"Señor, tú eres mi Dios. Tú eres el Dios soberano. Quiero que en este día reines en mi vida. Sé que hoy traerás personas a mi vida —familiares, amigos, compañeros de trabajo, personas que ni siquiera conozco— que están cansadas y necesitan una palabra de tu boca que los sostenga y los aliente. No sabré qué palabras necesitan escuchar, si primero no me hablas a mí".

"[Él me] despertará mañana tras mañana, despertará mi oído para que oiga como los sabios".

"Gracias, Señor, por despertarme esta mañana. Antes de poder enseñar a otros, necesito que tú me enseñes a mí. Antes de abrir mi boca para hablar a otros, necesito escucharte a ti. Te pido que abras mis oídos para escuchar lo que tienes para mí este día".

" Jehová el Señor me abrió el oído, y yo no fui rebelde, ni me volví atrás".

"Al hablarme, Señor, que mi corazón se someta a ti. Que no sea rebelde a lo que hoy me digas".

Frecuentemente, leo uno o dos fragmentos de un libro devocional como una manera de afinar mi corazón antes de abrir las Escrituras. Estos libros, escritos por autores humanos, nunca deberían ocupar el lugar de la Palabra de Dios, pero nos pueden ayudar a enfocarnos en los asuntos espirituales y aclarar cualquier confusión que nos pueda distraer.

Cantar himnos que expresan el anhelo y deseo de escuchar la voz de Dios puede ser otro método para afinar nuestro corazón. Trata de leer o cantar uno o más de estos himnos al Señor:

Habla, Señor, en la calma,
    mientras yo en ti espero;
acallada está mi alma,
    pues escucharte es mi anhelo.

Habla, ¡oh, bendito Maestro!;
    en la quietud de este momento.
Hazme, Señor, ver tu rostro,
    sentir de tu mano, el portento.

Pues las palabras de tu boca,
    ciertamente vida son;
pan de vida del cielo,
    alimenta mi espíritu ahora.

—E. MAY GRIMES (1868-1927)[5]

Abre mis ojos que pueda gozar,
    de las vislumbres de tu verdad.
Pon en mis manos la maravillosa llave,
    que me dará al fin la libertad.
Ahora en silencio espero,
    ver tu voluntad, Dios mío, es mi anhelo;
abre mis ojos, dame tu luz,
    Divino Espíritu.

—CLARA H. SCOTT (1841-1897)

Ahora, con nuestro corazón afinado y nuestros oídos y ojos espirituales atentos a Él, abrimos las páginas del maravilloso Libro, esperando encontrar a su Autor y ser transformadas en su presencia.

REFLEXIÓN PERSONAL

1. Programa un tiempo en tu agenda diaria en el que puedas leer en voz alta todo el Salmo 119. Puedes hacerlo sola, con tu familia o con un grupo de amigas. El salmo está dividido en veintidós párrafos de ocho versículos. Que cada uno lea un párrafo sucesivamente hasta haber leído todo el salmo.

2. Ahora vuelve a leer el Salmo 119 para hacer una lista de las características de la Palabra de Dios y de los beneficios y las bendiciones que trae a nuestra vida.

3. Escribe una oración de agradecimiento al Señor por su Palabra y por lo que ha significado en tu vida.

4. Escribe dos o tres pasos prácticos que podrías tomar para preparar mejor tu corazón para recibir la Palabra cada día.

□□□ UNAS PALABRAS DEL CORAZÓN DE □□□

Tina Norviel

Doy gracias a Dios porque cuando era adolescente le prometí al Señor que todos los días meditaría en su Palabra, a menos que la providencia me lo impidiera. Esa promesa me ha llevado a estar con Él cada día. Yo no tomo cada mañana la decisión de levantarme para encontrarme con Dios o no; hace mucho tiempo que tomé esa decisión. A tal grado se ha convertido en parte de mi vida, ¡que no podría pensar en comenzar un día sin pasar tiempo con el Señor, así como no dejaría de lavarme los dientes o vestirme! Es importante que nos comprometamos firmemente a realizar nuestro devocional "sea como sea".

Sin una vida devocional constante, me falta el contacto vital con mi verdadera Fuente de fortaleza, guía, aliento, convicción, gozo, amor, gracia; todo lo que necesito para vivir para Él y ser como Él.

Probablemente, el mayor obstáculo a la hora de encontrarme con Dios es mi propia pereza en lo que se refiere a mi concentración y enfoque. Durante mi tiempo de lectura y oración, me asombra cuán rápido puedo pensar en un montón de otras cosas. Cuando me doy cuenta de esto, le pido perdón a Dios, le devuelvo el control de mi mente a Él y le pido que me ayude.

He descubierto que es más probable que mi mente divague sin una lista de oración organizada. Por eso divido los nombres de las personas por las que oro entre los días de la semana; así, de esta manera, puedo orar por más personas cada semana. Después, tengo una lista de personas, preocupaciones y necesidades especiales por las que oro diariamente. Además le pido a Dios que al orar me traiga a la mente las peticiones de oración especiales.

Sin lugar a dudas, lo que más disfruto es pasar tiempo adorando al Cordero de Dios por su sacrificio en la cruz. Una manera maravillosa de expresarle mi adoración es cantar de mi himnario los himnos sobre la cruz. Nada me lleva al arrepentimiento y la entrega como este tiempo de meditación y adoración a Cristo, como el Cordero de Dios. En momentos de egoísmo o desánimo, este ejercicio anima rápidamente mi corazón.

□ □ □ ─────────────────────────

Tina Norviel y su esposo John han servido en el equipo de Life Action Ministries durante diez años. Actualmente viven en Salt Lake City, Utah, donde John está comenzando una iglesia, y Tina se ocupa de la educación de sus hijos en su hogar.

CAPÍTULO 8

Nuestra vida en la Palabra: Un oído atento

Todos hemos escuchado decir que la Biblia es difícil de entender o que no tiene ningún sentido. En mi experiencia, una de las razones principales por las que la Biblia sigue siendo un misterio para muchos es porque no la leen. En tono de burla, un escritor sugirió que "si le quitáramos el polvo a todas las Biblias abandonadas, que nadie lee, ¡provocaríamos una tormenta de polvo sin precedentes, y el sol se eclipsaría por toda una semana!".

Dios promete bendecir a aquellos que leen su Palabra (Ap. 1:3). Al principio de su reinado, se ordenaba a los reyes de Israel copiar a mano la Ley de Dios; después debían leer esa copia de la Ley todos los días durante el resto de sus vidas, para que aprendieran a temer al Señor y a guardar sus mandamientos (Dt. 17:18-20). Por medio del profeta Isaías, Dios dio un mandato a los israelitas: "Inquirid en el libro de Jehová, y leed" (Is. 34:16). En más de una ocasión, se produjo una restauración cuando el pueblo de Dios del Antiguo Testamento, que se había olvidado de la Palabra, volvió a guardar sus estatutos (Neh. 8—10; 2 Cr. 34:14-33).

Los Evangelios registran diversas ocasiones en las que

Jesús se dirigió a sus críticos y les dijo: "¿No habéis leído en la Ley...?" "¿Nunca leísteis en las Escrituras...?" (Mt. 12:5; 21:42; cp. 12:3; 19:4; 21:16). En otras palabras, Él esperaba que leyesen y pusieran en práctica las Escrituras; y cuando necesitaban una corrección, Él los enviaba de nuevo a la Palabra de Dios.

Cuando el funcionario etíope estaba leyendo el rollo del libro de Isaías, sus ojos se abrieron, y Dios produjo en su corazón arrepentimiento, fe y salvación (Hch. 8:27-39).

Cuando el apóstol Pablo envió su carta divinamente inspirada a la iglesia en Colosas, quería asegurarse de que los creyentes leyeran no solo aquella carta, sino también la carta que les había enviado a los creyentes de Laodicea (Col. 4:16). De igual modo, también les dijo a los tesalonicenses: "Os conjuro por el Señor, que esta carta se lea a todos los santos hermanos" (1 Ts. 5:27). Pablo aconsejó al joven pastor Timoteo que tuviera como prioridad número uno leer públicamente las Escrituras (1 Ti. 4:13).

Oswald Chambers enfatiza la importancia de leer las Escrituras:

> La simple lectura de la Palabra tiene el poder de comunicarnos la vida de Dios, mental, moral y espiritualmente. Dios hace de las palabras de la Biblia un sacramento, es decir, el medio por el cual participamos de su vida; esta es una de las puertas secretas para comunicarnos su vida.

Lee la Biblia en oración

Al leer la Biblia, pídele a Dios que te dé entendimiento. Pídele que te revele aquellos pasajes que son difíciles de entender. Pídele que los pasajes conocidos sean totalmente nuevos y cobren vida en tu corazón. Pídele que se manifieste a tu vida y te muestre su corazón y sus caminos.

William Gurnall fue un devoto ministro inglés del siglo XVII. Él escribió acerca de la necesidad de leer las Escrituras en oración:

Acércate a Dios en oración y pídele que te dé la clave para revelar los misterios de su Palabra. No es el alma que se afana, sino que ora, la que recibe el tesoro del conocimiento de las Escrituras. En respuesta a la oración, Dios a menudo coloca en las manos del cristiano una verdad que antes estuvo buscando en vano con gran esfuerzo y estudio: "Hay un Dios en los cielos, el cual revela los misterios" (Dn. 2:28); y ¿dónde nos revela Él los secretos de su Palabra, sino cuando estamos delante del trono de la gracia?[1]

Una práctica que ha afectado positivamente a mi propia vida devocional es la de orar al Señor antes de comenzar a meditar en su Palabra, por medio de estos versículos de las Escrituras:

"Abre mis ojos, y miraré las maravillas de tu ley... Dame entendimiento, y guardaré tu ley, y la cumpliré de todo corazón... Muéstrame, oh Jehová, tus caminos; enséñame tus sendas. Encamíname en tu verdad, y enséñame, porque tú eres el Dios de mi salvación; en ti he esperado todo el día... Enséñame tú lo que yo no veo; si hice mal, no lo haré más" (Sal. 119:18, 34; 25:4-5; Job 34:32).

Dios ha sido misericordioso en renovar su Palabra en mi vida cada vez que hago esta oración por la mañana. Al elevar estas palabras en oración, estoy expresando dos cosas al Señor.

Primero, reconozco que no estoy por leer un libro común y corriente, sino *sobrenatural*; y, por lo tanto, necesito la ayuda de su Autor. A. W. Tozer nos recuerda: "La Biblia es un libro sobrenatural, que solo puede entenderse con ayuda sobrenatural".

Jesús dijo a sus discípulos que les enviaría su Espíritu Santo, como un Consolador, para enseñarles y guiarlos a toda verdad (Jn. 14:26). Primera Corintios 2:14 nos dice que el hombre natural no puede entender las cosas de Dios. Solo el Espíritu de Dios puede revelárnoslas. Santiago dice: "Y si alguno de vosotros tiene falta de sabiduría, pídala a Dios, el cual da a todos abundantemente y sin reproche, y le será dada" (1:5).

Coleridge dijo: "Hasta la Biblia, sin el Espíritu Santo, es como un reloj de sol bajo la luz de la luna". Necesitamos que el Espíritu Santo, quien inspiró este libro, nos dé sabiduría y entendimiento, sea nuestro maestro y arroje luz divina sobre la Palabra.

Segundo —y muy importante—, me he comprometido, por adelantado, a obedecer cualquier cosa que Dios me diga a través de su Palabra. "Me apresuré y no me retardé en guardar tus mandamientos", declaró el salmista (Sal. 119:60). "Dame entendimiento, y guardaré tu ley, y la cumpliré de todo corazón" (Sal. 119:34). Le estoy diciendo a Dios: "Por favor, háblame; y, por tu gracia y tu poder, *obedeceré* cualquier cosa que me digas, me guste o no, esté de acuerdo o no, sea fácil o no, concuerde con mis ideas preconcebidas o no".

Frances Ridley Havergal, la amada escritora de himnos del siglo XIX, expresó su compromiso de obedecer cualquier cosa que Dios le dijera a través de su Palabra:

> ¡Habla, Maestro! Dispuesta estoy
> a escuchar tu indiscutible voz,
> y con gozo, denuedo y calma,
> obedecer cada palabra.

Lee la Biblia reflexivamente

Cuando éramos adolescentes, una de las habilidades que mi padre alentaba en nosotros era la lectura rápida. Sin embargo, nos decía que había dos cosas que nunca deberían leerse rápidamente: las cartas de amor y la Biblia. La mayoría de las mujeres no pensaría en leer rápido y a la ligera una carta de amor. Por el contrario, leería detenidamente su contenido y lo volvería a leer una y otra vez, para tratar de encontrarle cualquier otro significado que pudiera haber entre líneas.

De hecho, la Biblia es una "carta de amor", que nos muestra el corazón de Dios; y cuanto más atenta, frecuente y reflexivamente la leamos, más llegaremos a comprender su corazón y relación de amor hacia nosotros.

Aquellos que leen la Biblia apresurada o superficialmente nunca podrán extraer sus riquezas ni sondear su profundidad por sí mismos. El Salmo 19 nos dice que la Palabra de Dios es preciosa "más que el oro, y más que mucho oro afinado" (v. 10). Por lo general, cuando recorremos las calles, no encontramos una gran cantidad de oro. El oro es un artículo precioso, excepcional, escondido en la profundidad de la tierra. Aquellos que quieren poseer oro deben pasar bastante tiempo y hacer grandes esfuerzos para buscar y extraer el oro incrustado en las rocas.

Durante sus cuarenta años de reinado como rey de Israel, Salomón comisionó a sus súbditos a ir por toda la tierra en busca de tesoros preciosos. Además, comprendió la importancia de buscar con afán la riqueza de los caminos de Dios. Por este motivo escribió:

"Si clamares a la inteligencia, y a la prudencia dieres tu voz; si como a la plata la buscares, y la escudriñares como a tesoros, entonces entenderás el temor de Jehová, y hallarás el conocimiento de Dios" (Pr. 2:3-5).

Cuando leas la Biblia, haz una pausa de vez en cuando para meditar en el significado de lo que estás leyendo. Absorbe la Palabra al meditar, ponderar, reflexionar y pensar en ella desde diferentes perspectivas hasta que llegue a ser parte de *ti misma*. El puritano Thomas Watson habló de la necesidad de meditar en la Biblia:

Sin meditación, las verdades que conocemos nunca llegarán a conmover nuestro corazón... Como un martillo que golpea la cabeza del clavo para que penetre, así la meditación martilla la verdad hasta que entra al corazón... Lee antes de meditar. "Ocúpate en la lectura" (1 Ti. 4:13). Y luego agrega: "Reflexiona sobre estas cosas" (v. 15, LBLA). Nuestra lectura nos provee el material; es el aceite que enciende la lámpara de la meditación. Procura que las Escrituras sean el fundamento de tu meditación. Leer sin meditar es infructuoso; meditar sin leer es peligroso.[2]

Una de las ayudas más valiosas para la meditación es memorizar las Escrituras. De hecho, cuando encuentro alguien que está batallando contra el desaliento o la depresión, a menudo le hago dos preguntas: "¿Le estás cantando al Señor?" y "¿Estás memorizando las Escrituras?". Estos dos ejercicios no son una fórmula mágica que hace desaparecer todos nuestros problemas, pero son increíblemente poderosos para cambiar nuestra perspectiva y nuestra actitud hacia los problemas que enfrentamos.

"Pero me cuesta memorizar", responden rápidamente algunos. Don Whitney dice que el problema no es tanto nuestra capacidad de memorizar, sino nuestra motivación:

> ¿Qué pasaría si yo te ofreciera mil dólares por cada versículo que pudieras memorizar en los próximos siete días? ¿Crees que tu actitud hacia la memorización de las Escrituras y tu capacidad de memorizarla mejoraría? Cualquier recompensa es mínima si la comparamos con el valor acumulado del tesoro de la Palabra de Dios depositado en nuestra mente.[3]

El hecho es que sí podemos memorizar, y lo hacemos todo el tiempo. Memorizamos nombres de personas, anuncios de televisión, direcciones de lugares que frecuentamos, números de tarjetas de crédito y números de teléfono. ¿Cómo? Recordamos información importante para nosotros o que usamos o repetimos con frecuencia. La memorización de las Escrituras no es diferente. Requiere motivación y un constante repaso sistemático.

Si hasta ahora no has memorizado las Escrituras, comienza con pequeños pasajes, tal vez uno o dos versículos por semana. Selecciona versículos que se relacionen con inquietudes o necesidades específicas de tu vida. Podrías escribir los versículos en tarjetas que puedes llevar contigo para repasar varias veces al día. Repasar las Escrituras antes de ir a dormir por la noche es una de las mejores maneras de grabarlas en tu memoria.

Una vez que has llegado a dominar un versículo o párrafo, pasa al siguiente; pero repasa diariamente los versículos que has memorizado últimamente. Puede que te resulte útil hacerlo junto a una compañera para animarse una a la otra y tomarse los versículos memorizados una a la otra con regularidad.

La memorización y meditación de las Escrituras colmarán de beneficios tu vida. Estos son algunos de sus beneficios:

- purifican y renuevan tu mente;
- te guardan del pecado;
- te dan entendimiento y dirección en medio de las situaciones de la vida real;
- fortalecen tu espíritu;
- combaten los ataques del enemigo sobre tu mente y tus emociones;
- estimulan tus deseos espirituales;
- disminuyen las exigencias de tu carne;
- te protegen de los patrones de pensamientos equivocados; y
- fijan tu mente y devoción en las "cosas de arriba" (Col. 3:2).

Evidence Not Seen [La evidencia que no se ve] es la conmovedora historia de Darlene Deibler Rose, una joven misionera estadounidense, que pasó cuatro años en un campo de prisioneros japonés durante la Segunda Guerra Mundial. Ella recuerda que Dios usó las Escrituras que había memorizado cuando era niña para sustentarla durante su horrorosa experiencia.

Desde niña, había sentido la compulsión de memorizar la Palabra. Al estar en la celda, estaba agradecida por aquellos días, cuando en la escuela bíblica de vacaciones, memorizaba numerosos versículos, capítulos y salmos enteros, y hasta libros enteros de la Biblia. Con el paso de los años, seguí repasando las Escrituras. El Señor me alimentó con el Pan de vida que había almacenado para cuando la provisión de pan fresco se acabara al perder mi Biblia. Él trajo consuelo y aliento diario —sí, y gozo— a mi corazón mediante el conocimiento de la Palabra... Nunca necesité tanto las Escrituras como en aquellos meses de prisionera en el pabellón de la muerte; pero dado que había guardado gran parte de su Palabra en mi corazón, el castigo que los gendarmes japoneses habían previsto cuando me arrebataron la Biblia no pudo cumplir su cometido.[4]

Lee la Biblia sistemáticamente

Esta tarde, mientras estaba escribiendo, hice una pausa para prepararme un sándwich. ¿Puedes imaginar si hubiera abierto mi refrigeradora con los ojos cerrados y hubiera agarrado lo primero que encontrara? En vez de un sándwich de manteca de maní y mermelada, podría haber terminado con un plato de cebollas, mostaza y crema; no muy apetitoso o nutritivo. Sin embargo, esta es la ilustración de la manera en que muchas personas leen la Palabra de Dios. "Agarran" a ciegas el primer pasaje que encuentran, sin ningún orden o secuencia en particular. Hay creyentes bien intencionados, que leen cualquier pasaje y, al sacarlo de su contexto, el significado de este cambia, y terminan sacando conclusiones equivocadas.

Otros leen la Biblia igual que los adolescentes, que lo único que quieren comer es pizza, papas fritas, refrescos

y helados. Nuestro cuerpo necesita una dieta nutricional-
mente equilibrada para estar saludable. De igual modo, nuestro espíritu necesita el equilibrio que viene de asimilar "todo
el consejo de Dios", no limitarnos a los pasajes que parecen particularmente apetitosos. El crecimiento espiritual de
algunos creyentes se ha estancado debido a una dieta que
consiste principalmente en Salmos con, tal vez, un poco de
las Epístolas del Nuevo Testamento.

Es cierto que no todas las partes de la Biblia son igual-
mente fáciles de digerir. Esta semana estuve leyendo 1 Crónicas y Ezequiel. A diferencia de los "suculentos" pasajes que
podríamos hallar en 1 Pedro o el Evangelio de Juan, hay
algunos pasajes en esos libros que parecen particularmente
tediosos e incluso innecesarios. Hasta el gran pastor puritano John Bunyan admitió: "Algunas veces, un solo versículo
de la Biblia me ha hablado más de lo que he podido resistir,
y sin embargo, otras veces, toda la Biblia ha sido más seca
que un hueso para mí".

Pero Pablo le recordó a Timoteo que *"toda* la Escritura es
inspirada por Dios, y útil para enseñar, para redargüir, para
corregir, para instruir en justicia" (2 Ti. 3:16, cursivas añadidas). Esto significa que necesitamos una dieta que incluya
toda la Palabra de Dios.

El problema es que nos hemos acostumbrado tanto a
que nuestros sentidos se activen mediante estímulos visua-
les o audibles, que nos aburrimos fácilmente con cualquier
cosa que no nos produzca emoción o gratificación inmediata. Oswald Chambers dijo sabiamente que "la Biblia no
nos emociona, la Biblia nos sustenta. Dedícale tiempo a la
lectura de la Biblia, y su efecto será tan renovador como el
aire puro para el físico".

Otro autor lo expresa de esta manera:

La Biblia se asemeja a una huerta profusamente cultivada y
muy bien cuidada, donde hay una amplia variedad y abundancia de frutos y flores. Algunos son más esenciales o
más espléndidos que otros, pero no hay ni una sola hebra

que haya crecido allí, que no tenga uso o aporte belleza al sistema.[5]

Sí, necesitamos los Salmos y las Epístolas. Pero también necesitamos los libros de la Ley, los libros históricos, los profetas y los Evangelios. Necesitamos toda la Palabra de Dios. Y necesitamos leerla de tal manera que tengamos un sentido de la progresión de la Palabra.

Cuando elegimos un libro, por lo general no comenzamos desde la mitad y vamos de un capítulo al otro al azar; especialmente si el libro tiene una trama. Pero así es exactamente como muchos leen la Palabra de Dios. No han podido ver que la Biblia tiene una trama; una magnífica historia con un principio y una conclusión. Es la historia de la redención; la historia de un Dios que creó al hombre para tener comunión con Él, y aunque vio que este rechazó su propuesta de acercamiento, descendió a la tierra para restaurar la intimidad del hombre con Él mediante la cruz.

El hecho de que la Biblia sea una unidad no significa que solo pueda leerse consecutivamente, desde Génesis hasta Apocalipsis; aunque para muchos creyentes es una gran bendición leerla siempre de esta manera. Significa que el contexto y la progresión de los hechos son importantes. Cada uno de los versículos debe leerse en el contexto del párrafo y capítulo en el que se encuentran. Los capítulos deberían estudiarse con la perspectiva de la totalidad del libro al que pertenecen. Y los diferentes libros tienen más sentido si entendemos cómo concuerdan con la trama y progresión de la Biblia y con el plan redentor y eterno de Dios.

Si quieres tener una dieta espiritual equilibrada así como un entendimiento de todo el plan de divino, procura no pasar por alto o eludir ciertos pasajes de la Palabra.

DIFERENTES MÉTODOS

Hay diferentes maneras de leer la Biblia sistemáticamente. Existen numerosos planes de lectura bíblica en la actualidad, algunos diseñados para leer toda la Biblia en un año, otros en un período más largo de tiempo.

La Biblia *Tu andar diario*, publicada por Editorial Unilit, es un excelente recurso para leer toda la Biblia en un año.[6] La Biblia está dividida en pasajes diarios (un promedio de tres a cuatro capítulos por día para leer toda la Biblia en un año) con una página de notas útiles y observaciones prácticas que arrojarán más luz sobre los pasajes de cada día. *La Biblia cronológica*, disponible a través de Editorial Portavoz, guía al creyente a leer toda la Biblia en un año en el orden cronológico de los sucesos.

Personalmente, por lo general, prefiero leer tanto el Antiguo como el Nuevo Testamento al mismo tiempo. Tengo varias razones para esto: primero, el Antiguo Testamento arroja luz sobre el Nuevo y viceversa. La relación que hay entre ambos Testamentos es más clara cuando leo los dos al mismo tiempo. Segundo, no me gusta pasar mucho tiempo sin leer los Evangelios. Allí es donde encontramos la mejor descripción del Señor Jesús. Si la meta de nuestra vida devocional es conocer al Señor, y ser conformados a su imagen, entonces tenemos que leer los Evangelios constantemente. Tercero, al leer ambos Testamentos, los pasajes más difíciles del Antiguo Testamento se compensan con otros pasajes más fáciles de "digerir".

Mi padre tenía un método para leer la Biblia que pocas veces variaba. Cada mañana leía cinco capítulos de Salmos y uno de Proverbios; de este modo leía los dos libros todos los meses. Después leía dos capítulos consecutivos del Antiguo Testamento y uno del Nuevo.

Hace un tiempo, un querido siervo del Señor, ya mayor, me recomendó un método de lectura de la Biblia que resultó ser una gran bendición para mí. Me sugirió dividir la Biblia en seis secciones principales, que comenzaran en Génesis, Josué, Job, Isaías, Mateo y Romanos; y leer cada día uno o más capítulos consecutivos de cada una de las secciones. Luego hay que marcar hasta donde se llega en cada sección para volver a comenzar desde allí al día siguiente.

Esta ha sido una de las maneras más apasionantes de leer la Palabra, que he descubierto. Aunque fue escrita por diferentes autores durante un período de mil quinientos años, hay tal uniformidad y coherencia en las Escrituras que solo puede ser sobrenatural. Siempre descubro que lo que leo en un pasaje se complementa meticulosamente con un pasaje de otra sección que estoy leyendo.

Puede que a veces sientas la necesidad de leer un libro o sección de la Biblia en particular y "colocarla bajo un microscopio". Una manera de hacer esto es tomar un libro específico de la Biblia y leerlo por completo cada día durante treinta días. Esta es una buena manera de obtener una perspectiva más profunda del contenido y del mensaje de un libro en particular.

Es probable que descubras que tu vida devocional se renueva al variar tu método para leer la Biblia de vez en cuando. A veces, podrías leer solo un pequeño pasaje por día, y meditar en cada palabra y cada frase. Otras veces, podrías ir más rápido y abarcar más pasajes, y buscar temas más amplios y generales. Una que otra vez, podrías tomar un descanso de la lectura consecutiva a fin de enfocarte en un tema, una palabra o un personaje particular de la Biblia. Sin embargo, no es aconsejable abandonar la lectura sistemática de las Escrituras durante mucho tiempo.

De vez en cuando, me ha resultado muy ventajoso leer las Escrituras a un ritmo más rápido, a fin de obtener más entendimiento y apreciación de toda la Palabra de Dios.

Este año pasado, he leído toda la Biblia tres veces —a un ritmo más rápido del que normalmente prefiero— a fin de obtener una perspectiva amplia del plan panorámico de Dios. La perspectiva ha sido majestuosa; casi como la vista espectacular que se obtiene desde la cima de una montaña a miles de metros de altura. Hay temas que fluyen como ríos desde Génesis hasta Apocalipsis; en ciertas partes se parecen a un hilo de agua; en otras partes son como poderosos ríos que fluyen abundantemente.

Como los hilos de un gran tapiz, estos temas se entretejen

de tal manera que forman la historia incomparable de la redención. El plan de Dios de crear y redimir a la raza humana; su amor, su misericordia y su gracia inagotables; su paciencia para con los pecadores y aun su justo juicio contra aquellos que no quieren arrepentirse; el astuto, persistente e implacable odio y rebelión de Satanás contra Dios; los interminables intentos de Satanás de persuadir al hombre a unirse a él en su sedición; el triunfo decisivo y final de Dios sobre Satanás y su gobierno eterno sobre los cielos, la tierra y el infierno. Estas son algunas de las perspectivas panorámicas que obtuve al ver las Escrituras como una unidad.

Leer la Biblia de esta manera me ha dado mayor entendimiento y apreciación de los caminos de Dios. Por ejemplo, al leer acerca de los santos hombres del Antiguo y Nuevo Testamento, he visto que la fe agrada a Dios. Por medio de las, aparentemente interminables, leyes e instrucciones concernientes a las ofrendas y los sacrificios del Antiguo Testamento, he recordado que el pecado es costoso y que no se puede expiar solo mediante un sacrificio de sangre. Al pasar del antiguo al nuevo pacto, he escuchado la dulce música del evangelio; el alegre estribillo que dice que la sangre de Cristo, el Cordero inmolado de Dios, sacia la ira divina contra el pecado y limpia la conciencia culpable del pecador.

Casi en cada página de este Libro, he visto la analogía y el símbolo del Señor Jesús. Me he maravillado y he admirado y llorado ante la gloria de su presencia, su amor redentor, el espectáculo de la cruz y la esperanza que es nuestra por medio de Él.

¡No te desalientes!

Con lo importante que han sido las Escrituras para mí a lo largo de este peregrinaje, tengo que decir que no todos los días ni todos los pasajes bíblicos han sido una fiesta espiritual, así como tampoco son banquetes exquisitos todas las comidas. ¡Algunos pasajes han sabido más a cartón que a miel! Algunos días, he sentido como si estuviera caminando dificultosamente por lodo, en vez de andar por "los caminos del Rey". (Hasta el apóstol Pedro reconoció que algunas de las epístolas de Pablo eran "difíciles de entender", 2 P. 3:16).

Sin embargo, el valor y el efecto de la Palabra en nuestra vida no necesariamente se ven en la asimilación de un día o de una semana de su lectura. Cuando un niño crece con normalidad, no vemos evidencia física de su crecimiento día a día. Pero gradualmente vemos que los pantalones le quedan cortos y los brazos le sobresalen de las mangas de la camisa. A fin de año, cuando el niño se pone de espaldas a la misma pared donde medimos su altura el año pasado, nos sorprendemos al ver cuánto ha crecido.

De la misma manera, el valor de una dieta nutritiva y equilibrada, por lo general, no se experimenta en un día o una semana; antes bien, los beneficios acumulativos de comer bien se experimentan en el transcurso de un período de tiempo.

Asimismo, el valor y crecimiento espiritual que recibimos de la Palabra es evidente, no tanto de un día a otro, sino cuando nos detenemos y pensamos en meses o años atrás, y vemos cuánto ha formado y moldeado nuestras vidas la Palabra. (Así como es cierto que los efectos de tener pobres hábitos alimentarios, por lo general, no se ven de la noche a la mañana, las consecuencias de una pobre dieta espiritual podrían no ser notorias de inmediato; pero definitivamente serán evidentes con el paso del tiempo).

Por lo tanto, cuando encuentres pasajes de las Escrituras que parecen no tener sentido o valor aparente (y los encontrarás), no te rindas. Y no concluyas que no vale la pena leer esos pasajes. Oswald Chambers recomienda:

> *Lee* la Biblia, la entiendas o no, y el Espíritu Santo te hará recordar algunas palabras de Jesús en alguna circunstancia que atravieses. En ese momento, cobrarán vida para ti.

Recuerda que la entendamos o no, sea fácil de leer o no, la Palabra de Dios es provechosa; toda la Palabra (2 Ti. 3:16).

A diferencia de cualquier otro libro, la Biblia está viva; viene con un Tutor personal: el Espíritu Santo que vive en nosotros. Su misión es enseñarnos lo que necesitamos saber y darnos entendimiento acerca de las verdades espirituales que no podemos percibir con nuestra mente natural.

Aun aquellos pasajes más difíciles de entender o que parecen relativamente insignificantes cumplen un efecto purificador al entrar en nuestro espíritu. Jesús les dijo a sus discípulos: "Ya vosotros estáis limpios por la palabra que os he hablado" (Jn. 15:3). Muchas veces, después de terminar la lectura de los pasajes de cada día, oro y le pido al Señor que limpie mi espíritu, mi corazón, mi mente y mi vida con el agua de su Palabra (Ef. 5:26).

¡No pierdas de vista el objetivo!

Cualquiera que sea tu método para leer la Biblia, no seas esclava de tu método. No te dejes atrapar tanto por la mecánica, que pierdas de vista lo esencial.

Recuerda que el objetivo no es cuán rápido puedes leer toda la Biblia. El objetivo es que la Palabra entre en tu vida y corazón, y cultives una relación íntima con Jesús, la Palabra viva de Dios. Es posible "conocer" la Palabra intelectualmente, de principio a fin, y no ver ni conocer a Jesús, la "Palabra" viva de Dios.

Uno de los pasajes más aleccionadores de la Biblia tiene que ver con este asunto. Los fariseos de la época de Jesús eran famosos por su gran y superior conocimiento del Antiguo Testamento. Sin embargo, un día, Jesús los miró directamente a los ojos y les dijo: *"Nunca habéis oído su voz, ni habéis visto su aspecto, ni tenéis su palabra morando en vosotros"* (Jn. 5:37-38, cursivas añadidas).

Me imagino a esos abanderados eruditos de la Biblia indignados y ruborizados, murmurando entre dientes: "¿Qué está diciendo? ¿Quién piensa que es? ¡Es un simple obrero! ¡Nunca ha estudiado en el seminario! ¿Y *él* se atreve a decirnos que nunca escuchamos a Dios y que su Palabra no mora en nosotros? Pues, ¡hemos sido expertos en la Biblia desde siempre! Si nosotros no hemos escuchado la voz de Dios, ¿entonces quién?".

Pero Jesús no había terminado de hablar, sino que siguió diciendo: "Escudriñad las Escrituras; porque a vosotros os parece que en ellas tenéis la vida eterna; y ellas son las que dan testimonio de *mí*; y no queréis venir a *mí* para que tengáis vida" (vv. 39-40, cursivas añadidas).

¿Qué estaba diciendo Jesús? Él quería que esos hombres entendieran que habían perdido de vista el objetivo de estudiar la Biblia. El propósito de estudiar la Palabra de Dios es conocer a Jesús. Él es el objeto de nuestra búsqueda; ¡Él *es* la Palabra! Todo tiene que ver con Él. Si somos expertos en la Biblia, pero esto no nos lleva a conocer, amar, adorar, servir y ser como Jesús, en realidad no somos mejores que el mismo diablo.

Sigue avanzando hasta la cima

Uno de mis lugares vacacionales favoritos es la región del oeste de Wyoming, cerca de las montañas majestuosas de Grand Teton. Hace algunos años, me hospedé en una casa de montaña que daba hacia el Grand Teton. Una mañana temprano, salí a caminar y subir la montaña. La zona estaba tan cubierta de niebla, que parecía que toda la cadena montañosa Teton había desaparecido.

A pesar de que la vista no era tan espectacular, comencé lo que para mí era una subida bastante difícil a la montaña. Era mucho esfuerzo; los latidos de mi corazón se aceleraron, comencé a transpirar, y se me entumecieron las piernas. No lo estaba haciendo por diversión (mi idea de diversión tiene que ver más con armar un rompecabezas) y, sin duda, no lo estaba haciendo por la vista, pues las montañas estaban cubiertas de niebla; seguí adelante solo porque sabía que el ejercicio era bueno para mi salud.

Entonces, sucedió. De repente, la pendiente me condujo más allá de la niebla, y mis esfuerzos fueron recompensados con una increíble vista de la imponente cadena montañosa del Grand Teton que, debido a la niebla, no se podía ver desde abajo. Fue como si esas majestuosas montañas cubiertas de nieve hubieran irrumpido de la tierra. Por un momento, me olvidé de mi pulso acelerado y mis piernas cansadas. La vista desde la cima valió todo el esfuerzo.

Proverbios 25:2 dice: "Gloria de Dios es encubrir un asunto; pero honra del rey es escudriñarlo". El hecho de que Dios conoce algunas cosas (¡muchas cosas!) que nosotros no conocemos es lo que hace que Él sea Dios, y nosotros, seres humanos. Parte inherente de la gloria y magnificencia de Dios es que nosotros, como criaturas finitas, jamás podremos conocerlo totalmente. Al mismo tiempo, *nuestra* gloria es dedicarnos a escudriñar sus caminos y creer que un día nuestro esfuerzo será recompensando.

Pablo lo expresa de otra manera. Nos recuerda que "ahora vemos por espejo, oscuramente… Ahora [conocemos] en parte". En otras palabras, sabemos que hay una bellísima vista por ahí, pero desde nuestro punto de observación actual no podemos verla; está oscurecida por la niebla del tiempo y el espacio. Pero Pablo también nos da una razón de gran esperanza y expectativa: "mas *entonces* veremos cara a cara… pero entonces conoceré como fui conocido" (1 Co. 13:12, cursivas añadidas). Sí, el camino puede ser escabroso; dar un recorrido por Levítico, 1 Crónicas y Judas podría ser agotador y entumecer nuestros músculos espirituales.

Pero aquellos que seguimos avanzando con el fin de conocer a Dios, tenemos su promesa de que un día saldremos de la niebla y llegaremos a la luz del sol brillante, claro y deslumbrante. La vista en la cima será espectacular, pues allí es donde al fin "le veremos [a Jesús] cara a cara, en toda su gloria".[7] ¡Y esta vista bien vale toda la espera!

REFLEXIÓN PERSONAL

1. Escribe varias bendiciones específicas que has recibido por leer (o escuchar) la Palabra de Dios.

2. La Palabra de Dios es al alma lo que el alimento es al cuerpo. En base a tu lectura de la Palabra durante los últimos treinta días, ¿cuán bien te has alimentado espiritualmente?

3. Evalúa tu método actual de leer las Escrituras.

   • ¿Lees en oración? ¿Reconoces que necesitas que el Espíritu Santo te dé entendimiento? ¿Lees la Palabra con la intención expresa de obedecer todo lo que Dios te muestre?

   • ¿Lees reflexivamente? ¿Te tomas tiempo para meditar en el significado de lo que estás leyendo? ¿Estás memorizando las Escrituras de un modo regular?

   • ¿Lees sistemáticamente? ¿Tienes una dieta espiritual balanceada que incluya diferentes pasajes de la Palabra de Dios? ¿Tienes un plan sistemático de lectura bíblica que te ayude a no pasar por alto ciertos pasajes? ¿Cuál es ese plan?

4. Si todavía no tienes un plan de lectura bíblica regular, pídele al Señor que te guíe para saber por dónde y cómo empezar. Escribe el método que Él ponga en tu corazón.

¿Qué momento apartarás de las próximas veinticuatro horas para comenzar con la lectura?

5. Si ya tienes el hábito de leer las Escrituras, ¿estás haciendo un ejercicio intelectual (como hacían los fariseos) o realmente estás conociendo a Jesús por medio de su Palabra?

□□□ UNAS PALABRAS DEL CORAZÓN DE □□□
Jeannie Elliff

Después de aceptar a Cristo como mi Salvador personal en 1971, ¡la Palabra que tan poco interés había despertado en mí, cobró nueva vida! Mi devocional es el momento en el que recibo respuestas a mis inquietudes, dirección para mi vida, consuelo, aliento, convicción de pecado y limpieza de mi corazón.

El ingrediente más importante de mi devocional es la Palabra. Necesito desesperadamente escuchar lo que Dios tiene para mí. Cada día enfrento problemas diferentes; es imperativo que reciba sabiduría divina para mi jornada, antes de sentirme tentada a responder de la manera que el mundo resuelve sus problemas.

Por eso, temprano por la mañana (sin llamadas telefónicas ni interrupciones), me siento a la mesa de mi cocina con una taza de café o de té, y comienzo a leer la Biblia. Este año estoy usando una Biblia de estudio para mujeres y, aparte del texto, leo todas las notas de estudio.

En los últimos tiempos, he probado diferentes sistemas complejos de lectura bíblica. Pero parece que siempre vuelvo al "método de la cinta"; abro donde está la cinta, leo varios capítulos y después vuelvo a colocar la cinta. Mi vida siempre ha sido bastante ajetreada; esto es simple y me da resultado.

La adoración es una efusión natural de la lectura de la Palabra. Al leer, descubro atributos y bendiciones de Dios, y así comienzo a adorarle y alabarle.

Con el paso de los años, he desarrollado mi propia libreta

de oración personal. La llevo en mi agenda, de modo que va conmigo a todos lados. He dividido por temas, personas y problemas entre los días de la semana.

Por lo general, leo libros de estudio adicionales en otros momentos del día, pero en mi devocional solo utilizo la Palabra de Dios y mi libreta de oración.

Es un bendito privilegio encontrarme con mi Señor cada mañana. Hace algunos días, terminé Génesis, y lamento que se haya terminado. ¡Cuán bueno es el Señor al darnos tan "bellas palabras de vida"!

□ □ □ ──────────────────────────────────

El esposo de Jeannie Elliff, Tom, es pastor en Del City, Oklahoma. Juntos han servido al Señor en cinco pastorados, durante un período de treinta y tres años, además de dos años como misioneros en Zimbabue. Jeannie es madre de cuatro hijos, todos los cuales están sirviendo al Señor activamente. Y tiene trece nietos.

CAPÍTULO 9

La Palabra en nuestra vida: Una mente atenta

¿Te ha pasado alguna vez que después de haber leído un pasaje de las Escrituras —quizás, incluso, varias páginas o varios capítulos—, te das cuenta de que no tienes la mínima idea de lo que acabas de leer? Esto me ha pasado más de lo que quisiera admitir.

O tal vez te resulta difícil concentrarte cuando estás leyendo la Palabra. Tus ojos pueden estar en la lectura del pueblo de Israel en el desierto o de Jesús y sus discípulos en una barca; pero tu mente está en la llamada telefónica que acabas de recibir de tu suegra, en la reunión de evaluación anual programada para esta tarde, en tu hija que está pasando el fin de semana con su padre alcohólico y su amante, o en miles de otras cosas que nada tienen que ver con lo que estás leyendo.

Hemos hablado acerca de la importancia y la necesidad de leer la Palabra de Dios. Este es el punto de partida para llegar a conocer a nuestro Padre. Como C. H. Spurgeon dijo: "Si deseas conocer a Dios, debes conocer su Palabra". Ahora quiero sugerirte un paso práctico que te ayudará a hacer que la Palabra cobre vida dentro de ti. Esta práctica te ayudará a concentrarte en lo que estás leyendo y evitará que tus devocionales te resulten aburridos o monótonos.

De hecho, al incorporar este procedimiento a tu vida cristiana, tus devocionales podrían llegar a ser el momento más esperado de cada jornada, y podrías descubrir que en realidad no quieres dejar de pasar tiempo en la Palabra ni un solo día.

Ten en cuenta que no es suficiente solo con *leer* la Palabra. El objetivo es que las palabras impresas en cada página queden indeleblemente estampadas en nuestro corazón. El designio de Dios no fue que solo nuestra vida estuviera en su Palabra, sino que su Palabra estuviera en nuestra vida.

Por lo tanto, ¿cómo hacemos para que la Palabra quede grabada en nuestra vida y nuestro corazón? Aquí hay una clave.

¡Escribe lo que lees!

Sin duda, además del Espíritu Santo, la ayuda más importante en mi vida devocional ha sido leer las Escrituras con lápiz y papel en mano, para poder apuntar nuevos conceptos de la Palabra. Al escribir lo que Dios está hablando a mi corazón a través de la Biblia, las palabras saltan de la página y cobran significado y vida para mí.

Lo fascinante es que este procedimiento no tiene que ser difícil o complejo, y tampoco requiere una licenciatura en teología. De hecho, a través de los años he retado a varios jóvenes a leer toda la Biblia y escribir dos oraciones sobre cada capítulo: una oración que resuma el capítulo y la otra que exprese cómo les habló personalmente. Incluso este simple método puede ser muy provechoso.

Hay diferentes métodos de escritura que pueden ayudarte en el estudio de la Palabra; la mayoría están descritos en las mismas Escrituras. A continuación, daré varios ejemplos de cómo he incorporado estas herramientas a mi propia vida devocional. Lo importante aquí no es que imites lo que yo hago, sino simplemente darte algunas ideas de cómo comenzar tu propio peregrinaje.

(A propósito, no te detengas en la mecánica. Los métodos particulares de estudio y lectura de la Biblia más útiles para los demás pueden no ser tan útiles para ti. Lo importante es que procures que tu vida esté en la Palabra y que la Palabra esté en tu vida. Busca los métodos que más te sirvan y empléalos).

1. ESCRIBE PASAJES DE LA PALABRA

Antes de la invención de la imprenta, las personas no tenían su propio ejemplar de la Palabra de Dios. La Biblia se copiaba minuciosamente a mano y se pasaba de una generación a la siguiente.

Creo que los que podemos comprar tan fácilmente una versión impresa de la Palabra de Dios hemos perdido algo valiosísimo; es de gran valor tomarse tiempo para copiar pasajes de las Escrituras palabra por palabra. Hay varias ocasiones en el Antiguo Testamento, en las que Dios instruyó al pueblo a hacer justamente esto.

Cuando Moisés subió al monte para encontrarse con Dios, el Señor le dijo: "...Escribe tú estas palabras... y escribió en tablas las palabras del pacto, los diez mandamientos" (Éx. 34:27-28).

Cuarenta años más tarde, cuando los israelitas se estaban preparando para entrar a la tierra prometida, Moisés repitió la ley de Dios a toda la congregación y les ordenó: "las escribirás en los postes de tu casa, y en tus puertas" (Dt. 6:9). (Este versículo me ha motivado a colocar cuadros con pasajes de las Escrituras por toda mi casa. Estas obras son un maravilloso recordatorio visual de los caminos de Dios, así como una bendición para aquellos que visitan mi casa).

Poco antes de su muerte, Moisés reunió una vez más a los israelitas y les dijo que después que cruzaran el río Jordán y entraran a la tierra de Canaán, debían elegir unas piedras grandes, levantar con ellas un monumento en el Monte Ebal (a unos cincuenta y cinco kilómetros al norte de Jerusalén) "y [escribir] muy claramente en las piedras todas las palabras de esta ley" (Dt. 27:8).

Anteriormente, vimos la instrucción de Dios a los reyes de Israel:

"Y cuando se siente sobre el trono de su reino, entonces escribirá para sí en un libro una copia de esta ley... y lo tendrá consigo, y leerá en él todos los días de su vida..." (Dt. 17:18-19).

¿Cuál era el objetivo de este ejercicio? ¿Recuerdas cuando la maestra de la escuela primaria nos pedía que copiáramos una lista del pizarrón o la página de un libro de texto? En ese momento, parecía una tarea improductiva y absurda. Pero la maestra sabía que si tú misma escribías el material, era más probable que entendieras y recordaras los conceptos.

Dios sabía cuán propenso era su pueblo a olvidar lo que le había dicho. Por eso, una y otra vez, exhortaba a los israelitas a "recordar" que Él era su Dios, a recordar su ley, a recordar lo que había hecho por ellos. Copiar la Palabra de Dios era una manera práctica de ayudarlos a recordar.

Y puede ayudarnos a nosotros también. Tomarnos un tiempo para copiar pasajes específicos de la Palabra nos fuerza a pensar en lo que estamos leyendo y a observar los detalles del texto más detenidamente.

Esta tarde recibí la llamada de un amigo que me contó de cuánta bendición está siendo para él copiar el Evangelio de Lucas. Uno de los miembros de mi equipo ministerial se ha fijado la meta de copiar toda la Biblia a mano. Otra amiga copia párrafos de la Biblia en tarjetas de 7,5 por 12,5 y después los memoriza y medita en ellos cada mañana mientras hace ejercicio en una cinta de correr.

2. ESCRIBE EN TU BIBLIA

Esta sugerencia no se encuentra específicamente en las Escrituras (recuerda que casi nadie tenía un ejemplar de la Biblia antes del siglo XVI), pero ha sido una ayuda práctica y una bendición en mi relación de amor cada vez mayor con la Palabra. Cuando era niña, mis padres nos animaban a subrayar los versículos especialmente significativos para nosotros. (¡En un determinado momento, me entusiasmé tanto con la idea, que mi padre tuvo que sugerirme que, tal vez, debería subrayar solo aquellos versículos *no* tan significativos para mí!).

Con el paso de los años, he leído y "marcado" varios ejemplares diferentes de la Biblia. Cada una de esas Biblias cuenta la historia de mi peregrinaje de fe en diferentes períodos de tiempo. Además de subrayar frases o versículos a modo de énfasis, muchas veces encierro con un círculo o paréntesis las palabras o frases que se repiten. También escribo referencias cruzadas en el margen (en breve, me explayaré más con respecto a estos dos puntos), así como notas acerca del significado de palabras o frases específicas del pasaje.

Cuando el Señor usa un versículo o pasaje para alentarme, darme una palabra sobre una necesidad específica en mi vida o provocar una particular convicción de pecado en mi corazón, a menudo indico la fecha (y a veces la ciudad) en la que tuvo lugar mi encuentro personal con el Dios vivo. A veces utilizo el espacio en el margen de cada página para escribir breves respuestas personales a la Palabra, tales como: "Sí, Señor", "Estoy de acuerdo", "Cambia mi corazón, oh Dios" o "Cumple esto en mi vida, Señor".

3. APUNTA NUEVOS CONCEPTOS DE LA PALABRA DE DIOS

Cuando el apóstol Juan estaba exiliado en la isla de Patmos, tuvo una visión del cielo. El Señor Jesús se le apareció y le dijo: "Escribe en un libro lo que ves… Escribe las cosas que has visto" (Ap. 1:11, 19).

Con el paso de los años, he escrito en mis diarios personales cientos y cientos de páginas de observaciones y nuevos conceptos que el Espíritu Santo me ha mostrado al leer y meditar en la Palabra. La recopilación de estos conceptos nos ayuda a clarificar, entender y recordar los caminos de Dios. El proceso de escribirlos profundiza nuestro amor y apreciación por la verdad de la Palabra.

Tú dirás: "¿Cómo sé qué escribir?". Muchos maestros de la Biblia nos sugieren hacer tres preguntas básicas cada vez que leemos la Biblia:

- ¿Qué dice? (Hacer una observación del texto).
- ¿Qué significa? (Buscar la inferencia o interpretación del texto).
- ¿Qué debería hacer yo? (Hacer una aplicación práctica del texto).

Cada vez que hago una anotación en mi diario devocional, escribo la fecha y el pasaje que estoy leyendo. Después procedo a responder estas preguntas.

Bajo este apartado ("Apunta nuevos conceptos de la Palabra de Dios"), consideraremos algunas maneras prácticas de responder las primeras de estas preguntas: *¿Qué dice?* y *¿Qué significa?* Veremos la tercera pregunta, *¿Qué debería hacer yo?*, bajo el siguiente apartado ("Escribe tus respuestas a la Palabra de Dios").

¿Qué dice? (Observación)

¿Cómo podemos aprender qué dice el pasaje y entender qué significa? Martín Lutero explicó cómo realizaba este proceso:

> Yo estudio mi Biblia como recolecto manzanas. Primero, sacudo todo el árbol para que caigan las más maduras. Después, sacudo la copa, y tras sacudir la copa, sacudo cada rama y cada ramita. Al final miro debajo de cada hoja.

Lutero estaba sugiriendo que deberíamos empezar con la observación más obvia y simple del texto y después profundizar más para llegar a un mayor entendimiento.

Los siguientes ejercicios te ayudarán a analizar qué está diciendo la Palabra realmente. Es probable que no utilices todos estos ejercicios para cada pasaje que lees; pero son cosas a tener en cuenta cuando escribas tus observaciones:

1. *Haz una síntesis.* Tras leer el pasaje, trata de pensar en un título para todo el libro, capítulo y párrafo. Busca un versículo clave que resuma el punto central del pasaje. Escribe una breve idea general del pasaje e incluye los puntos principales.

2. *Haz una paráfrasis.* Trata de escribir el pasaje con tus propias palabras.

3. *Hazte preguntas.* Utiliza las mismas preguntas que harías si estuvieras escribiendo un relato periodístico:

- *¿Quién* lo escribió? ¿Quién lo dijo? ¿De quién hablaba? ¿A quién le hablaba?
- *¿Qué* sucedió? ¿Cuáles son los sucesos principales? ¿Cuál es la idea principal? ¿Cuál es el tema principal?
- *¿Cuándo* se escribió? ¿Tuvieron lugar los sucesos? ¿Aún tienen que suceder?
- *¿Dónde* sucedió esto? ¿Aún tiene que suceder?
- *¿Por qué* se escribió? (A veces la respuesta estará en el texto, como en Jn. 20:31 y 1 Jn. 5:13). ¿Dijo él eso? ¿Fue él allí?
- *¿Cómo* sucedió? ¿Ya pasó?

Escribe cualquier pregunta adicional que el pasaje te traiga a la mente. Puede que no tengas las respuestas de inmediato, pero muchas veces encontrarás que otros pasajes te darán las respuestas que estás buscando.

4. *Busca patrones.* Busca palabras y frases repetidas para entender qué intenta enfatizar el autor. Por ejemplo:

- Al leer el libro de Levítico, traza un círculo alrededor de las palabras: *santo, limpio, impuro* y otras relacionadas cada vez que aparezcan. Después resume qué enseña el libro acerca de la santidad.
- En el libro de 1 Juan, resalta las frases repetidas, *en esto conocemos,* como ayuda para hacer una lista de evidencias de una genuina salvación.

- En 1 Pedro, marca cada referencia a *sufrimiento* y *gloria* para poder ver la relación entre ambas cosas. La *sumisión* es otro tema recurrente en 1 Pedro. Toma nota de cada relación en la que uno de los dos debe someterse.

- En Ezequiel, la frase: *Sabrán que yo soy Dios* aparece casi sesenta veces en cuarenta y ocho capítulos. ¿Qué te dice esto acerca de los propósitos de Dios en el mundo?

- En el libro de Hebreos, se dice que Jesús es superior a los ángeles (1:4) y a Moisés (3:3), y que su ministerio es superior al de los sacerdotes del Antiguo Testamento (8:6).

5. *Busca las referencias cruzadas.* Al familiarizarte con la Biblia, descubrirás que al leer un pasaje, el Espíritu Santo te traerá a la mente otros versículos que se relacionan, confirman o arrojan luz sobre lo que estás leyendo.

Por ejemplo, esta mañana leí el capítulo 5 de Daniel, donde él se niega a aceptar el pago que el rey Belsasar le ofrece por interpretar la escritura en la pared. Inmediatamente pensé en otros dos pasajes que había leído hace poco, donde otros hombres santos hicieron lo mismo (Eliseo, 2 R. 5:16; Abraham, Gn. 14:21-24). En el margen junto a Daniel 5:17, anoté estas referencias cruzadas. Dios usó estos pasajes para advertirme acerca del peligro de ministrar por lucro personal o material.

Hay varias herramientas que encontrarás sumamente útiles para tratar de descubrir qué está diciendo un pasaje.

Puedes utilizar un *diccionario de español* para buscar los significados básicos de las palabras. Si quieres un buen diccionario, te recomiendo el *Diccionario de la Real Academia Española*, que te dará definiciones de muchas palabras, tales como *gracia, fe, arrepentimiento y bendición.*[1]

Las *diferentes versiones*, incluso la paráfrasis de la Biblia, te pueden ayudar a esclarecer pasajes y entender su significado.[2]

La *Concordancia exhaustiva de la Biblia* de Strong te puede ayudar a buscar palabras y descubrir qué palabra del idioma original se traduce en la Biblia (versión Reina-Valera). Si no estás familiarizada con el uso de los diccionarios de hebreo y griego en la parte posterior de la obra, pídele a tu pastor u otro estudiante experimentado de la Palabra que te enseñe a usarlos.

El *Diccionario Expositivo de palabras del Antiguo y del Nuevo Testamento* de Vine es una herramienta maravillosa que te ayudará a entender el significado y uso de palabras específicas de la Biblia.

Las *Biblias de estudio y comentarios* pueden ayudarte a entender pasajes difíciles o conocer el trasfondo de cosas, tales como autores bíblicos, lugares, personajes y costumbres.[3] Sin embargo, trata de consultar los comentarios solo después de haber hecho tu propia lectura, meditación y estudio del pasaje. Dios te ha dado su Espíritu Santo para ayudarte a entender su Palabra. Los comentarios y las notas de las Biblias de estudio no han sido divinamente inspirados; son simplemente la obra de hombres que han buscado entender y explicar la Palabra.

¿Qué significa? (Inferencia/Interpretación)

Además de las preguntas para poder determinar qué dice un pasaje de la Biblia, puedes hacerte preguntas como las siguientes para poder entender las inferencias del texto:

1. ¿Qué me enseña este pasaje acerca de Dios?
2. ¿Qué me enseña este pasaje acerca de Jesús?
3. ¿Qué me enseña este pasaje acerca del hombre?
4. ¿Hay algunas promesas que reclamar?
5. ¿Hay algunos mandamientos que obedecer?
6. ¿Hay algunos ejemplos que seguir?
7. ¿Hay algunos pecados que evitar?

4. ESCRIBE TUS RESPUESTAS A LA PALABRA DE DIOS

¿Qué debería hacer? (Aplicación práctica)

Hace algún tiempo, escuché varias grabaciones de mensajes de un pastor, que es un talentoso expositor de la Palabra. Este pastor comenzaba cada mensaje con la exposición de un texto específico de las Escrituras y después procedía a explicar qué decía y qué significaba. Luego llegaba cierto punto en cada mensaje donde hacía la misma declaración: "Este es el *'qué'*. Ahora bien, la pregunta es: *'¿y qué?'*". Vemos que este pastor no se contenta con que sus oyentes sepan simplemente *qué* está diciendo el pasaje, aunque sea muy importante; él quiere estar seguro de que hagan una aplicación práctica de la verdad de la Palabra en sus vidas.

Dios le dijo a Ezequiel el problema con su pueblo: "oirán tus palabras, y no las pondrán por obra" (Ez. 33:31).

Hebreos 4:2 nos dice: "pero no les aprovechó el oír la palabra, por no ir acompañada de fe en los que la oyeron"; es decir, no respondieron a lo que escucharon.

Santiago hace la misma observación: "Pero *sed hacedores de la palabra*, y no tan solamente oidores, engañándoos a vosotros mismos" (Stg. 1:22, cursivas añadidas).

Un evangelista de antaño, Gipsy Smith, dijo: "Lo importante no es cuántas veces has leído toda la Biblia, sino cuántas veces y cuánto ha penetrado la Biblia en tu ser".

Al meditar en las Escrituras, hazte preguntas como:

- ¿Qué relevancia tiene esta verdad en mi vida? ¿Y en mi situación?
- En vista de esta verdad, ¿qué cambios necesito hacer en mi vida?
- ¿Qué pasos específicos puedo dar para poner en práctica esta verdad en mi vida?

Todo lo que leemos en la Palabra de Dios requiere algún tipo de respuesta. Esta respuesta podría ser:

- ejercer fe en las promesas o el carácter de Dios;
- humillarnos a nosotros mismos y reconocer nuestra necesidad;
- confesar nuestros pecados;
- cambiar nuestra antigua manera de pensar;
- obedecer algunos mandamientos que hemos estado transgrediendo;
- alabar y adorar al Dios que se nos ha manifestado;
- perdonar al que nos ha ofendido;
- pedir perdón a alguien que hemos ofendido;
- buscar la reconciliación de una relación rota;
- ofrendar para suplir la necesidad de otros;
- predicar las buenas nuevas de Jesucristo a un amigo o familiar no cristiano; o
- clamar a Dios en favor de un amigo necesitado.

(En los capítulos 10 y 11, veremos cómo responder a la Palabra de Dios en alabanza y oración).

Escribir las respuestas que el Espíritu te da te ayudará a no solo *oír* la Palabra, sino a *ponerla por obra*. Puede que quieras escribir tu respuesta en forma de una oración que exprese tu compromiso con el Señor. Otro paso útil es contarle a otra creyente lo que Dios ha puesto en tu corazón y pedirle que te ayude a ser responsable en tu compromiso de obedecer al Señor.

En el libro de Nehemías, leemos acerca de un gran avivamiento que Dios envió a los exiliados que regresaron a Israel. El avivamiento tuvo lugar cuando la congregación se reunió para escuchar al sacerdote Esdras, que leía la Palabra de Dios, en un servicio que duró la mayor parte del día, continuó durante otros siete días y después se reanudó dos semanas más tarde. (¿Puedes imaginarte ir a la iglesia y estar de pie horas y horas, sin otro programa que escuchar la lectura de la Palabra, seguido por un momento de adoración y confesión en respuesta a la Palabra que hemos oído? ¡Podríamos tener otro avivamiento si tan solo hiciéramos eso hoy día!).

El capítulo nueve de Nehemías registra una larga oración

de confesión unánime que hicieron los israelitas arrepenti-
dos. La oración concluye con estas palabras: "A causa, pues,
de todo esto, nosotros hacemos fiel promesa, y *la escribimos*"
(v. 38, cursivas añadidas). El capítulo diez registra los detalles del pacto que hicieron aquel día. Incluye promesas de
obedecer a Dios en asuntos como el matrimonio, el cumplimiento del día de reposo y el diezmo. El hecho de escribir y
firmar el pacto los hacía más responsables de su respuesta a
la Palabra que habían oído.

Mis propios diarios personales incluyen muchas respuestas de este tipo a la Palabra de Dios. Muchas de las respuestas son oraciones; oraciones de agradecimiento, alabanza,
confesión, arrepentimiento, intercesión o súplica.

Por ejemplo, en una ocasión, escribí la siguiente respuesta
a la enseñanza de Jesús acerca del perdón en Mateo 18:23-35:

> "Cuán a menudo soy como ese criado, a quien se le perdonó
> una gran deuda; pero se negó a perdonar a su consiervo y le
> exigió el pago de una mínima deuda. Oh, Padre, tú has tenido
> compasión de mí y me has perdonado la deuda infinita de
> mi pecado. Sin embargo, a veces tengo ganas de agarrar a los
> demás "de la garganta" y ásperamente exigirles que cumplan
> con una obligación relativamente pequeña para conmigo.
> Perdóname por no tratar a los demás con la misma compa-
> sión que he recibido de ti. Te pido que pueda ser tan generosa
> en dispensar gracia a otros como tú lo has sido conmigo".

En el libro de Josué, leemos acerca de un encuentro entre
Josué y un mensajero celestial (seguramente una manifestación preencarnada de Cristo). Cuando Josué miró y vio al
extraño parado delante de él con una espada desenvainada
en su mano, Josué se acercó a él para averiguar de qué lado
estaba. El guerrero respondió:

> "Como Príncipe del ejército de Jehová he venido ahora.
> Entonces Josué, postrándose sobre su rostro en tierra, le
> adoró; y le dijo: ¿Qué dice mi Señor a su siervo?

Y el Príncipe del ejército de Jehová respondió a Josué: Quita el calzado de tus pies, porque el lugar donde estás es santo. Y Josué así lo hizo" (Jos. 5:14-15).

Observa la progresión aquí: el Señor se acercó a su siervo. Tan pronto como Josué se dio cuenta con quién estaba hablando, se humilló y le preguntó: "¿Qué dice mi Señor a su siervo?". Él escuchó atentamente las palabras del Señor y después de inmediato obedeció su voz.

La cuestión de la obediencia a la Palabra es decisiva para cultivar una relación cercana con Dios, como lo refleja la siguiente oración de C. H. Spurgeon.

Señor, que tu Palabra sea la regla suprema de nuestro ser. Que podamos rendirnos a la ley sagrada y ser obedientes a cada consejo, deseando en todas las cosas, aun en las más mínimas, hacer la voluntad de Dios de corazón y llevar todo pensamiento cautivo a la mente del Espíritu de Dios.[4]

5. ESCRIBE LOS GRANDES LOGROS DE TU PEREGRINAJE

Poco después que los israelitas salieron libres de Egipto, fueron atacados por una feroz banda de amalecitas. El día de la batalla, Josué condujo al ejército israelita en el enfrentamiento contra el enemigo. Esta era la primera batalla de Josué, y Dios usó aquella ocasión para enseñarle a este joven líder ansioso a confiar, no en su fuerza o habilidad natural, sino en el poder de Dios.

Cuando la batalla estaba a punto de comenzar abajo, en el valle, Moisés subió hasta la cúspide de un monte vecino, tomó su vara de pastoreo ("la vara de Dios") con ambas manos y levantó sus manos al cielo. Lo que sucedió después se encuentra registrado con detalle en Éxodo capítulo 17:

"Y sucedía que cuando alzaba Moisés su mano, Israel prevalecía; mas cuando él bajaba su mano, prevalecía Amalec. Y las manos de Moisés se cansaban; por lo que tomaron una piedra, y la pusieron debajo de él, y se sentó sobre ella; y Aarón y Hur sostenían sus manos, el uno de un lado y el otro de otro; así hubo en sus manos firmeza hasta que se puso el sol. Y Josué deshizo a Amalec y a su pueblo a filo de espada" (Éx. 17:11-13).

Final de la batalla. Final de la historia. No del todo.

Dios no quería que Josué olvidara que los amalecitas eran enemigos eternos de Él y que solo Él tenía el poder de vencerlos. Por lo tanto, el Seños dijo a Moisés: "Escribe esto para memoria en un libro" (Éx. 17:14). Esta es quizás la primera ilustración bíblica de lo que muchos hoy llaman "diario personal".

Es difícil pensar que Josué pudiera olvidarse alguna vez de aquel suceso, así como es difícil pensar que pudiéramos olvidarnos de algún suceso trascendental de Dios en nuestra vida. Pero Dios quería estar seguro de que, aun cuando Josué fuera ya anciano, con muchas victorias en su haber, tuviera un registro permanente de aquella batalla en particular; un recordatorio escrito de la verdadera Fuente de su poder.

Aquella extraordinaria batalla no fue lo único que Moisés escribió en su "diario personal". A lo largo de los cuarenta años en que los israelitas vagaron en el desierto, Moisés llevó un registro del trato del Señor con su pueblo. ¿Por qué? Porque Dios se lo ordenó. "Moisés escribió sus salidas conforme a sus jornadas por mandato de Jehová" (Nm. 33:2).

Creo que hubo al menos tres razones por las que Dios le dijo a Moisés que escribiera este diario: (1) para que los *israelitas* recordaran lo que habían aprendido acerca del corazón y los caminos de Dios en cada etapa del viaje; (2) para que sus *hijos* pudieran aprender las mismas lecciones; y (3) para que *nosotros* también pudiéramos aprender de sus experiencias.

De hecho, el Nuevo Testamento hace dos referencias específicas al diario de Moisés: "Porque las cosas que se escribieron antes, para nuestra enseñanza se escribieron, a fin de que por la paciencia y la consolación de las Escrituras, tengamos esperanza" (Ro. 15:4). "Y estas cosas... están escritas para amonestarnos a nosotros" (1 Co. 10:11).

En el transcurso de los años, he llevado un registro de los hitos importantes en mi vida cristiana. Si bien la mayor parte de esas experiencias tiene que ver con circunstancias específicas de mi vida, siempre provienen de la Palabra de Dios, cuando el Espíritu usa cualquier pasaje que esté leyendo en determinado momento para arrojar luz a mi camino. La siguiente anotación la escribí poco después de la muerte de una amada mentora espiritual. Era mi respuesta al Salmo 146:

> No hay ser humano que pueda suplir la necesidad más grande de mi vida, sino solo Dios. Él es el único capaz de suplir toda necesidad; ya sea de los agraviados, los hambrientos, los cautivos, los ciegos, los caídos, los extranjeros, los huérfanos o las viudas (vv. 7-9).
>
> Aquellos instrumentos humanos, que en el pasado fueron mis ayudadores, ya han muerto, conforme afirma tu Palabra (vv. 3-4). Ellos ya no me pueden ayudar. Por lo tanto, Señor, como alguien que está huérfana, hambrienta, caída y necesitada, te pido que suplas mi necesidad. "Bienaventurado aquel cuyo ayudador es el Dios de Jacob, cuya esperanza está en Jehová su Dios" (v. 5). "¿A quién tengo yo en los cielos sino a ti? Y fuera de ti nada deseo en la tierra" (Sal. 73:25).

En el Antiguo Testamento, Dios instruyó a su pueblo a celebrar ciertas fiestas cada año. Cada una de estas fiestas representa algunos aspectos del plan redentor de Dios. De hecho, de allí proviene todo el concepto de los "días festivos" (es decir, "días santos"). En mi propia vida, procuro apartar tiempo de cada día especial (tanto el día de mi cumpleaños natural como espiritual, el día de año nuevo, etc.) para meditar en la bondad de Dios y buscar su rostro para el año entrante. Como parte de una extensa anotación en mi diario personal, esta es una oración que escribí cuando cumplí mis treinta y cinco años:

Al vislumbrar otro año de vida, pienso que podría no pasar otro año aquí en esta tierra. Cabe la posibilidad de que me llames al cielo, o que el Señor Jesús venga a buscar a su Novia. "[Enséñame] de tal modo a contar [mis] días, que [traiga] al corazón sabiduría" (Sal. 90:12).

Ayúdame a vivir los días que me queden con la perspectiva de la eternidad. Con humildad vengo a ti en busca de tu bendición y tu favor, pues ninguna otra cosa necesito en la tierra. Mi deseo es agradarte a ti, y no a los hombres. Este año te pido...

— poder conocerte y amarte en una relación cada vez más íntima;

— que tu Espíritu guarde mi corazón, mi mente y mis afectos;

— que me guardes del pecado y del maligno;

— poder ser fiel en el ministerio que me has confiado; fiel en lo pequeño así como en lo grande, en secreto y privado así como en público;

— un corazón lleno de amor por otros;

— que mi vida pueda dar fruto;

— que cada día pueda vivirlo con la plena y constante consciencia de tu presencia;

— que pueda caminar en la luz delante de ti y de todos, sin engaño ni falsedad;

— que pueda ser santa y humilde delante de ti y de los demás.

Te pido estas cosas en el nombre de Jesús y por amor de tu reino. Que venga tu reino y se haga tu voluntad aquí en la tierra —y en este corazón agradecido— así como en los cielos. Amén.

El testimonio de una mujer

Hace varios años, recibí el siguiente testimonio de una mujer que, el año anterior, había asistido a una de mis conferencias. Es evidente el gran gozo que tenía esta mujer por haber aprendido a poner su vida en la Palabra y la Palabra en su vida.

El otoño pasado asistí a un retiro de mujeres donde habló sobre el libro del Cantar de los Cantares. Usted hizo un paralelo entre la relación del esposo con la esposa y nuestra relación con el Señor. Dijo que cuando la novia perdió por primera vez a su amado, no quería salir de su cama para buscarlo (Cnt. 3:1). Dios me mostró que lo mismo me estaba pasando a mí. No estaba dispuesta a comenzar a leer la Palabra para buscar a Dios y desarrollar una relación más fuerte con Él. Había conseguido la mayor parte de mi crecimiento gracias al esfuerzo de otras personas. Si necesitaba ayuda en alguna faceta de mi vida, leía un libro, escuchaba una grabación o esperaba un sermón sobre el tema.

No estoy diciendo que nunca leía la Biblia, porque sí lo hacía. Pero leer la Biblia y estudiar la Palabra de Dios no es lo mismo. Estaba confundida. La siguiente analogía me ayudó a entender la diferencia.

Me encanta ir de compras a esos supermercados que están llenos de aromas. Acaban de hornear el pan, y un maravilloso aroma a pan recién horneado me atrae al mostrador de la panadería sin poder resistirme. Por la noche, en la cena, sirvo el pan fresco con mantequilla, y todos me dicen: "Mmmmmmm!". ¿Disfruté el pan? ¡Sí! ¿Lo preparé yo? ¿Estuvo mal disfrutarlo por no haberlo preparado? ¡No!

Ahora bien, volvamos a la misma escena. Voy de nuevo al supermercado, solo que esta vez compro harina, levadura, huevos, mantequilla y leche. Voy a mi casa, tomo un bol grande, tazas para medir, algunos moldes, los ingredientes y un libro de cocina. Ahora lo que yo estoy preparando comienza a despedir aroma. Mi hogar, no el supermercado, huele deliciosamente. Me invade la satisfacción de colocar la hermosa barra de pan dorado sobre la mesa. Mi familia dice: "Oh! ¿Tú lo hiciste?". ¿Qué pan disfruté más? Ahondar en la verdad de la Palabra de Dios por mí misma me produce una verdadera realización, así como amasar y hornear mi propio pan.

Cuando terminó el retiro, sabía que algo tenía que cambiar en mi propia vida. Tenía que comenzar un estudio constante de la Palabra de Dios. ¿Cómo iba a hacerlo, si hacía tanto tiempo que dependía de otros en este aspecto? Con la confianza de que Dios me escucharía, oré y le pedí al Señor que me mostrara qué debía estudiar.

Actualmente, estoy haciendo un estudio de las palabras. Esto ha causado un verdadero crecimiento en mi vida. Una mañana utilicé la *Concordancia de Strong* y una *Biblia Thompson con referencias* para estudiar la palabra "venganza" a través de las Escrituras. Aprendí mucho acerca de la venganza y palabras de naturaleza similar, tales como "hacer justicia" según Romanos 12:19 (DHH).

Cuando salí de mi casa aquella mañana, vi que alguien había arrojado cerezas maduras a nuestro garaje recién pintado de color beige. Después rodearon la casa e hicieron lo mismo con las ventanas recién barnizadas. Lo que más me sorprendió no fueron las cerezas, sino mi reacción. Agua y jabón en mano, comencé a lavar las manchas. Ni siquiera me enojé. Qué victoria haber aprendido que no debemos desear la venganza, y después poder ponerlo en práctica en mi propia vida.

Ese fue un ejemplo drástico de lo que he aprendido, aunque no todos los días tengo resultados tan poderosos. Pero al reflexionar en el año pasado, me doy cuenta de que ya no ando a ciegas. Ahora soy una cristiana más fuerte gracias al estudio personal de la Palabra de Dios.

"*Lo* vi con mis propios ojos"

Hace tres mil años, una reina árabe escuchó hablar de un rey extranjero, cuyos triunfos y sabiduría eran legendarios. Resuelta a verlo por sí misma, con una larga caravana viajó dos mil kilómetros con regalos costosos y excepcionales para encontrarse con el monarca. Al llegar, el rey le dio una cálida bienvenida. Después la escuchó mientras ella le contaba todo lo que había en su corazón y le hacía varias preguntas difíciles. Sus preguntas no presentaban ninguna dificultad para él, de modo que le respondió gustosa y fácilmente. Al ver la gran riqueza y sabiduría del rey, la reina de Sabá se maravilló.

> Entonces le dijo al rey: «¡Todo lo que escuché en mi país acerca de tus triunfos y de tu sabiduría es cierto! No podía creer nada de eso *hasta que vine y lo vi con mis propios ojos.* Pero en realidad, ¡no me habían contado ni siquiera la mitad! Tanto en sabiduría como en riqueza, superas todo lo que había oído decir. ¡Dichosos tus súbditos! ¡Dichosos estos servidores tuyos, que constantemente están en tu presencia bebiendo de tu sabiduría!» (1 R. 10:6-8, NVI, cursivas añadidas).

Cuando la reina finalmente partió para regresar a su tierra, no se fue con las manos vacías:

> "Y el rey Salomón dio a la reina de Sabá todo lo que ella quiso y le pidió, más de lo que ella había traído al rey" (2 Cr. 9:12).

Querida amiga, una cosa es escuchar a otros hablar de las maravillas del Rey Jesús; pero otra es hacer el esfuerzo de ir y descubrirlo por ti misma para ver con tus propios ojos su gran reserva de riquezas, hacerle tus propias preguntas difíciles, contarle todo lo que hay en tu corazón y escucharlo atentamente mientras Él te habla de los secretos de su reino. Cuando lo llegas a conocer de esta manera, entiendes por qué sus siervos se consideran dichosos de estar delante de Él cada día para escuchar su sabiduría.

Y cuando regresas a tu tierra —tu hogar, tu trabajo, tu vecindario—, no volverás con las manos vacías. Regresarás con más de lo que tus manos y tu corazón pueden contener, pues Él te dará todo lo que tu corazón desea, mucho más de lo que tú pudiste haberle llevado.

¿Has estado dependiendo de lo que otros dicen de la grandeza de Dios? ¿Por qué no pruebas por ti misma como dice el Salmo 34:8: *Gustad, y ved que es bueno Jehová*?

REFLEXIÓN PERSONAL

Nota: La sección "Reflexión personal" de este capítulo es más extensa que las demás. Ha sido diseñada para ayudarte a poner en práctica lo que has aprendido en este capítulo y guiarte en el estudio de un pasaje específico de la Palabra de Dios. Durante los próximos días, podrías apartar uno o dos períodos de tiempo extensos en tu agenda diaria a fin de sacar el máximo provecho de esta sección.

1. Lee el Salmo 19. Pídele a Dios que te hable a través de este conocido pasaje y lo haga nuevo en tu corazón.

   a. En tu diario personal (puede ser cualquier tipo de cuaderno que tenga páginas con líneas), copia todo el salmo, palabra por palabra.

   b. Escribe tus *observaciones* de este pasaje (¿Qué *dice*?) y utiliza algunas o todas las siguientes sugerencias.

      • *Haz una síntesis.* ¿Qué título le darías a este capítulo? Divide el capítulo en dos párrafos o más y sugiere un título para cada uno. Escribe una síntesis o resumen del pasaje, no más de un párrafo de largo.

      • *Haz una paráfrasis.* Escribe este pasaje en tus propias palabras.

      • *Hazte preguntas.* ¿Quién escribió este salmo? ¿Por qué lo escribió? ¿Cuál es la relación entre "los cielos" (vv. 1-6) y "la ley de Jehová" (vv. 7-11)? ¿En qué se parecen? ¿Qué sinónimos se usan en este pasaje para referirse a la Palabra de Dios? ¿Qué adjetivos usa el autor para describir la Palabra de Dios? ¿Qué beneficios y bendiciones trae la Palabra a nuestras vidas? ¿De qué dos pecados pide ser libre el autor

(vv. 12-13)? ¿Qué quiere el salmista que produzca en su vida la Palabra de Dios?

- *Busca patrones.* ¿Qué patrones ves en las cuatro líneas paralelas de los versículos 7-8?
- *Busca las referencias cruzadas.* Utilizando una concordancia, las referencias cruzadas en el margen de tu Biblia o tu memoria, enumera cuatro referencias bíblicas que se relacionen con frases específicas del Salmo 19. (Por ejemplo, compara Pr. 8:19 y Sal. 19:10).
- *Utiliza herramientas de estudio.* Elige una palabra o frase del Salmo 19 que te gustaría entender mejor. Utiliza una de las herramientas recomendadas en este capítulo (diccionario de español; versiones alternativas; *Concordancia de Strong; Diccionario expositivo de palabras del Antiguo y Nuevo Testamento de Vine*) para comprender mejor esa palabra o frase.

c. Escribe algunas de las *inferencias* de este pasaje (¿Qué *significa?*). Piensa en preguntas como las siguientes:

- ¿Por qué la Palabra de Dios es vital y valiosa para el hijo de Dios?
- ¿Cuáles son algunas consecuencias que podríamos experimentar si la Palabra de Dios no tuviera un lugar central en nuestra vida diaria?
- ¿Por qué la Palabra de Dios no produce los resultados deseados en la vida de cada creyente?
- Dios promete una "gran recompensa" para aquellos que "guardan" su Palabra (v. 11). ¿Qué significa "guardar" su Palabra?
- ¿De qué manera nos guarda del pecado la Palabra de Dios?

d. Escribe las *aplicaciones prácticas* que el Espíritu Santo te haya mostrado específicamente de este pasaje. Procura implantar este pasaje en tu vida mediante algunas de las siguientes sugerencias, o todas ellas:

- ¿Cuáles de los beneficios y las bendiciones de los versículos 7-11 te gustaría experimentar en mayor medida? La Palabra de Dios tiene el propósito de producir este resultado en nuestras vidas. ¿Qué pasos prácticos puedes dar para hacer de la Palabra tu máxima prioridad?

- ¿Reconoces no estar obedeciendo algo de la Palabra de Dios en este momento? ¿Qué necesitas hacer para arrepentirte de andar en tus propios caminos y comenzar a caminar en obediencia a su Palabra?

- Eleva en voz alta la oración que el salmista hizo en los versículos 12-13. Después expresa la misma oración en tus propias palabras.

- Elige un versículo clave de este salmo; memoriza ese versículo y medita en él durante las siguientes veinticuatro horas.

- Escribe una oración que exprese a Dios tu deseo de deleitarte en su Palabra y de implantarla en tu vida.

- Cuéntale a una amiga o un miembro de tu familia lo que Dios te ha dicho por medio de este pasaje. Pídele a esa persona que supervise el cumplimiento de los pasos o las medidas específicas que el Señor te ha mostrado que debes tomar.

2. Elige uno de los siguientes ejercicios para registrar los pasos importantes que has dado en tu peregrinaje espiritual:

   a. ¿Quiénes son las personas que han tenido la mayor influencia en tu vida cristiana? ¿De qué manera te han influenciado?

   b. Escribe acerca de los momentos más notables de tu vida espiritual el año pasado. ¿Qué situación o circunstancia especial has atravesado? ¿Qué has aprendido de cada una acerca del corazón y los caminos de Dios?

c. Elige tres o cuatro atributos de Dios y escribe una ocasión específica de tu vida en la cual Él haya demos-
trado cada una de esas cualidades.

d. Escribe una "autobiografía espiritual" de tres a cuatro páginas, que resuma cómo diste el paso de fe de
aceptar a Cristo y los momentos más destacados de
tu peregrinaje y crecimiento espiritual.

□□□ UNAS PALABRAS DEL CORAZÓN DE □□□

Tex Tippit

Tendemos a parecernos a todos aquellos con los que
pasamos tiempo. El deseo de mi corazón es reflejar a Jesús.
Por eso, decido pasar tiempo con Él. Quiero conocerlo más
íntimamente, para poder darlo a conocer mejor a los demás.

Cuando estoy enfrentando diversos obstáculos, confieso
pasajes de las Escrituras que estén relacionados. Cuando
estoy cansada, confieso la promesa del Salmo 3:5, que dice
que Él me dará el descanso que necesito. Cuando mi agenda
diaria está demasiado llena, confieso Efesios 5:15-16 y le pido
que me ayude a aprovechar bien el tiempo. El Salmo 119:18
es una buena oración cuando la Palabra parece "monótona
y aburrida", o cuando comienzo a pasar por alto los pasajes conocidos. Cuando mis pensamientos divagan, confieso
2 Corintios 10:3-5 y le pido que lleve cautivo todo pensamiento a la obediencia a Cristo.

Además de leer los pasajes que me llevan a alabar al
Señor, leo la Palabra sistemáticamente para tener una visión
general. También la leo como una "carta de amor" personal de Dios para mí. Para poder ver claramente lo que me
está diciendo y cómo poner en práctica la verdad de su Palabra en mi vida, me pongo mis "lentes espirituales". De esta
manera, al leer su Palabra puedo ver los pecados que debo
abandonar, las promesas que debo confesar, los ejemplos

que debo seguir, los mandamientos que debo obedecer y los obstáculos o errores que debo evitar.

Llevar constantemente un diario personal me ayuda a poner en claro mis pensamientos, me ayuda a ser responsable y me resulta de aliento, pues me recuerda las respuestas de Dios a oraciones específicas.

Orar en voz alta me ayuda a centrar mis pensamientos. Mi esposo define la oración como la "comunicación de dos corazones". Procuro no solo hablar con el Señor, sino escuchar cuando Él me habla.

□ □ □ ────────────────────────────────

Tex Tippit es esposa del escritor y evangelista internacional Sammy Tippit, y madre de dos hijos adultos. Tex participa activamente de un ministerio de oración de mujeres de la ciudad en San Antonio, Texas, y ha ministrado con su esposo en varios países diferentes alrededor del mundo.

Cómo
responder
a su Palabra

María... ungió los pies de Jesús.

JUAN 12:3

*D*espués de muy pocos minutos, mi alma se sumerge en la confesión, o en la acción de gracias, o en la intercesión, o en la súplica... Luego, después de haber estado confesando, o intercediendo, o suplicando, o dando gracias por un tiempo, continúo con las próximas palabras o el versículo siguiente, y me sumerjo en oración por mí y por otros según la Palabra me guíe...

El resultado de esto es que siempre paso bastante tiempo en confesión, acción de gracias, súplica o intercesión combinada con mi tiempo de meditación. Así mi hombre interior siempre se nutre y se fortalece abundantemente, y cuando llega el desayuno, con raras excepciones, mi alma no solo está en paz, sino feliz.

GEORGE MÜLLER

CAPÍTULO 10

El perfume de la alabanza: Un corazón apasionado

"¡*Está viiiivo! ¡Está viiiivo!*". Era el domingo de Pascua por la mañana. Ese día iban a bautizar a mi sobrino de cinco años. "Nana" había viajado a la ciudad para participar en el acontecimiento. Mientras la familia se preparaba para ir a la iglesia, ella escuchó la inconfundible voz del pequeño Mookie, que provenía del baño que estaba al final del pasillo. Se asomó disimuladamente para ver qué estaba pasando. Allí estaba el niño sobre un banquito frente al espejo, peinándose cuidadosamente su cabello, alisando su camisa y sus pantalones, mientras cantaba a todo pulmón, totalmente abstraído, sin darse cuenta de que alguien podía estar escuchando su alegre serenata al Señor.

Los niños a veces tienen una manera de comprender las cosas, que los mayores ya no.

Piensa en los niños que daban gritos de alabanza a Jesús en el templo. Era la semana antes de la Pascua. El templo estaba repleto de personas que hacían compras de última hora. Indignado por la corrupción y el inconcebible comercio que tenía lugar en lo que debía ser casa de adoración y oración, Jesús acababa de crear un alboroto al echar a los cambistas y mercaderes del atrio del templo. Ahora estaba llamando la atención al sanar a los ciegos y a los cojos; individuos marginados a los que normalmente ni siquiera se les permitía entrar al templo. Para empeorar las cosas, los niños, que habían visto todo, lo estaban aclamando como el Mesías: "¡Hosanna al Hijo de David!", exclamaban.

Ya había sido suficiente. Los líderes religiosos no podían soportar más. Mateo nos dice que cuando ellos vieron "las maravillas que hacía, y a los muchachos aclamando en el templo... se indignaron, y le dijeron: ¿Oyes lo que éstos dicen?" (Mt. 21:15-16). Lo que implica: "¡Haz que se callen!".

¿Entiendes cuál era la situación? Se suponía que los sumos sacerdotes y maestros de la ley eran los expertos en la adoración. Sin embargo, en vez de animar a las personas a adorar a Dios, estaban ocupados en el ejercicio de un negocio lucrativo. Cuando Jesús se compadeció de los enfermos y los sanó, y los niños respondieron con una simple y sincera adoración, aquellos mismos líderes se molestaron y quisieron poner un alto a todo aquello.

Cuando los niños vieron las maravillas que Jesús había hecho, lo adoraron (¡lo que se debe hacer en el templo!). Cuando los líderes vieron las maravillas que Jesús había hecho, se preocuparon por las repercusiones religiosas y políticas de ese movimiento. ¿Qué pasaba si ese hombre, aclamado por las personas como rey, derrocaba su milenario sistema religioso? ¿Y qué pasaba si todo ese alboroto provocaba un antagonismo con las autoridades locales romanas?

Los niños daban voces de alabanza sin ninguna inhibición, mientras los líderes temían que las cosas se les fueran de las manos; o sea, de sus manos. Los niños estaban absortos con Jesús; no tenían la mínima consciencia de cómo los veían o qué pensaban los demás. Los líderes, por otro lado, estaban preocupados por cómo quedaban ante el pueblo, por mantener su posición y por lo que pensarían los demás de toda esta escena.

Esta vez, los niños estaban acertados; y los adultos, equivocados.

CÓMO RESPONDER A DIOS

Hemos planteado la necesidad y el gozo de tener nuestra vida en la Palabra de Dios y la Palabra de Dios en nuestra vida. Hemos mostrado que a través de ella llegamos a conocer a Dios; su corazón, sus caminos, su carácter, sus propósitos y planes eternos. Ahora prestaremos atención a la manera de responder a lo que Dios nos revela en su Palabra.

Dios desea establecer una comunicación bidireccional con nosotros, igual que la comunicación bidireccional que anhelamos tener con nuestros familiares y amigos. Cuando llamas a una amiga cercana para contarle una excelente noticia, esperas que ella te responda con el mismo entusiasmo que tú tienes. Cuando le expresas amor a tu esposo, quieres saber que te ha escuchado y esperas que confirme su amor por ti. Cuando le das un regalo muy ansiado a uno de tus hijos, te llena de alegría escuchar: "¡Gracias, mamá!".

Como nuestro tierno Padre celestial, Dios quiere hablarnos; lo cual requiere que aprendamos a estar quietos y escuchar su Palabra. Pero también quiere que respondamos a lo que Él ha dicho. La alabanza (o adoración) y la oración son dos de las respuestas más básicas para Dios. En este capítulo, veremos la primera de esas respuestas; en el siguiente capítulo, veremos el asunto de la oración.

Este proceso bidireccional de escuchar y responder a Dios está representado en la vida de una mujer, que fue una de las amigas más entrañables de Jesús. En el capítulo 2, vimos a María de Betania sentada a los pies del Señor, mientras escuchaba su palabra (Lc. 10:38). Pero María no estaba contenta solo con *recibir* de Jesús. Cuando escuchaba su corazón, anhelaba *responder* a Él; devolverle lo que Él le había dado. Tres de los Evangelios registran la conmovedora demostración de devoción de María, mientras ungía la cabeza y los pies de Jesús en un banquete preparado en su honor (Mt. 26:6-13; Mr. 14:3-9; Jn. 12:1-8).

María había pasado bastante tiempo en la presencia de Jesús, había escuchado sus palabras, había aprendido de su vida y había experimentado su amor incondicional por ella.

La adoración era la respuesta natural de su corazón agradecido. Y así debería ser con nosotros. Esto es lo que importa: *Cada vez que Dios se revela a sí mismo o manifiesta su poder y su amor, se merece una respuesta.*

Éxodo 14 nos brinda el impresionante relato de la vez que Dios separó las aguas del Mar Rojo para que su pueblo pudiera ser libre del ejército egipcio. ¿Cuál fue la respuesta de los israelitas a esta gran demostración de poder redentor de Dios?

"Entonces cantó Moisés y los hijos de Israel este cántico a Jehová, y dijeron: Cantaré yo a Jehová, porque se ha magnificado grandemente; ha echado en el mar al caballo y al jinete. Jehová es mi fortaleza y mi cántico, y ha sido mi salvación. Este es mi Dios, y lo alabaré; Dios de mi padre, y lo enalteceré" (Éx. 15:1-2).

Cuando el cojo que pedía limosna afuera del templo vio el poder de Dios manifestado en su vida, respondió "andando, saltando, y alabando a Dios" (Hch. 3:8).

Cuando Jesús manifestó su poder y gracia al limpiar a los diez leprosos desesperados, "uno de ellos, viendo que había sido sanado, volvió, glorificando a Dios a gran voz, y se postró rostro en tierra a sus pies, dándole gracias" (Lc. 17:15-16). El hecho de que nueve de ellos no regresaran a darle gracias no pasó inadvertido por Jesús, que preguntó: "¿No hubo quien volviese y diese gloria a Dios sino este extranjero?" (v. 18).

Cuando piensas en todo lo que Dios ha hecho por ti, ¿sientes que ha sido aceptable la forma de expresarle tu gratitud y alabanza?

¿QUÉ ES ADORACIÓN?

La adoración es la respuesta del creyente a la manifestación de Dios. Es expresar admiración, asombro y gratitud por el mérito, la grandeza y la bondad de nuestro Señor. Es la respuesta apropiada a la persona de Dios, su provisión, su poder, sus promesas y su plan.

La alabanza y la acción de gracias son dos dimensiones importantes de la adoración. La alabanza es adoración verbal o visible a Dios, por quién es Él. La acción de gracias implica expresar gratitud por lo que Él ha hecho. La alabanza se centra en el Dador, mientras que la acción de gracias reconoce sus dádivas.

Puesto que las Escrituras no hacen una gran distinción entre alabanza, adoración y acción de gracias, todas pueden considerarse una respuesta apropiada a lo que hemos llegado a conocer de Dios por medio de su Palabra.

¿Por qué alabar?

Deberíamos alabar al Señor porque *Dios ama la alabanza y busca adoradores* (Jn. 4:23). La alabanza es importante para Él; cada vez que lo alabas, estás cumpliendo uno de los deseos más profundos de su corazón.

Deberíamos alabar al Señor, porque *la alabanza es nuestra primera y eterna función en el cielo.* En Apocalipsis 4—5, Dios da al apóstol Juan una visión del trono en el cielo. En aquella visión, Juan ve más de cien millones de ángeles (5:11) que están totalmente dedicados, día y noche, a adorar a Aquel que está sentado en el trono y al Cordero que está a su diestra (4:6-8; 5:12). Los santos y los ciudadanos del cielo que han ido antes que nosotros están también allí alabando y adorando al Señor. En cierto sentido, cuando alabamos al Señor aquí en la tierra, estamos haciendo un "ensayo general" de lo que haremos en el cielo por la eternidad. ¿Estás "practicando" a fin de prepararte para el concierto de alabanza eterna en el cielo?

Deberíamos alabar al Señor, porque *Él ha mandado que le adoremos.* ¿Sabías que el mandamiento que más se repite en toda la Palabra de Dios es el mandamiento de "alabar al Señor"? (Sospecho que podría ser el mandamiento más olvidado también).

Deberíamos alabar al Señor, porque *Él se merece nuestra alabanza y adoración.* Solo Él es digno "de recibir la gloria y la

208   EN LA QUIETUD DE SU PRESENCIA

honra y el poder" (Ap. 4:11). Él es Dios sobre todos los dio-
ses, es Rey sobre todos los reyes, es Señor sobre todos los
señores. No hay nadie como Él en el cielo o en la tierra. Él es
digno de toda nuestra alabanza.

Deberíamos alabar al Señor, porque *hemos sido creados para
agradarle*, y la alabanza le agrada. ¿Te has preguntado alguna
vez cuál es tu propósito aquí en esta tierra? Cuando alabas a
Dios, estás cumpliendo el máximo propósito de haber sido
creada.

Deberíamos alabar al Señor, porque *nos lleva a su presencia
y hace descender su gloria*. El Salmo 22:3 nos dice que en realidad Dios habita entre las alabanzas de su pueblo. Como lo
expresó un predicador: "La alabanza es el domicilio de Dios".
El salmista nos invita y nos dice: "Entrad por sus puertas con
acción de gracias, por sus atrios con alabanza" (Sal. 100:4).

En la dedicación del templo de Salomón, un coro masivo,
acompañado de ciento veinte que tocaban la trompeta, así
como otros instrumentos musicales, "alababan a Jehová,
diciendo: Porque él es bueno, porque su misericordia es para
siempre" (2 Cr. 5:13). En ese momento, "la gloria de Jehová
había llenado la casa de Dios" (v. 14).

¿Quieres ver la gloria de Dios? ¿Quieres estar cerca de
Él? A través de la alabanza, podrías llegar hasta su trono y al
lugar de su más íntima presencia.

Deberíamos alabar al Señor, porque *la alabanza es una cura
para la sequía espiritual*. Dios nos ha creado de tal manera que
tenemos sed de Él. Cuando pretendemos que las cosas y las
personas de esta tierra sacien nuestra sed, nos secamos y nos
decepcionamos. Pero cuando levantamos nuestros ojos a Él
en alabanza, nuestro corazón se llena. Un día, cuando David
se estaba escondiendo del rey Saúl en el desierto de Judá, y
se sentía seco y necesitado, descubrió este poderoso secreto:

"Dios, Dios mío eres tú; de madrugada te buscaré; mi alma
tiene sed de ti, mi carne te anhela, en tierra seca y árida
donde no hay aguas, para ver tu poder y tu gloria, así como
te he mirado en el santuario. Porque mejor es tu misericor-

dia que la vida; mis labios te alabarán. Así te bendeciré en mi vida; en tu nombre alzaré mis manos. Como de meollo y de grosura será saciada mi alma, y con labios de júbilo te alabará mi boca" (Sal. 63:1-5).

¿Estás espiritualmente seca y sedienta? Comienza a alabar al Señor, y Él te llenará de sí mismo hasta que tu sed se sacie y tu copa rebose.

Deberíamos alabar al Señor, porque *la alabanza derrota a Satanás*. Satanás odia la alabanza, porque odia a Dios y odia todo lo que exalte o agrade a Dios. Una de las estrategias de Satanás es hacer que nos centremos en nosotros mismos; en nuestras necesidades, nuestros problemas, nuestras circunstancias, nuestros sentimientos. Cuando alzamos nuestros ojos, aunque estén llenos de lágrimas, y decidimos alabar al Señor, el plan de Satanás es destruido, y Dios gana la victoria en nuestra vida.

Cuando Satanás tentó a Jesús para que cayera y le adorara, Él le respondió: "Al Señor tu Dios adorarás" (Mt. 4:10). Al momento que Jesús expresó su compromiso de adorar solo a Dios, "el diablo entonces le dejó; y he aquí vinieron ángeles y le servían" (4:11).

¿Te ha estado atormentado Satanás con dudas y temores? ¿Sientes que eres atacada con la tentación a pecar? Trata de alabar al Señor, y verás cómo Satanás huye.

Finalmente, deberíamos alabar al Señor, porque *la alabanza nos hace libres de la esclavitud espiritual*. Acuérdate de Jonás. Sentado en el vientre de un gran pez, comenzó a clamar al Señor, primero en humillación, después en adoración. Tan pronto como el profeta arrepentido dijo: "Mas yo con voz de alabanza te ofreceré sacrificios" (Jon. 2:9), "mandó Jehová al pez, y vomitó a Jonás en tierra" (v. 10).

La alabanza precede a la liberación y nos prepara para ella. Acuérdate de Pablo y Silas. En medio de la noche, presos en un calabozo romano de Filipos, dejaron de pensar en sus heridas y alzaron sus ojos con himnos de alabanza. Dios se agradó tanto de ellos, que envió un pequeño acompañamiento celestial en forma de un terremoto que sacudió los cimientos de la prisión y provocó que las puertas se abrieran de par en par (Hch. 16:11-34).

¿Estás viviendo en alguna clase de prisión? Tal vez eres esclava de tu pasado, de recuerdos dolorosos, de fracasos pasados, de las expectativas de otros o de algunos hábitos que te esclavizan. Tu prisión podría ser la consecuencia de tu propia desobediencia, como en el caso de Jonás. O podría ser el resultado del agravio de otros, como en el caso de Pablo y Silas. Si has pecado, entonces, desde luego, el arrepentimiento es el primer paso. Después, levanta tu corazón en la celda de tu prisión, alaba al Señor y observa cómo Dios comienza a abrir las puertas. Tus circunstancias podrían cambiar o no; pero *tú* cambiarás; tu corazón será liberado; Dios te hará libre.

Un estilo de vida de alabanza

Quiero que primero veamos algunos principios bíblicos generales con respecto a la alabanza; después veremos algunas maneras prácticas de expresar la alabanza en nuestro tiempo diario a solas con el Señor.

Las Escrituras nos enseñan que la alabanza, la adoración y la acción de gracias serán la función eterna de todo creyente. La alabanza no es tan solo una actividad que hacemos en momentos programados, sino *un estilo de vida continuo.*

Hemos visto que los sacerdotes del Antiguo Testamento ofrecían "incienso perpetuo" a Dios cada mañana y cada noche (Éx. 30:7-8), como símbolo de las oraciones y las alabanzas del pueblo que ascendían al trono de Dios. Este incienso se quemaba al mismo tiempo que se encendían las lámparas; esto representa que cada vez que la lámpara de la Palabra de Dios está encendida en nuestro corazón, también debemos ofrecer oraciones y alabanzas al Señor.

La importancia de un estilo de vida continuo de alabanza es un tema recurrente a lo largo del Antiguo y del Nuevo Testamento:

"Bueno es alabarte, oh Jehová, y cantar salmos a tu nombre, oh Altísimo; anunciar por la mañana tu misericordia, y tu fidelidad cada noche... Bendeciré a Jehová en todo tiempo; su alabanza estará de continuo en mi boca... Cada día te bendeciré, y alabaré tu nombre eternamente y para siempre... Así que, ofrezcamos siempre a Dios, por medio de él, sacrificio de alabanza, es decir, fruto de labios que confiesan su nombre" (Sal. 92:1-2; 34:1; 145:2; He. 13:15).

La alabanza es una *expresión de fe y un acto de la voluntad.* No se basa en cómo nos sentimos. David entendía este concepto como pocos en las Escrituras. En el Salmo 34, lo encontramos en uno de los períodos más difíciles de su vida. Años antes había recibido la promesa de Dios de que sería el próximo rey; pero el inseguro ególatra que ocupaba el trono estaba resuelto a quitarle la vida. Por eso David tuvo que vivir como fugitivo en el desierto y huir para salvarse. Todos los factores se combinaban para que cayera en una terrible depresión. Sin embargo, tomó una decisión: alabar al Señor, a pesar de lo que sintiera naturalmente.

"Bendeciré a Jehová en todo tiempo; su alabanza estará de continuo en mi boca" (Sal. 34:1).

Cuando decidió magnificar al Señor en vez de magnificar sus circunstancias, el corazón de David se alegró, como se alegró el corazón de aquellos que lo rodeaban:

"En Jehová se gloriará mi alma; lo oirán los mansos, y se alegrarán. Engrandeced a Jehová conmigo, y exaltemos a una su nombre" (Sal. 34:2-3).

La alabanza no es una respuesta a nuestras circunstancias, las cuales fluctúan constantemente. La alabanza es una respuesta a la bondad y el amor de un Dios que nunca cambia. Por eso David pudo decir:

"Pronto está mi corazón, oh Dios, mi corazón está dispuesto; cantaré, y trovaré salmos" (Sal. 57:7).

A David no le importaba si estaba sentado en el trono o era perseguido por el que estaba sentado en el trono. No le importaba si tenía hambre o estaba saciado, si estaba feliz o triste, solo o con amigos. Todo lo que a él le importaba era que Dios estuviera con él. Y mientras Dios estuviera con él, su decisión sería alabarle.

La alabanza demuestra fe en el hecho de que Dios es más grande y más importante que cualquier circunstancia que podamos enfrentar. Y la fe agrada a Dios; por eso Él se agrada cuando decidimos alabarle, a pesar de cómo nos sentimos.

La alabanza es *un ministerio a Dios*. La alabanza es, ante todo, para Dios, no para nosotros. El propósito de la alabanza es para bendecir y agradar a *Dios*, no para que *nosotros* nos sintamos bien. En nuestra cultura narcisista, sensual, la "alabanza y la adoración" ha llegado a ser, para muchos creyentes, una expresión de autoestimulación y amor propio, incluso erótica; es decir, una manera de experimentar satisfacción personal. Esto está lejos de ser verdadera adoración y además no agrada al Señor.

En Éxodo 30, Dios le da a Moisés la "receta" exacta para hacer el incienso que debía utilizar en el tabernáculo de reunión. Y luego enfatiza:

"Os será cosa santísima. Como este incienso que harás, no os haréis otro según su composición; te será cosa sagrada para Jehová. Cualquiera que hiciere otro como este para olerlo, será cortado de entre su pueblo" (Éx. 30:36-38).

La verdadera adoración trae muchos beneficios y bendiciones a nuestra vida, el propósito de la alabanza no es para nuestra satisfacción, sino para bendecir a Dios.

La alabanza debe ser tanto *en público como en privado*, así como el esposo y la esposa podrían tener demostraciones de amor, tanto cuando están acompañados como cuando están solos.

Muchos pasajes de las Escrituras hablan de alabar al Señor en la compañía de su pueblo:

"Exáltenlo en la congregación del pueblo, y en la reunión de ancianos lo alaben... Yo alabaré a Jehová en gran manera con mi boca, y en medio de muchos le alabaré... Alabaré a Jehová con todo el corazón en la compañía y congregación de los rectos" (Sal. 107:32; 109:30; 111:1).

Otras veces, la alabanza es una expresión de amor en privado entre nuestro corazón y nuestro Amado. Por ejemplo, aunque el personaje bíblico de Daniel era un funcionario del gobierno de alto rango, se hacía tiempo en su ocupada agenda diaria para ofrecer alabanza al Señor. "Se arrodillaba tres veces al día, y oraba y daba gracias delante de su Dios" (Dn. 6:10).

De la misma manera, David decía: "Siete veces al día te alabo a causa de tus justos juicios" (Sal. 119:164).

La alabanza *requiere participación personal*; no es un deporte espectáculo. Los conciertos cristianos, las grabaciones y los CD han proliferado y han llegado a ser un gran negocio. Lamentablemente, también han contribuido a una mentalidad de espectador con respecto a la alabanza y la adoración. Igual que el mundo que nos rodea, el mundo cristiano ha desarrollado una adicción al entretenimiento. Solo queremos que se apaguen las luces y se enciendan algunos reflectores sobre un escenario, para sentarnos a observar el espectáculo. Muchos creyentes encienden rápidamente la radio o colocan algún CD en el estéreo de la casa o el automóvil para poder escuchar cómo otros entonan canciones de alabanza; pero no son capaces de levantar sus propias voces al Señor.

Observa a tu alrededor durante los servicios de adoración en la iglesia, y notarás cuántas personas están simplemente paradas con su himnario o cancionero abierto, o miran la pantalla que está al frente, casi sin abrir la boca;

mucho menos cantan en voz alta al Señor. Son el producto de una cultura en la cual ya no se canta tanto y en la cual muchas personas nunca han aprendido a cantar.

Sin embargo, si hay personas en el mundo a quienes les debería gustar cantar, son las que han sido redimidas, pues son las que verdaderamente tienen algo acerca de qué cantar. Según el apóstol Pablo, cantar "salmos, con himnos y cánticos espirituales" es la evidencia principal de estar llenos del Espíritu y de tener un corazón agradecido (Ef. 5:19; Col. 3:16).

Los salmos de David representan la respuesta profundamente personal de un hombre a aquello que Dios le había revelado acerca de su corazón y sus caminos. No son la recopilación de cánticos de otra persona, que el salmista simplemente escuchaba, sino los cánticos que él mismo le escribía y le cantaba al Señor. A través de los salmos, podemos sentir que David se sumergía en la adoración con todo su corazón:

> "Bendice, alma mía, a Jehová, y bendiga todo mi ser su santo nombre... Te alabaré con todo mi corazón; delante de los dioses te cantaré salmos. Me postraré hacia tu santo templo, y alabaré tu nombre por tu misericordia y tu fidelidad..." (Sal. 103:1; 138:1-2).

Hace muchos años, tuve una experiencia que creo que nunca olvidaré. Estaba de viaje y pasaría la noche en la casa de unos amigos. Un pastor negro y su esposa, que venían de Nigeria, también habían sido invitados a pasar la noche en la misma casa. A la madrugada, me desperté al escuchar un sonido excepcional que jamás había escuchado. En el cuarto contiguo al mío, aquella estimada pareja estaba cantando dulcemente y a gran voz "Cuán grande es Él", con un fuerte acento y con todo su corazón. ¡No estaba segura si era que me había muerto y estaba en el cielo!

Aquel hombre y su mujer no eran espectadores. Estaban en el escenario; eran participantes activos del drama eterno de alabanza, y estaban actuando para una sagrada audiencia de Uno.

Dios quiera que con los que están
    del trono en derredor,
cantemos por la eternidad
    a Cristo el Salvador.
    —EDWARD PERRONET (1726-1792)

Cómo alabar

Entonces ¿cómo adoramos al Señor en nuestro tiempo diario a solas con Él? Recuerda que la adoración, la alabanza y la acción de gracias son respuestas a la manifestación de Dios. A medida que Él se revele a tu vida y te hable a través de su Palabra, sentirás deseos de responderle en alabanza; una adoración *verbal* o *visible* a Dios por quién es y qué ha hecho. La alabanza debe expresarse externamente. En los salmos, leemos alrededor de cien veces la frase que, en español, dice: "Alabad a Jehová". La palabra que se traduce "alabad" es la palabra hebrea *halal*, que significa "ser claro, brillar, de aquí, hacer espectáculo, alardear y, así, ser (clamorosamente) necio, hablar elogiosamente, celebrar".[1]

Hay varias expresiones diferentes de alabanza y adoración que se describen y se ilustran en las Escrituras. Pídele al Espíritu Santo que te dirija en la adoración. Estas son algunas maneras que Él podría mostrarte como respuesta.

ADOPTAR DIFERENTES POSTURAS FÍSICAS

Para adorar al Señor, podemos adoptar diferentes posturas físicas. En mi tiempo de adoración personal, suelo arrodillarme o postrarme delante del Señor. Esta es una postura que se menciona frecuentemente en las Escrituras:

"Venid, adoremos y postrémonos; arrodillémonos delante de Jehová nuestro Hacedor" (Sal. 95:6).

"Cuando vieron todos los hijos de Israel descender el fuego y la gloria de Jehová sobre la casa, se postraron sobre sus rostros en el pavimento y adoraron, y alabaron a Jehová, diciendo: Porque él es bueno, y su misericordia es para siempre" (2 Cr. 7:3).

Veintinueve veces leemos en los salmos la frase "bendecid a Jehová". La palabra que se traduce "bendecid" proviene de la palabra *barak* del texto original en hebreo, que significa "arrodillarse, bendecir a Dios (como acto de adoración)".[2] ¿Has dedicado tiempo para bendecir al Señor hoy? A pesar de lo que pueda suceder en tu vida en este momento, Dios es bueno; Él es digno de tu alabanza. Antes de seguir leyendo, ¿por qué no haces una pausa y tomas unos minutos para arrodillarte delante del Señor? Bendice, alaba, adora a Dios.

A veces podrías ponerte de pie delante del Señor, como los israelitas hicieron durante el gran avivamiento de los días de Nehemías (Neh. 9:5) y en la dedicación del templo (2 Cr. 7:6). El escritor de himnos James Montgomery (1771-1854) nos motiva de la siguiente manera:

> Levantaos y bendecid a Jehová,
>   vosotros, pueblo escogido sois.
> Levantaos, bendecid a Jehová,
>   con el corazón, con el alma y con la voz.
>
> Levantaos y bendecid a Jehová,
>   al Señor, vuestro Dios adorad.
> Levantaos y bendecid su glorioso nombre,
>   ahora y por toda la eternidad.

Otras veces, la visión de santidad y grandeza de Dios podría hacerte postrar sobre tu rostro delante del Señor. Los veinticuatro ancianos, que rodeaban el trono en la visión de Juan en Apocalipsis "se postran delante del que está sentado en el trono, y adoran al que vive por los siglos de los siglos" (Ap. 4:10).

Este versículo habla de otra expresión física de adoración que implica el uso de nuestras manos. El Salmo 47:1 nos anima a "batir" nuestras manos en alabanza al Señor. La idea de batir nuestras manos no es solo la de mantener o acompañar el ritmo de nuestro canto ni tampoco la de generar una atmósfera de entusiasmo.

Cuando pienso en aplaudir al Señor, pienso en una niña pequeña que aplaude con alegría, mientras chapotea en el agua a la orilla del mar, o mientras abre una colorida caja de regalo bajo el arbolito de Navidad y se alegra al descubrir que es la muñeca que tanto deseaba. Pienso en el aplauso de una multitud que rinde honor cuando el rey sale al pórtico y recibe cálidamente a sus súbditos.

Aplaudir al Señor es la respuesta espontánea y alegre de los hijos y las hijas de Dios cuando se bañan en el río de su gozo o reciben un regalo de su gracia. Es la respuesta apasionada y sincera de los súbditos del Rey Jesús cuando Él entra y se pasea en medio de ellos, y toca sus vidas con su presencia y su amor.

No solo podemos usar nuestras manos para aplaudir al Señor; el Salmo 134:2 habla de levantar nuestras manos a Él. Ahora bien, dependiendo de nuestro trasfondo, esto puede ser bastante difícil de aceptar. Para algunos miembros del cuerpo de Cristo, esta expresión de adoración ha llegado a ser una práctica que tiene poco sentido y se hace sin pensar. Por otro lado, algunos la han rechazado por considerarla extrema o sensacionalista, mientras que otros la han ignorado totalmente. Sin embargo, la práctica de levantar las manos al Señor no pertenece a un campo teológico particular. En los salmos, se usa cincuenta veces la palabra *alabanza* para traducir la palabra hebrea que significa "venerar o adorar con manos extendidas".[3]

Levantar las manos al Señor es una expresión de adoración muy significativa, que tiene el propósito de denotar que Dios es engrandecido y puesto en alto, que nosotros somos incomparablemente inferiores, que estamos subordinados a Él y que reconocemos su derecho a gobernarnos. Las manos levantadas al Señor dicen: "Me rindo totalmente a ti, Majestad".

Desde luego, ninguna posición física manifiesta, de por sí, más adoración. La postura externa solo tiene el propósito de expresar —o ayudar a cultivar dentro de nosotros— una actitud de entrega y reverencia.

HABLAR CON EL SEÑOR

Podemos usar nuestra boca para expresar amor, alabanza y agradecimiento al Señor.

"En la hermosura de la gloria de tu magnificencia, y en tus hechos maravillosos meditaré... La alabanza de Jehová proclamará mi boca" (Sal. 145:5, 21).

Muchas veces, cuando estoy leyendo un pasaje de las Escrituras que me revela algo del corazón y los caminos de Dios o de la belleza del Señor Jesús, me detengo a responder y bendecir al Señor por lo que acabo de leer.

Por ejemplo, esta semana estuve memorizando y meditando en el Cantar de los Cantares. Cuando llegué al último párrafo del capítulo 5, donde la novia describe qué es lo que admira de su Amado, comencé a usar algunas de esas mismas palabras para expresar mi admiración al Señor Jesús:

"Oh, mi Amado, tú eres resplandeciente y maravilloso; brillas con tanta luz porque eres el esplendor de la gloria del Padre. Eres verdaderamente 'señalado entre diez mil'; no hay nadie como tú; nadie puede compararse a ti. Todo en ti es perfecto, precioso y bello. No hay defectos en ti. Tu rostro es excelente. Tu boca es muy dulce; sí, tú eres totalmente precioso, mi Amado y mi Amigo."

Esta mañana medité en otro pasaje que suscitó alabanza en mi corazón:

"La ira de Jehová soportaré, porque pequé contra él, hasta que juzgue mi causa y haga mi justicia; él me sacará a luz; veré su justicia" (Mi. 7:9).

Al leer este versículo, recordé las terribles consecuencias del pecado —mi pecado— y que yo misma hubiera tenido que pagar esas consecuencias, si no hubiera sido por Aquel que estuvo dispuesto a interceder por mí y llevar el castigo de mi pecado sobre Él. Comencé a alabar a Dios por la cruz de Cristo, donde el irreprensible Hijo de Dios se hizo pecado por mí y llevó toda la ira de Dios por mi pecado. Como resultado de su muerte sacrificial por mí, no tengo que temer a la muerte, pues he recibido vida eterna. "Gracias, Señor, porque me has sacado a la luz —tu morada eterna— y porque, por tu gracia, veré tu justicia para siempre".

A veces bendigo al Señor con mi boca cuando leo en voz alta pasajes de los salmos u otros pasajes dirigidos a Él. Otras veces, simplemente elevo mis propias palabras en alabanza al Señor, como nos exhorta el himno:

> ¡Confiesa, alma mía, la grandeza del Señor!
> Innumerables bendiciones mi espíritu expresa;
> las promesas de su Palabra para mí dulces son;
> en Dios, mi Salvador, mi corazón se goza.
>
> —TIMOTHY DUDLEY SMITH (1926)[4]

Una variación de hablar con el Señor es *dar voces al Señor*. Ahora bien, no es que Dios no pueda oír, sino que a veces nuestro gozo en Él sólo podría expresarse con fuertes exclamaciones. El Salmo 32:11 (LBLA) nos dice: "dad voces de júbilo, todos los rectos de corazón". La palabra hebrea que se traduce como "dar voces" en ese versículo es una palabra que significa "gritar, dar voces de gozo".[5] (Muchas veces en los salmos, la misma palabra hebrea se traduce como "cantar", como en el Salmo 30:4). Una palabra diferente se usa en el Salmo 47:1 (DHH): "¡Aclamen a Dios con gritos de alegría!". Esta palabra significa "partir los oídos con sonido".[6]

CANTAR AL SEÑOR

Esta es una de mis expresiones de alabanza favoritas, que creo que merece atención especial, más allá de lo que ya hemos visto en este capítulo. Solo en los salmos, hay sesenta y ocho referencias a cantar al Señor. Se nos dice que debemos cantar alabanzas al Señor, cantar a gran voz acerca de su justicia, cantar de su poder, cantar a gran voz de su misericordia, cantar por honor de su nombre, cantar de gozo, cantar de la misericordia y el juicio, cantar un cántico nuevo al Señor en una tierra extraña y cantar a gran voz sobre nuestras camas.

Yo suelo viajar mucho, pero no voy casi a ningún lado sin llevar un himnario y un cancionero conmigo. La mayoría de las veces, dedico tiempo a cantar varios himnos o cánticos al Señor. Con los años, he cantado literalmente miles de himnos y cánticos, de diferentes himnarios antiguos y más nuevos. Tengo la costumbre de cantar todas las estrofas y después anotar la fecha en la cual canté ese himno o cántico en particular. Además de la lectura de la Biblia, cantar —tanto al Señor como de Él— ha sido probablemente la actividad que me ha producido el mayor aliento y gozo y la mayor bendición en mi vida cristiana.

Muchos de los simples coros repetitivos que cantamos hoy son importantes expresiones de amor y devoción al Señor. Pero si limitamos nuestra dieta a esos coros, creo que estamos dejando pasar un precioso tesoro que Dios le ha dado a la Iglesia.

Muchos de los himnos y cánticos espirituales escritos a lo largo de la historia de la Iglesia son ricos en teología; comunican la naturaleza y el plan redentor de Dios con una profundidad que no se encuentra comúnmente en los coros y cánticos más populares de nuestros días. Desechar estos himnos puede llevarnos fácilmente a una experiencia espiritual poco profunda, trivial, egocéntrica y basada en las emociones. Podría requerir más reflexión y esfuerzo cantar "Castillo fuerte es nuestro Dios" o "Jesús, tan solo al pensar en ti", que cantar algunas de nuestras canciones contemporáneas; pero, a largo plazo, el beneficio de disciplinar nuestra mente a pensar (y cantar) grandes conceptos de Dios bien vale la pena.

Cantar al Señor es un arma poderosa para vencer al enemigo. Por lo visto, antes de enaltecerse y rebelarse contra Dios y luego ser expulsado del cielo, Lucifer tenía la función primordial de dirigir la música y la adoración del cielo ("los primores de tus tamboriles y flautas estuvieron preparados para ti en el día de tu creación" [Ez. 28:13]). Ahora, como una criatura caída, él conoce el poder que tiene la música como medio de alabanza. Sabe que a Dios le encanta escuchar las alabanzas musicales de sus criaturas. Y sabe que el poder de la alabanza nos hace libres de la esclavitud. Por lo tanto, se empeña en evitar que cantemos o en llevarnos a hacer música para nuestro propio placer y gratificación en vez de magnificar y exaltar al Señor.

Una y otra vez, he visto que el poder de nuestro canto derrota a Satanás y vence toda esclavitud emocional que él ejerza sobre nuestra vida. En muchos casos, el desaliento, el temor, la ansiedad, la depresión y la aflicción huyen cuando cantamos al Señor. En ocasiones, he sentido como si una enorme nube negra se cerniera sobre mi espíritu. Y siempre que canto al Señor —aunque me tiemble la voz—, la nube desaparece, y la cálida luz de su dulce paz y gracia cubre mi vida, y aviva y alienta mi corazón.

Hace algún tiempo, tuve el privilegio de participar en la reunión semanal de oración de los martes por la noche en el Tabernáculo de Brooklyn de la ciudad de Nueva York. Llegué varios minutos después del comienzo del servicio y encontré el auditorio repleto de personas. La audiencia era sumamente heterogénea: rojos y amarillos, blancos y negros, viejos y jóvenes, profesionales y obreros, bien vestidos y mal vestidos, codo a codo, alababan y oraban juntos.

Una de las cosas que me conmovió particularmente fue el canto. El canto era tan fervoroso y apasionado que, por momentos, sonaba como un trueno o como si un tren de carga hubiera atravesado el lugar. Hacía bastante tiempo que no escuchaba a personas cantar de forma tan desinhibida y sincera. Esa ocasión me hace recordar el gran avivamiento de los días de Nehemías, cuando "los cantores cantaban en

alta voz... y el alborozo de Jerusalén fue oído desde lejos"
(Neh. 12:42-43).

Cuando me interioricé acerca de las personas que for-
maban parte de la audiencia aquella noche, entendí mejor
por qué cantaban como lo hacían. Muchos de los hombres
y las mujeres de aquella iglesia han llegado a Cristo de un
trasfondo de drogadicción, alcoholismo, delito violento y
promiscuidad sexual. Ellos saben lo que es ser esclavos del
pecado. Saben lo que es estar sin esperanza y sin Cristo.

Y saben qué significa que Dios se haya dignado a res-
catarlos por su gracia. Saben qué es ser "redimidos por la
sangre del Cordero". No se han olvidado de dónde Él los
sacó. Cuando cantan del amor, la misericordia y la grandeza
de Dios, saben de lo que están cantando. Y cantan como si
tuvieran algo que decir. Porque lo tienen.

> Canta y alaba alma mía,
>   al Rey de los cielos y Señor,
> al que te redimió y te dio vida,
>   al que te sanó y te perdonó.
> Canta, ¡aleluya!, alma mía,
>   canta al eterno Dios.
> —HENRY F. LYTE (1793-1847)

REFLEXIÓN PERSONAL

1. De las diferentes expresiones de alabanza que se mencio-
nan en este capítulo, ¿a cuáles estás más acostumbrada?
¿Con cuáles te sientes más incómoda? ¿Por qué?

2. ¿Cuáles son algunos de los obstáculos que has experimentado que te han impedido alabar al Señor con todo
tu corazón?

¿Qué has aprendido en este capítulo que te motiva a cultivar un estilo de vida de alabanza y adoración?

3. Lee el Salmo 145 en voz alta.

- ¿Qué te revela este pasaje con respecto a cómo es Dios y qué ha hecho? Haz una lista.
- Devuélvele a Dios este salmo en oración con tus propias palabras y alábale por cada uno de sus atributos y cada una de sus bendiciones (por ejemplo, versículo 8: "Señor, te alabo porque has derramado sobre mí tu gracia y misericordia; me has dado mucho más de lo que merezco; tu amor por mí es más grande que cualquier otro amor de mi vida...").

4. Escribe tu propio salmo de alabanza, agradeciendo a Dios por su carácter, por su obra en tu vida y por las bendiciones físicas y espirituales que has recibido de Él.

5. Canta al menos un salmo o himno al Señor cada día durante la siguiente semana. Podrías cantar un cántico de un himnario, ponerle una melodía a uno de tus salmos favoritos o incluso componer tu propia letra y cantársela al Señor.

▫▫▫ UNAS PALABRA DEL CORAZÓN DE ▫▫▫

Kay Arthur

La adoración desvía la atención que el ser humano pone en sí mismo y en las circunstancias de la vida, y la dirige hacia Dios, que controla cada una de nuestras situaciones.

Nos hace fijar nuestra vista en el cielo y en lo eterno, y nos da un dulce alivio de lo terrenal y temporal.

Estimada lectora, si quieres experimentar abundancia de vida y paz, que es el derecho de todo hijo de Dios, no dejes de adorar a Dios en tu devocional, ya que es el elemento esencial que coloca todo en la perspectiva correcta al reconocer al Señor en la adoración.

Como la adoración implica doblegarse, para mí la esencia de la verdadera adoración es reconocer que Dios es Dios, admirarlo en toda su belleza y someterse totalmente a Él. Así pues, en la adoración podrías tratar de tomar esta postura: de rodillas o incluso postrada sobre tu rostro delante de Él. En varias ocasiones, me he tenido que arrodillar por sentirme, literalmente, incómoda de estar sentada. Otras veces, he sentido la necesidad de extenderme sobre mi rostro delante de Él.

Y ¿qué me lleva a estar en esta postura? Principalmente, la Palabra de Dios, porque es allí donde veo al Señor como realmente es. Reconocer que su Palabra es verdadera y someterme a lo que ello significa, para mí, es la forma de adoración más sublime.

Además de la Biblia, para muchas personas, el himnario es una maravillosa ayuda para la adoración, pues los himnos antiguos están colmados de riqueza bíblica. Puedes simplemente leer los himnos, unirte al autor de uno de ellos y repasar la bondad de Dios y sus maravillosos caminos en la vida de los hombres.

O puedes usar el cancionero de la Biblia, que es el libro de Salmos. Si usas un salmo por día para adoración, en cinco meses habrás leído todo ese libro.

Otra manera de adorar al Señor es por medio de la música. Cuanto más profunda la doctrina, más se eleva mi alma, pues estoy cantando la verdad de la Palabra. En ocasiones he tenido tanto gozo que, de hecho, he compuesto canciones con tan solo comenzar a cantar las palabras que estaban en mi corazón. Pero ¡debo admitir que nadie publicaría ninguna de esas canciones! Sin embargo, estoy segura de que tanto las palabras como la melodía fueron preciosas a los oídos de mi Padre porque fluyeron del corazón agradecido de una de sus hijas.

¡La adoración es mi manera de entrar en su presencia y reconocer por qué estoy allí! Estoy allí, a sus pies, porque Él es Dios y no hay otro... el soberano del universo, mi Creador, mi Sustentador, mi Vida, mi Salvación, Abba Padre..., cuyas misericordias son nuevas cada mañana. De la adoración, mi corazón se prepara para pasar a la sumisión y a la petición.[7]

□ □ □ ——————————————————————————————

Kay Arthur y su esposo Jack son cofundadores de Precept Ministries. Dios ha usado los escritos y el ministerio de enseñanza de Kay para motivar a miles de creyentes a estudiar la Palabra por sí mismos y ponerla en práctica en sus vidas.

CAPÍTULO 11

El privilegio de la oración: Un clamor profundo

Mi cita más importante del día es con Jesús en oración.

Cada mañana al sentarme en mi sillón del devocional para encontrarme con el Señor, veo estas palabras en una placa que me dio una amiga dedicada a la oración. Necesito este importante recordatorio, ya que me distraigo fácilmente y empiezo a pensar en otras "citas importantes" y responsabilidades que debo cumplir en el día.

La verdad es que, con demasiada frecuencia, me doy prisa para "terminar" mi devocional, a fin de poder comenzar con las otras demandas y actividades del día. Pero ver esa placa me fuerza a hacer un alto y reflexionar en lo que realmente importa según la perspectiva de Dios. Igual que Jesús, cuando le dijo a aquella ama de casa del primer siglo que estaba turbada y nerviosa porque quería llegar a cumplir toda su "lista de cosas para hacer": "Marta, Marta, afanada y turbada estás con muchas cosas. Pero *sólo una cosa es necesaria*; y María ha escogido la buena parte, la cual no le será quitada" (Lc. 10:41-42, cursivas añadidas).

Indudablemente, este capítulo del libro es el que más me costó escribir. Tal vez debería comenzar por admitir que, a lo largo de todo mi peregrinaje espiritual, me ha costado mucho orar. Siempre me ha gustado leer, estudiar, memorizar y meditar en la Palabra. Pero la oración nunca me ha resultado fácil.

Puesto que me gustan las biografías, soy bien consciente de que los grandes hombres y las grandes mujeres de Dios han sido hombres y mujeres de oración. He sido inspirada por los relatos de su vida de oración, pero también me he sentido pequeña al comparar mi vida de oración con la de ellos.

Al escribir, me siento presionada por dos deseos que se contradicen. Por un lado, no quiero dejar una mejor impresión de mi propia vida de oración que no sea totalmente verdadera ni quiero intentar enseñar a otros algo que personalmente no experimento. Al mismo tiempo, quiero convencerte de lo que sí sé que es verdad: una profunda comunión con Dios en oración puede ser una realidad y una práctica diaria en cada una de nuestras vidas.

La falta de oración

Hace varios años, el Señor comenzó a hablarme acerca de mi falta de oración. No es que *nunca* orara; yo trataba de vivir cada día con un espíritu de oración, buscando conocer el corazón y la mente de Dios respecto a cada una de mis actividades y relaciones, y buscando saber cómo complacerle en las decisiones que debía tomar y en cada circunstancia que atravesaba. Pero, con algunas excepciones, a través de los años, nunca había cultivado la práctica de establecer una hora fija para mi oración privada. Los demás pueden haber pensado que yo era una mujer de oración; pero Dios y yo sabíamos que no era así.

Me gustaría decir que después logré un gran avance y terminé convirtiéndome en la guerrera de oración que quería ser. En mi caso, no hubo tal avance. Sin embargo, lo que Dios comenzó en mi corazón aquel verano ha sido un proceso continuo que ha incluido tanto etapas de crecimiento como de derrota. Como Charles Swindoll diría, han sido "tres pasos adelante y dos para atrás". Sé que en lo profundo de mi corazón hay un llamado y un compromiso a seguir adelante y aferrarme al corazón y a la mano de Dios a través de la oración.

Cuando Dios abrió mis ojos al problema de mi falta de oración, le pedí que me dejara verlo desde su punto de vista. Esto es lo que escribí un día en mi diario, cuando Dios comenzó a tratar con mi corazón:

Estoy convencida de que la falta de oración...
— es un pecado contra Dios (1 S. 12:23);
— es una desobediencia directa al mandamiento de Cristo ("Velad y orad", Mt. 26:41);
— es una desobediencia directa a la Palabra de Dios ("Orad sin cesar", 1 Ts. 5:17);
— me deja indefensa ante la tentación ("Velad y orad, para que no entréis en tentación", Mt. 26:41);
— expresa independencia; que no tengo necesidad de Dios;
— da lugar al enemigo y me deja indefensa ante su asechanzas (Ef. 6:10-20; Dn. 10);
— produce sentimientos de impotencia;
— limita (y delimita) mi relación con Dios;
— me impide conocer su voluntad, sus prioridades, su dirección;
— me fuerza a funcionar en el reino de lo natural (lo que yo puedo hacer) en lugar de en el sobrenatural (lo que Él puede hacer);
— me deja débil, turbada y nerviosa;
— está enraizada en el orgullo, la autosuficiencia, la pereza y la falta de disciplina;
— revela una falta de verdadera carga y compasión por los demás.

Por qué no oramos

Desde ese momento, me pregunto: ¿Por qué no oramos más? ¿Por qué *yo* no oro más? He llegado a creer que esta es la razón principal de mi propia falta de oración:

No oramos, porque no estamos desesperados. No tenemos verdadera conciencia de nuestra *necesidad* de Dios. El pastor puritano William Gurnall nos esclarece este asunto:

Tal vez la frialdad en tu vida de oración se deba a que no tienes la mínima noción de lo que quieres y de la misericordia que necesitas... El hambriento no necesita que le ayuden a pedir limosna.[1]

En el último capítulo, mencioné que visité el Tabernáculo de Brooklyn, una iglesia que se conoce como una iglesia de oración. El pastor Jim Cymbala nos explicó por qué su membrecía no tiene problemas para orar: "En nuestras reuniones de oración, se ven *personas desesperadas* que claman a Dios. Algunas de ellas no tienen trabajo. Otras tienen un esposo alcohólico o adicto a las drogas. Muchas son mujeres sin marido, que tratan de criar a sus hijos con la asistencia social del gobierno. Todos los días tratamos con adictos a la cocaína, enfermos de sida, individuos que son VIH positivos, personas que nunca han tenido una familia de la cual hablar; ¡todas son personas desesperadas! *Necesitan* a Dios; no tienen a quién recurrir. Por eso oran".

En comparación con muchas de las personas que asisten al Tabernáculo de Brooklyn, podría decir que llevo una vida casi sin problemas. Nunca me he tenido que preguntar cómo conseguir algo para comer; por lo tanto, ¿por qué estaría desesperada para orar: "Danos el pan de cada día"? Con la perspectiva humana, puedo vivir mi vida sin la ayuda de Dios. Puedo desenvolverme, humanamente hablando, en mis propios esfuerzos, mis propios recursos, lejos de la gracia y la intervención divina.

El tercer hijo de una querida amiga nació con varios defectos genéticos, incluso sin esófago. Durante años, la condición de su hijo fue tan grave, que tuvo que soportar diversas internaciones hospitalarias, someterse a operaciones riesgosas, usar un respirador artificial cada noche. Él tenía una predisposición a ahogarse y, muchas veces, quedaba sin poder respirar. ¿Piensas que alguien tuvo que decirle a esta mujer que orara por su hijo? Por el contrario, nunca dejó de hacerlo; estaba desesperada; sabía que la única esperanza de supervivencia de su hijo era que Dios interviniera y salvara su vida; ella sabía que la única manera de superar esos años de noches en desvelo era que Dios, en su gracia, le concediera fortaleza y apoyo sobrenatural.

Aunque mi instinto natural desea una vida libre de dolor, problemas y adversidades, estoy aprendiendo a darle la bienvenida a todo lo que me haga consciente de mi necesidad de Él. Si la oración nace de la desesperación, entonces todo aquello que me haga estar desesperada por Dios es una bendición.

¿Cómo puedo orar?

Las siguientes sugerencias me ayudaron a acercarme a Dios en oración.

PÍDELE AL SEÑOR JESÚS QUE TE ENSEÑE A ORAR

Cuando los discípulos vieron la vida de oración de Jesús, le imploraron: "Señor, enséñanos a orar". Y Jesús les enseñó. Al igual que los discípulos, he estudiado la vida de oración del Señor Jesús. Me he conmovido por la íntima comunión que Él tenía con su Padre celestial. Y le he implorado: "Señor, por favor, enséñame a orar".

PÍDELE AL ESPÍRITU SANTO QUE TE AYUDE A ORAR

Es alentador para mí saber que alguien tan grande como el apóstol Pablo confesó: "no sabemos orar como debiéramos" (Ro. 8:26, LBLA). Él reconocía su necesidad de ayuda para saber cómo orar conforme a la voluntad de Dios. Pero también reconocía que Él había hecho provisión para su necesidad, pues había enviado al Espíritu Santo como el Ayudador:

"Y de igual manera el Espíritu nos ayuda en nuestra debilidad; pues qué hemos de pedir como conviene, no lo sabemos, pero el Espíritu mismo intercede por nosotros con
gemidos indecibles. Mas el que escudriña los corazones
sabe cuál es la intención del Espíritu, porque conforme a
la voluntad de Dios intercede por los santos" (Ro. 8:26-27).

A veces, al orar por un individuo o asunto en particular,
puede que necesites decir: "Espíritu Santo, no sé cuál es la
voluntad del Padre acerca de esto. No sé cómo orar. Pero la
Palabra de Dios dice que tú me ayudarás en mi debilidad,
que intercederás por mí conforme a la voluntad de Dios. Te
pido por esto ahora; te necesito; por favor, intercede por mí
ante el Padre; tú sabes cuál es su voluntad".

ORA A DIOS CON LA MISMA PALABRA DE DIOS

Todos sabemos que debemos orar "conforme a la voluntad de Dios". Pero ¿cómo podemos saber cuál es su voluntad? Hay muchos asuntos sobre los cuales podría ser difícil
conocer la voluntad de Dios. Pero podemos estar seguros
de una cosa: que la Palabra es la voluntad de Dios. Cuando
oramos con la misma Palabra, podemos estar seguros de
que estamos orando conforme a su voluntad. Me vienen a
la mente dos ejemplos bíblicos.

Segunda Samuel 7 relata la ocasión cuando David buscaba
conocer la voluntad de Dios respecto a su deseo de edificar un
templo para Él. En este caso, Dios reveló su voluntad a David
por medio del profeta Natán. La palabra que le dio a David
fue que él no había sido elegido para edificar una casa para
Él, sino que la edificaría su hijo. Luego Dios prometió a David
que establecería y bendeciría su vida y la de su familia, y que
su linaje siempre tendría un rey que se sentaría en el trono:
"Y será afirmada tu casa y tu reino para siempre delante de tu
rostro, y tu trono será estable eternamente" (2 S. 7:16).

Los versículos 18-29 registran la oración que David
hizo en respuesta a las palabras que Dios le había hablado.

Primero manifestó su asombro y agradecimiento a Dios por la misericordia manifestada a su siervo. Luego lo adoró y le dijo: "Por tanto, tú te has engrandecido, Jehová Dios; por cuanto no hay como tú, ni hay Dios fuera de ti" (v. 22).

Después, le presentó su petición al Señor. Toda su petición se basó en lo que Dios ya le había prometido. Él simplemente le pidió que guardase su propia Palabra.

> "Ahora pues, Jehová Dios, confirma para siempre la palabra que has hablado sobre tu siervo y sobre su casa, y haz conforme a lo que has dicho. Que sea engrandecido tu nombre para siempre, y se diga: Jehová de los ejércitos es Dios sobre Israel... Porque tú, Jehová de los ejércitos, Dios de Israel, revelaste al oído de tu siervo, diciendo: Yo te edificaré casa. Por esto tu siervo ha hallado en su corazón valor para hacer delante de ti esta súplica. Ahora pues, Jehová Dios, tú eres Dios, y tus palabras son verdad, y tú has prometido este bien a tu siervo. Ten ahora a bien bendecir la casa de tu siervo, para que permanezca perpetuamente delante de ti, porque tú, Jehová Dios, lo has dicho" (2 S. 7:25-29).

¿Qué está diciendo David? "Señor, te estoy pidiendo que hagas lo que ya me has prometido. Me atrevo a pedírtelo, porque me has dicho que esta es tu voluntad".

Daniel fue otro hombre que sabía cómo orar conforme a la Palabra de Dios. Daniel 9:2-3 ilustra cómo oraba Daniel (cursivas añadidas):

> "Yo Daniel miré atentamente en los libros el número de los años de que habló Jehová al profeta Jeremías, que habían de cumplirse las desolaciones de Jerusalén en setenta años. *Y volví mi rostro a Dios el Señor, buscándole en oración y ruego*, en ayuno, cilicio y ceniza".

¿Cómo sabía Daniel qué pedir en oración? Él oró conforme a la Palabra que Dios ya le había revelado. Cuando leyó la profecía de Jeremías, que decía que la nación judía estaría exiliada durante setenta años, comenzó a pedir a Dios que liberara a su pueblo de la cautividad.

Conocer el resultado (que la cautividad duraría setenta años) no hizo que Daniel se sentara a esperar que sucediera. Antes bien, conocer la voluntad de Dios lo motivó a orar más fervientemente:

> "Ahora pues, Dios nuestro, oye la oración de tu siervo, y sus ruegos; y haz que tu rostro resplandezca sobre tu santuario asolado, por amor del Señor. Inclina, oh Dios mío, tu oído, y oye; abre tus ojos, y mira nuestras desolaciones, y la ciudad sobre la cual es invocado tu nombre... Oye, Señor; oh Señor, perdona; presta oído, Señor, y hazlo; no tardes, por amor de ti mismo, Dios mío" (Dn. 9:17-19).

Daniel oró conforme a las Escrituras. Oró para que se hiciera la voluntad de Dios —como ya había sido revelado— en la tierra. En su oración, Daniel se alineó con el corazón, el plan y los propósitos de Dios. Por medio de la oración, se asoció a Dios para el cumplimiento de esos propósitos.

No hay nada malo en presentar al Señor los deseos y las peticiones de nuestro corazón. De hecho, Él nos dice: "preséntenselo todo a Dios en oración" (Fil. 4:6, DHH).

Pero cuando nos aferramos a la voluntad que Él ha expresado en su Palabra, podemos orar con denuedo, con la confianza de que Él no solo nos escucha, sino que nos concederá las cosas que le hemos pedido (1 Jn. 5:14-15).

Por ejemplo, una pareja amiga está pasando graves problemas en su matrimonio. Muchas veces no sé exactamente cómo orar, pero sé que puedo orar con confianza cuando oro conforme a la voluntad de Dios revelada en su Palabra. Sé que la voluntad de Dios es que este esposo ame a su mujer de la misma manera abnegada, sacrificial y servicial en la que Jesús ama a su Iglesia (Ef. 5:25). Sé que es la voluntad de Dios que él conviva con su mujer de una manera comprensiva y respetuosa (1 P. 3:7). Sé que es la voluntad de Dios que esta esposa respete a su esposo, a pesar de sus fallas y defectos, y que se someta a su liderazgo en el hogar (Ef. 5:22-33). Sé que es la voluntad de Dios que caminen en amor, en unidad y en verdad. Entonces presento estos y otros pasajes de las Escrituras al Señor en oración por esta pareja y le pido que cumpla en ellos su voluntad revelada.

Cuando estoy pensando en hacer una compra, siento la libertad absoluta de expresar mi petición al Señor. Pero no siento la misma libertad de reclamar que me conceda esa petición. Sin embargo, puedo orar con la confianza de que Él dirija mis pasos (como ha prometido hacer), que limpie mi corazón de toda motivación equivocada, que me proteja de los deseos egoístas o de todo lo que pueda ser dañino en mi vida cristiana, que me conceda sabiduría al tomar decisiones, que su nombre sea glorificado con el resultado, y que tenga un corazón contento y agradecido, ya sea que Él me conceda mi petición o no. Sé que todas estas peticiones son la voluntad de Dios y puedo atreverme a pedirle que cumpla su voluntad.

¿Qué deberíamos pedir al orar?

A muchas personas les gusta usar algún tipo de lista de oración para organizar su vida de oración. Otras sienten que dichas listas tienden a hacer sus oraciones más mecánicas y autómatas, y en cambio prefieren que Dios las guíe por medio de su Palabra y su Espíritu para saber qué pedir en oración ese día.

Ya sea que uses o no una lista de oración, hay varias categorías de peticiones que deberíamos presentar de forma habitual.

ORA POR EL AVANCE DEL REINO DE CRISTO EN EL MUNDO

Las primeras tres peticiones del Padre Nuestro tienen que ver con este asunto.

Santificado sea tu nombre. Tu Nombre es santo. Que tu Nombre sea alabado y honrado por tu pueblo por doquier.

Que de ningún modo nuestra vida deje de honrar o respetar tu grandioso Nombre. Y que todas las personas de la tierra rindan honor a tu Nombre santo. *Venga tu reino.* Tu reino es un reino eterno y tu señorío en todas las generaciones... [Tú] "dominará[s] de mar a mar" (Sal. 145:13; 72:8). Que tu reino sea establecido en todo este mundo. Que en este día reines con suprema autoridad en mi corazón y en el corazón de tu pueblo. Y que llegue el día cuando "los reinos del mundo... [sean] de nuestro Señor y de su Cristo; y él [reine] por los siglos de los siglos" (Ap. 11:15). *Hágase tu voluntad, como en el cielo, así también en la tierra.* En este día, haz tu voluntad en mi vida y en la vida de tus hijos en toda la tierra. Que podamos vivir sujetos a ti, así como las huestes del cielo buscan conocer y hacer tu buena voluntad (Sal. 103:21). Cumple tu santo propósito en las naciones y en los pueblos de la tierra en este día.

Al presentar estas peticiones a Dios en oración, hacemos sus prioridades, nuestras prioridades. Decimos que lo que más le importa a Él también nos importa a nosotros. Subordinamos nuestras propias necesidades y nuestra agenda personal a los intereses de su reino.

En su clásico libro *Consejos prácticos sobre la oración,* S. D. Gordon capta la importancia y el profundo efecto de esta clase de "oración de reino":

> La oración... es el clamor insistente, de un hombre... en una tierra en conflicto, para que el poder de la victoria de Jesús sobre el gran capitán de los espíritus inmundos se extienda a las vidas que están particularmente bajo su control...
>
> La oración es insistir en la victoria de Jesús y en el retiro del enemigo de cada lugar, corazón y problema en particular... Con la oración, el hombre coloca a Dios en pie de guerra sobre esta tierra en conflicto...
>
> La oración abre todo un planeta a la actividad de un hombre. En realidad puedo tocar corazones para Dios en

lugares remotos como la India o la China a través de la oración, como si estuviera allí.[2]

ORA POR OTROS

En mi caso, los "otros" incluyen familiares, amistades, miembros de mi equipo ministerial, pastores y líderes cristianos, nuestro Presidente y otros funcionarios del gobierno, y los vecinos y amigos no cristianos.

Cuando oras por las personas que Dios pone en tu corazón, podrías sentir el impulso de dejar de orar para escribir una tarjeta a una o algunas de esas personas, que sientes que necesitan un aliento especial. La tarjeta podría expresar un reconocimiento por su vida o ministerio, o simplemente contarles que has estado orando por ellas ese día. (Yo tengo una canasta de tarjetas junto a mi sillón del devocional para este propósito).

Los domingos por la mañana, generalmente tomo tiempo para interceder por mi pastor, por los pastores de otras iglesias locales de mi comunidad y por diferentes pastores del país que Dios ha puesto en mi corazón. Oro para que sean siervos ungidos del Señor, que sus corazones y motivaciones sean puros, que no tengan temor del hombre, sino que solo tengan temor del Señor, que proclamen la verdad de su Palabra como nadie, que Dios los aliente en su ministerio y que aquellos que escuchen su prédica tiemblen ante la Palabra del Señor y tengan oídos para oír y corazones para responder a lo que Dios dice a través de sus siervos.

Dios ha sido bueno en levantar un increíble equipo de hombres y mujeres que oran por mí. Muchos de ellos, de los cuales a algunos ni siquiera conozco bien, han manifestado haber orado por mí *todos los días*. No puedo imaginar la bendición y protección que me perdería si no fuera por sus oraciones fieles y fervientes a mi favor. El efecto de sus oraciones en mi vida me motiva a interceder por aquellos que Dios pone en mi corazón.

No creo que podamos medir el efecto que nuestras oraciones podrían tener en la vida de otros. Como Andrew

Bonar señala: "¡Cuánto podemos ser culpables de que otros no sean sanados de sus fallas! Señalamos sus fallas y sus pecados, pero no oramos por ellos".[3]

Quisiera dar una palabra de aliento especial a las madres o abuelas que llevan la carga de sus hijos o sus nietos; especialmente por aquellos que podrían estar lejos del Señor. Puede que por las noches llores hasta quedarte dormida por la condición de ellos; puede que no sepas más qué hacer; puede que no sepas en dónde buscar ayuda. Pero hagas lo que hagas, nunca dejes de orar.

En cierto sentido, creo que mi vida es el producto de las oraciones de una bisabuela. Nunca conocí a Yaya, la abuela de mi padre; una inmigrante griega. Pero sé que era una mujer de oración. Después de llegar a los Estados Unidos, Yaya y su esposo vivieron en una casa en la parte norte del estado de Nueva York con sus dos hijos, dos nueras (que eran hermanas) y cuatro nietos. Uno de esos nietos, el primo de mi papá, Ted DeMoss, compartió un cuarto con Yaya cuando era niño. Antes que falleciera, recuerdo escuchar a Ted hablar de las noches cuando Yaya se arrodillaba y oraba en su lengua nativa cuando él se iba a dormir. Ella oraba por la salvación de sus hijos y nietos. Ted nos contaba que algunas mañanas, él se despertaba, y Yaya todavía estaba arrodillada orando por su familia.

Finalmente, todos sus cuatro hijos aceptaron a Cristo. Creo que la drástica conversión de mi padre en 1950 fue una respuesta a las oraciones de Yaya. De igual modo, creo que, en realidad, la docena de bisnietos y tataranietos que están caminando con el Señor hoy son el fruto de sus fieles oraciones.

Puede que no tengas idea de cuándo o cómo Dios responderá tus oraciones, pero no dejes de orar. Andrew Bonar nos da esta palabra de aliento para cuando la respuesta a nuestras oraciones se demora: "La bendición que pedimos en oración puede que no llegue de inmediato, pero está en camino. A veces el Señor nos hace esperar mucho, porque le gusta mantenernos en su presencia".[4]

ORA POR TU PROPIA VIDA

"Pero ¿no es ser egoísta?", podrías decir. No lo es si tu motivación es que Dios sea glorificado en ti. Cada día, presento varios asuntos personales delante del Señor. Busco su dirección respecto de mi agenda, mis prioridades, mis relaciones, mi trabajo, y mis necesidades físicas y espirituales. Cuando oro, trato de escuchar al Señor y ser sensible a cualquier idea que Él podría darme en relación con ese asunto. Por ejemplo, hace poco, una mañana, mientras estaba orando por dirección acerca de un tema específico, sentí que debía llamar a una persona en particular para pedirle oración y consejo. Creo que el Señor me trajo a la mente el nombre de esa persona mientras estaba orando porque quería usar la oración y el consejo de esta amiga para guiar mis pasos.

Hay varias peticiones personales que le presento al Señor en oración más que cualquier otras. Con el paso de los años, estas son cosas por las que siempre he orado.

Guarda mi corazón. Hazlo y mantenlo puro. Guarda mis motivaciones, mis actitudes, mis valores y mi respuesta a las circunstancias de la vida. Protégeme de las asechanzas y los ataques del maligno.

Lléname de tu amor. Ayúdame a amarte con todo mi corazón, con toda mi alma, con toda mi mente y con todas mis fuerzas. Dame compasión y sensibilidad para con las necesidades de los que me rodean, sin esperar nada a cambio.

Lléname de tu Espíritu. Que pueda vaciarme de mí misma y llenarme de Jesús. Que pueda vivir en el reino de lo sobrenatural. Unge mi vida y mi ministerio con poder sobrenatural.

Vísteme de humildad. Que sea quebrantada —pobre en espíritu— delante de ti y de los demás. Que pueda estimar a los demás como mejores que yo. Que no busque impresionar a los demás, sino solo agradarte a ti.

Hazme una sierva. Ayúdame a servirte con alegría; a prestar cada acto de servicio como si fuera para Cristo; a aceptar gozosamente aun las responsabilidades "serviles" o "frustrantes". Ayúdame a servir con sinceridad, alegría y humildad.

Guarda mi lengua. "Pon guarda a mi boca, oh Jehová; guarda la puerta de mis labios" (Sal. 141:3). Que pueda hablar solo palabras que sean verdad, que ayuden y sanen, que sean sabias y buenas (Pr. 31:26).

Dame sabiduría y discernimiento. Ayúdame a ver toda la vida con tu perspectiva. Que mi vida se guíe por la sabiduría de tu Palabra. Dame "la sabiduría que es de lo alto... pura, después pacífica, amable, benigna, llena de misericordia y de buenos frutos, sin incertidumbre ni hipocresía" (Stg. 3:17).

Dame un espíritu y un corazón agradecido. Ayúdame a dar gracias en todo. Ayúdame a reconocer y expresar los beneficios y las bendiciones que he recibido de ti y de los demás. Presérvame de un corazón descontento y de una lengua murmuradora.

Ayúdame a andar por fe y no por vista. Que mi vida le muestre al mundo cuán grande, cuán bueno y cuán poderoso eres tú. Que pueda estar dispuesta a dar un paso de fe cuando no puedo ver el resultado, y que mi vida no sea explicable en términos humanos.

Enséñame el temor del Señor. Ayúdame a tener siempre el pleno conocimiento de que tú ves, oyes y conoces todo. Ayúdame a vivir mi vida a la luz del juicio final y como alguien que tendrá que dar cuentas delante de ti.

"¿CUÁL ES TU PETICIÓN?... SE TE DARÁ"

El libro de Ester es uno de mis favoritos por muchas razones. Pero una de las importantes aplicaciones personales que he encontrado en ese libro es la visión reveladora que ofrece sobre la oración.

Prescindiendo por completo de cualquier iniciativa o esfuerzo de su parte, Dios dispuso soberanamente, que Ester tuviera una posición de gran influencia en un momento decisivo de la historia de Israel. Ester no podía ver el guión que Dios había escrito en el cielo y que estaba por consumar en la tierra. Toda la nación judía tenía un futuro incierto, dado que el malvado Amán se había propuesto destruir al pueblo elegido por Dios. Por un breve tiempo, desde su posición estratégica en la tierra, parecía que iba a tener éxito. (Cuando miras a tu alrededor y parece que el enemigo tiene a Dios en posición de jaque mate, no te desesperes. Recuerda que nosotros vemos las cosas desde una perspectiva limitada, finita. Dios sigue estando en su trono, y sus propósitos no se podrán impedir).

Tú ya conoces la historia. Cuando Mardoqueo, el primo de Ester y objeto de odio de Amán, descubrió el insidioso complot para exterminar a los judíos, suplicó inmediatamente a la reina Ester que hiciera ejercicio de su posición real e intercediera ante el rey Asuero en favor de su pueblo.

La incertidumbre inicial de Ester surgió de un hecho importante. Ella sabía que nadie se atrevía a acercarse al rey sin ser invitado. Hacer eso era arriesgarse a morir; a menos que el rey tuviera misericordia y extendiera su cetro de oro a modo de bienvenida. Ella sabía que su vida estaba en peligro si se presentaba para una audiencia con el rey.

Finalmente, Mardoqueo persuadió a Ester de que ella estaba allí con un propósito más grande que ella misma, y que no podía dejar de participar de ese propósito. Después de tres días de ayuno, Ester se puso su vestido real y entró al patio interior del palacio, y encontró al rey sentado en su trono. Me encantan los dos versículos que siguen:

> "Y cuando vio a la reina Ester que estaba en el patio, *ella obtuvo gracia ante sus ojos*; y el rey extendió a Ester el cetro de oro que tenía en la mano. Entonces vino Ester y tocó la punta del cetro. Dijo el rey: ¿Qué tienes, reina Ester, y cuál es tu petición? Hasta la mitad del reino se te dará" (Est. 5:2-3, cursivas añadidas).

Aquí tenemos una vislumbre de la increíble relación entre un Dios todopoderoso, sentado en su trono en el cielo, y los creyentes que se acercan a su trono desde su posición en la tierra para interceder en favor de su pueblo. (La analogía no está completa porque, desde luego, Asuero, al ser un rey pagano, seguramente, no puede representar a Dios con exactitud).

Cuando nosotros, igual que la reina Ester, tomamos consciencia de una necesidad aquí en la tierra, podríamos ser renuentes a acercarnos al Rey del universo con nuestras necesidades y cargas insignificantes. Pero nos olvidamos de que este Rey nos ama, nos ha elegido, se deleita en nosotros, e inexplicablemente ha resuelto cumplir sus propósitos en la tierra en unión con las oraciones de su pueblo. De hecho, Él *espera* que nos acerquemos y le pidamos.

Puede que sintamos temor de acercarnos a Él, que es poderoso y podría destruirnos en un abrir y cerrar de ojos, si quisiera. Pero cuando nos aproximamos a su trono "vestidos solo en su justicia" (así como Ester se preparó al ponerse su vestido real), sorprendentemente obtenemos "gracia ante sus ojos"; Él extiende su cetro de oro hacia nosotros, y somos bienvenidos a acercarnos y tocar la punta del cetro.

Después de tener acceso a su presencia, el Rey nos dice: "¿Cuál es tu petición, amada mía? Se te concederá. Pide y recibirás".

A medida que se desarrolla la historia de Ester, el rey Asuero le hace la misma pregunta tres veces más (Est. 5:6; 7:2; 9:12) y le asegura que su generosidad no tiene límite, que su deseo es bendecirla y que puede cumplir cualquier petición que le haga; se le concederá cualquier cosa que ella pida.

A menudo me maravillo de las cosas sobrenaturales que Dios haría en este mundo —cosas que Él está listo, deseoso, ansioso y dispuesto a hacer— si tan solo nos acercáramos a Él y le presentáramos nuestra petición en oración. ¿Cuántos milagros y cuántas bendiciones quisiera Él concedernos, que esperan solo el clamor del corazón de uno de sus súbditos aquí en la tierra?

Hace años, una amiga hizo una pregunta, que ha estado siempre en mi mente: si Dios sólo hace algo en mi vida y en las vidas de otros cuando oro, ¿cuánto más haría y cuánto más recibiríamos de su mano, si tan solo oráramos más?

Venid todos ante el Rey;
   y abundantes peticiones traed.
Pues tan grande es su gracia y poder,
   que ninguna petición ha de exceder.

—JOHN NEWTON (1725-1807)

¡Oh, Dios! Que en nuestra desesperación, nos concedas fe y denuedo para acercarnos a tu trono y presentarte nuestras peticiones, pues sabemos que con ello estrechamos lazos con el Omnipotente y nos convertimos en instrumentos del cumplimiento de tus propósitos eternos aquí en la tierra

REFLEXIÓN PERSONAL

1. ¿Cuáles son las batallas más grandes que enfrentas en tu vida de oración? ¿Qué te impide acercarte a su trono para hacer tus peticiones?

2. ¿Qué le estás pidiendo a Dios que solo Él puede hacer?

3. Lee la oración de Pablo en Efesios 3:14-21. Ahora haz de esta tu oración. Presenta estas palabras en oración por un familiar, una amiga o tu pastor.

4. Si Jesús te dijera lo mismo que al ciego que mendigaba en Lucas 18:41: "¿Qué quieres que te haga?", ¿qué le responderías? ¿Qué quisieras que Dios hiciera en tu vida? ¿En tu familia? ¿En tu iglesia? ¿En tu comunidad y tu nación?

□□□ UNAS PALABRAS DEL CORAZÓN DE □□□

Jeanne Seaborn

Tengo una libreta de oración que ha evolucionado con el paso de los años. Además de orar por diferentes ministerios y personas cada día, suelo organizar mis oraciones por mis hijos y nietos. Al comienzo de cada año, le pido a cada uno de mis hijos y nietos que escriba sus principales pedidos de oración para el año. Y oro por ellos todos los días.

Además, tengo una página para cada uno de mis hijos y mis nietos con versículos bíblicos que oro especialmente sobre ellos. Cada día oro en profundidad por uno de mis hijos y nietos en particular utilizando esos versículos. Por ejemplo, por mi yerno que viaja durante la semana, utilizo el Salmo 119:54: "Cánticos fueron para mí tus estatutos en la casa en donde fui extranjero". Cada uno de ellos tiene al menos un versículo que se ocupa de pedir por una conciencia limpia, así como otros versículos que personalizo y presento a Dios en oración por cada uno en particular. Creo en orar usando las palabras de las Escrituras por los familiares, porque Dios honra su Palabra.

Cada año me pongo una meta de carácter, una meta de estudio bíblico y una meta de memorización de las Escrituras. Tengo versículos bíblicos con las metas que presento a Dios en oración en la sección personal de mi libreta de oración.

Un año sí y otro no, leo toda la Biblia y empleo para ello varias versiones. En los años alternativos, me centro en ciertos libros en particular y analizo su trama. Por ejemplo, podría estudiar los salmos y escribir cómo es Dios, o las cartas de Pablo y analizar qué quiere Dios para la Iglesia.

La constancia en mi vida devocional me ayuda a estar vinculada a la Fuente. Me da paz interior en tiempos de confusión. Me vuelve a colocar en los caminos de Dios cuando me descarrío y fallo. Es la oportunidad de recibir instrucciones de mi Maestro para cada día y de presentar a mis familiares, mis amigos, mi iglesia y las misiones al Señor en intercesión.

□ □ □ ────────────────────────────────────

Jeanne Seaborn tiene cuatro hijos, catorce nietos y un bisnieto. Ella y su esposo Miles sirvieron al Señor como misioneros en las Filipinas antes de regresar a los Estados Unidos, donde Miles pastoreó una iglesia durante veintinueve años hasta su retiro en 1997.

PARTE SEIS

El producto de la vida devocional

Venga mi amado a su huerto, y coma de su dulce fruta.

CANTAR DE LOS CANTARES 4:16

Como un huerto que se riega,
de una exquisita fragancia,
que mi vida así sea,
al estar en tu presencia.

E. MAY GRIMES

CAPÍTULO 12

Cultiva el jardín de tu corazón

De todas las relaciones humanas que Jesús tuvo en la tierra, la que tuvo con María de Betania fue una de las más íntimas. Cuando encontramos por primera vez a María, está en su casa, sentada a los pies de Jesús, esperando calladamente en su presencia (Lc. 10:38-42). Un tiempo más adelante, cuando Jesús llega a Betania justo después de la muerte de su hermano, encontramos a María postrada a sus pies, llorando por la enorme pérdida que había experimentado (Jn. 11:32-33). Cuando volvemos a encontrar a María, está una vez más a los pies de Jesús; ahora adorando a Aquel que ha llegado a conocer, en quien confía y a quien estima (Jn. 12:1-8).

Ajena a las miradas curiosas y a la murmuración de los espectadores airados, María entregó su amor y devoción en un costoso acto de adoración. Ninguno de los que estuvo presente ese día pudo evitar sentirse impresionado por la acción de esta mujer.

El relato de Mateo nos dice que los discípulos "se enojaron, diciendo: ¿Para qué este desperdicio?" (Mt. 26:8). Para esos hombres, la acción de María era extravagante, pues no entendían el valor infinito de la adoración. Por el otro lado, Jesús, que era el objeto de la devoción de María, estaba complacido. "Ha hecho conmigo una buena obra", respondió el Señor a los discípulos molestos (v. 10). La adoración de María tuvo también un efecto involuntario sobre ella misma. Al ungir los pies de Jesús con aquel preciado ungüento y luego secar sus pies con su cabello, quedó impregnada del mismo perfume que le había prodigado a Él. Además, Juan nos dice que "la casa se llenó del olor del perfume" (Jn. 12:3).

Cuando tú y yo nos sentamos a los pies de Jesús a escuchar su Palabra y, después, sentadas a sus pies le prodigamos nuestra adoración y nuestro amor, hay una repercusión. Aquellos que no entienden la naturaleza de una relación íntima con el Señor Jesús podrían objetar que es un "desperdicio" o fanatismo pasar tanto tiempo a solas en su presencia y entregarle todo nuestro amor y devoción a Él.

Sea cual fuese la reacción de los demás, algo es cierto: la verdadera adoración y devoción hará que nuestras vidas tengan olor fragante y perfumará el medio ambiente que nos rodea. Nuestro hogar, nuestra iglesia, incluso nuestro lugar de trabajo tendrán la dulce fragancia de nuestra devoción. Lo que es más importante, el Señor Jesús se complacerá. Y, a fin de cuentas, eso es lo que realmente importa.

La fragancia de la devoción

El producto de una vida devocional diaria dará fruto en nuestra propia vida, pues experimentaremos una *intimidad aun más profunda con el Padre*. Lamentablemente, muchos creyentes nunca participan del gozo y la plenitud de esta vida de unidad con Él.

Dios redimió y sacó de Egipto a los judíos del Antiguo Testamento. Ellos eran su especial tesoro. Aunque Dios les hablaba, ellos siempre guardaban una distancia prudente; no se atrevían a acercarse a la montaña por miedo de morir por la gloria de su presencia. En una ocasión, Dios invitó a Moisés y Aarón, a Nadab y Abiú, junto a setenta ancianos de Israel a subir a la montaña y adorar "desde lejos" (Éx. 24:1). Las Escrituras dicen que esos pocos hombres elegidos "vieron a

Dios, y comieron y bebieron" (v. 11). Juntos, participaron de una comida de pacto, prefigurando la Cena del Señor, que los creyentes del Nuevo Testamento comerían con el Señor Jesús. Sin embargo, Moisés disfrutó una intimidad con Dios, que ningún otro pudo experimentar. Solo a Moisés se le concedió el privilegio de acercarse al Señor y hablar con Él "cara a cara, como habla cualquiera a su compañero" (Éx. 33:11).

En el Nuevo Testamento, Jesús eligió a doce hombres para que estuvieran con Él, aprendieran de Él y caminaran con Él. Y todos esos hombres vieron los mismos milagros, escucharon los mismos mensajes y participaron de las mismas experiencias con el Maestro. Pero solo tres de ellos —Pedro, Santiago y Juan— formaron parte de su "círculo íntimo"; su amistad con Jesús fue más profunda que la de los otros. De esos tres, solo Juan, el amado, se recostaba sobre el pecho de Jesús y disfrutaba una intimidad con Él que superaba la de todos los demás.

Aquellos que están dispuestos a alejarse de las exigencias y demandas de las actividades de cada día a fin de sentarse a los pies de Jesús y escuchar su corazón, son aquellos que tienen la bendición de una intimidad que va más allá de la que la mayoría de los cristianos alguna vez imaginó. Es allí, en la quietud de ese tiempo y lugar, que...

> ¡Él conmigo está, puedo oír su voz!
> Y que suyo, dice, seré.
> Y el encanto que hallo en Él allí,
> con nadie tener podré.
> —C. AUSTIN MILES (1868-1946)

El fruto de una vida devocional también se manifestará en *una vida ordenada y apacible*. En la encuesta realizada sobre este tema, les preguntamos a las mujeres: "¿Cuáles son los beneficios y las bendiciones que has experimentado como resultado de tu vida devocional?". Por amplio margen, la respuesta más frecuente (indicada por el 36% de las mujeres) fue "paz". S. D. Gordon dijo:

La oración aclara maravillosamente la visión; calma los nervios; define la responsabilidad; afirma el propósito; endulza y fortalece el espíritu.[1]

La semana pasada recibí una llamada del líder de una gran organización cristiana; un hombre de Dios mayor, cuya vida respeto enormemente. Siempre ha sido un hombre ocupado; pero, por su propio testimonio, en la década pasada ha llegado a darle mayor prioridad a su vida devocional. Cuando le comenté que estaba escribiendo este libro, me dijo:

Sin duda alguna, estos últimos diez años, en los que me he disciplinado en este aspecto, han sido los mejores años, los más productivos y los más apacibles de mi vida. He sentido que Dios ha orquestado cada uno de mis días, y el Espíritu Santo ha engrasado la maquinaria de mi vida desde que comencé a pasar un tiempo deliberado con Él.

El tiempo que pasamos a solas con Jesús cada día instruye nuestro corazón y nos da un sentido de dirección, que nos permite vivir una vida con propósito, provecho y guía del Espíritu Santo, en vez de dejarnos gobernar por las expectativas y exigencias de los demás.

Un escritor describió el dulce aroma que sentía en la vida de su madre como resultado de pasar tiempo diariamente con el Señor:

Mi madre acostumbraba retirarse por una hora a su habitación cada día, inmediatamente después del desayuno, para pasar esa hora en la lectura y meditación de la Biblia y en la oración. De aquella hora, como de una fuente pura, sacaba la fuerza y la dulzura que le permitía cumplir todas sus responsabilidades y tener paz en medio de las preocupaciones y banalidades, que muchas veces son las pruebas que vivimos más de cerca.

Al pensar en su vida, y en todo lo que tuvo que soportar,

veo el absoluto triunfo de la gracia de Cristo en el cautivante ideal de una mujer cristiana. Nunca la vi alterada; nunca la escuché decir una palabra de enojo... o de chismorreo trivial; nunca observé en ella un solo sentimiento impropio de un alma que había bebido del río de agua de vida, y que se había alimentado del maná del desierto árido.[2]

En su libro *Cómo adorar a Cristo Jesús*, Joseph Carroll cuenta de otra madre cuyo espíritu tenía olor fragante debido a su vida de devoción y comunión con el Señor Jesús:

He vivido en decenas de casas durante los cuarenta años de mi ministerio. En una ocasión, viví en la casa de una mujer que tenía siete hijos y un esposo poco comprensivo. Además, había perdido otros dos hijos al dar a luz. Aunque tenía una casa grande que cuidar y atendía el negocio de la familia en su tiempo libre, nunca la vi alterada. Siempre sentía el olor de la fragancia de Cristo en su vida, y eso me impresionaba.

Una día alrededor de las cinco de la mañana, mientras estaba en su casa por motivos de una conferencia, noté que se filtraba luz por la puerta; cuando la abrí, vi a esta mujer arrodillada junto a su piano, entonces volví a cerrar la puerta sin hacer ruido. A la mañana siguiente, sucedió lo mismo, y a la mañana siguiente otra vez lo mismo.

Por eso, le pregunté:

—¿A qué hora te levantas para buscar al Señor?

Ella respondió:

—¡Ah! Yo no decido eso. Hace tiempo tomé la decisión de que cuando Él quisiera tener comunión conmigo, yo estaría dispuesta. A veces me llama a las cinco; otras veces me llama a las seis. Y en ocasiones, me llama alrededor de las dos de la mañana; pienso que solo para probarme.

Ella siempre se levantaba, iba hasta el taburete de su piano y adoraba al Señor.

Le pregunté:

—¿Cuánto tiempo te quedas allí?

—¡Ah! Eso lo decide Él. Me quedo hasta que Él me diga que vuelva a la cama. Y si Él no quiere que me vuelva a dormir, entonces me quedo despierta.

Ella era la personificación de la serenidad. Había tomado una decisión, una decisión nada fácil de tomar; pues Dios tenía que sacar un ídolo de su vida antes que se hiciera uno; y cuando Él sacó ese ídolo, ella fue solo de Cristo.[3]

Ejerce influencia sobre otros

Como sucedió con estas dos mujeres, aquellos que pasan mucho tiempo a solas con Jesús ejercen una *gran influencia sobre otros* (y raras veces son conscientes de esa influencia). Puede que te hayan dicho que si pasas un valioso tiempo cada día con el Señor, no tendrás tiempo de atender las necesidades de tu familia y de los demás. Por el contrario, aquellos que han estado bastante tiempo con Dios han conmovido la vida de los demás con el poder y la gloria del Padre.

Después que Moisés había estado con Dios, su rostro irradiaba el reflejo de la gloria de Dios (Éx. 34:29), y eso llevó a los israelitas a adorar (33:7-11). ¿Es tu semblante y tu espíritu un reflejo de la gloria de Dios, que motiva a tu familia y tus amistades a adorarlo?

Isaías 50:4-5 indica que aquellos cuyos oídos están abiertos para escuchar a Dios recibirán "lengua de sabios, para saber hablar palabras al cansado". ¿Pueden ir a ti aquellos que están emocional o espiritualmente agotados y recibir palabras sabias, palabras de aliento del Señor que refresque su espíritu?

Los Evangelios muestran que la eficacia de Jesús al ministrar a las necesidades de otros provenía de sus tiempos de comunión con el Padre:

"Mas él se apartaba a lugares desiertos, y oraba… y el poder del Señor estaba con él para sanar" (Lc. 5:16-17).

De hecho, cada vez que Jesús se retiraba de las multitudes por un tiempo para orar, las multitudes se sentían atraídas hacia Él como a un imán, pues veían en Él la semejanza de su Padre:

"Se fue al monte a orar... Y recorriendo toda la tierra de alrededor, comenzaron a traer de todas partes enfermos en lechos, a donde oían que estaba... y todos los que le tocaban quedaban sanos" (Mr. 6:46, 55-56).

¿Se sienten atraídas hacia ti las personas necesitadas, como se sentían atraídas hacia Jesús, y cuando llegan a ti, fluye en ti el poder del Espíritu Santo para atender sus necesidades?

En ninguna parte se siente más la influencia de la comunión íntima con Dios, que en nuestro hogar y entre aquellos que mejor nos conocen. El siguiente testimonio fue escrito por el esposo de una de mis compañeras de oración. Y describe la manera poderosa en la que el olor fragante de la vida cristiana de una mujer puede llevar a su familia a desear una relación más íntima con el Señor:

Uno de mis amigos a veces me hace bromas y me recuerda que me casé con alguien que es "demasiado para mí". Tengo que admitir que a menudo me pregunto por qué Dios me bendijo con una pareja así. Mi esposa es una mujer buena, divertida, hospitalaria y generosa. No se queja por lo que no tenemos y agradece genuinamente lo que hacemos.

Sin embargo, hay una cosa que sobresale totalmente entre todas sus preciosas cualidades: tiene una vida de intimidad con Dios. No me estoy refiriendo a una clase de estupor celestial, sino que simplemente obedece a Dios. Ella escucha lo que Él le dice y luego lo hace. No estoy diciendo que nunca tenga dificultades, sino que cuando las tiene, no culpa a sus circunstancias ni se pone de mal humor. Ella le pide a Dios que escudriñe su corazón y espera por su respuesta.

Yo, por el otro lado, he resistido a Dios muchas veces, controlado por mi terquedad, rebeldía y orgullo. Y no estoy completamente libre de ese control todavía. Pero mi vida comenzó a cambiar hace pocos años. Gran parte de ese cambio y acercamiento a Dios vino como resultado del ejemplo constante y fiel de la santidad de mi esposa. Hay un motivo por el cual mi esposa es la clase de cristiana que es. Ella dice que el momento que sentó precedente en su vida fue durante una semana de campamento de jóvenes, cuando el orador animó a todos a comprometerse a leer la Biblia todos los días durante un año. Para ella, un compromiso es un compromiso; si hace una promesa siente la responsabilidad de cumplirla. Por lo tanto, cuando hizo ese compromiso delante de Dios de leer la Biblia todos los días durante un año, lo hizo en serio.

En aquel entonces, mi esposa cursaba estudios en la escuela secundaria. En este momento, llevamos casi dieciséis años de casados, y ni un solo día he visto que deje de lado su devocional. Ni uno solo.

No quiero colocar a mi esposa sobre un pedestal con todo esto. Lo que quiero hacer es mostrar que el compromiso fiel de apartar unos minutos de cada día para estar con Dios en su Palabra y en oración ha formado en ella una mujer con carácter cristiano. Puedo decir que el ejemplo de su vida me ha "ganado" (1 P. 3:1). Si ella me hubiera fastidiado con ciertas cosas, o me hubiera manipulado o ridiculizado, solo hubiera impedido que naciera en mí el deseo de querer crecer en la vida cristiana. En cambio, su verdadera vida de pura fe y devoción a Cristo produjo en mí el querer lo que ella tenía.

Ahora tenemos hijos. Por la gracia de Dios, están creciendo con la idea de que el devocional personal es una parte normal de la rutina de la vida. Los mayores ya han comenzado a tener sus propios devocionales. Ha sido igual que el ejemplo de mi esposa en mí, no hemos instruido o exigido el devocional a nuestros hijos. Ellos simplemente han visto a mamá y a papá leer la Biblia y orar, y quieren hacer lo mismo.

La Palabra de Dios ha sido como una medicina que ha calmado mi enojo, preocupación e impaciencia. Ha actuado como un mapa para ayudar a nuestra familia a tomar decisiones o reconsiderar planes desacertados. Nos ha dado luz para ver algunas trampas, que a veces se esconden en las sombras. La Palabra de Dios ha llegado a ser imprescindible en nuestra vida.

Doy gracias a Dios por un joven orador que animó a un grupo de jóvenes de la escuela secundaria a leer la Biblia. Y doy gracias a Dios por una joven muchacha que hizo ese compromiso y lo cumplió. No puedo describir la bendición de estar casado con una mujer que vive y piensa bíblicamente. Cuando hablamos acerca de algún problema, ya sea difícil o no tan difícil, ¡sé que estoy hablando con una mujer que ha estado con Jesús! ¡Y eso significa mucho para este esposo!

De la aridez a la hermosura

Hace varios años que construí mi primera casa. Cuando compré el terreno en una zona boscosa, estaba cubierto de altos árboles de pino así como de mucha maleza, hierba y yuyos altos. La propiedad estaba muy bien situada con vista panorámica a un río; pero, a efectos prácticos, era inservible. Recuerdo el día cuando llegó un tractor removedor de tierra para limpiar el terreno. Cortaron muchos de esos árboles para despejar el lugar que sería para la casa. Quitaron toda las maleza, nivelaron el terreno, y el constructor comenzó a cavar un hoyo para el sótano. Un equipo de construcción compactó la tierra alrededor del hoyo; dejándola dura, seca y no particularmente atractiva.

Una vez que construyeron la casa, un arquitecto paisajista se reunió conmigo a fin de proponerme un plan para la propiedad. Me mostró dibujos de lo que tenía en mente: muchos árboles, plantas, arbustos y cubierta vegetal. No lograba visualizar lo que había en su imaginación; no podía distinguir un lirio de una hortensia. Con un poco de aprehensión, firmé el contrato y dije: "¡Está bien, vamos a hacerlo!".

Aquel otoño, le pagué a la compañía de jardinería lo que me pareció una fortuna y después me senté a observar. ¡No podía creer lo que vi! Trajeron unas plantas diminutas, escuálidas y deslucidas, por no decir algo peor. Plantaron semillas de grama, pero no pude ver ni una sola brizna, mucho menos la alfombra frondosa que había esperado con ilusión. Más de una vez, pensé: *¿Pagué tanto dinero para* esto? Me había imaginado que, a través de mi ventana, vería una fiesta visual exuberante y colorida. En cambio, no había color ni belleza, sino grandes lugares pelados sin ninguna planta en absoluto.

Al ver mi falta de entusiasmo, el paisajista me pidió encarecidamente que esperara y me aseguró que con el tiempo estaría contenta con los resultados. Esperé, esperé y esperé. Cuando llegó el primer invierno de Michigan, las cosas se veían incluso peor. Los árboles no tenían hojas, el terreno estaba seco, y los arbustos parecían protuberancias que salían del suelo.

La primavera siguiente, florecieron unos cuantos árboles y arbustos con lindas flores. El césped finalmente parecía césped. Pero el paisaje en general no era tan espectacular. Y las malezas; ¡ay, las malezas! ¡No tenía idea de cuán omnipresentes y persistentes pueden ser! Naturalmente no estaba disfrutando mucho este "jardín".

Esperé un tiempo más. Arrancamos más malezas y pusimos fertilizantes en el lecho de las plantas, y seguimos esperando. Cada año, un jardinero podaba las plantas, los arbustos y los árboles. Algo que no parecía exactamente un progreso.

Pero lo que no podía ver era que la luz del sol, la lluvia, el fertilizante, las podas, incluso las fuertes nevadas de invierno estaban ayudando a esas plantas a crecer fuertes y extender sus raíces en lo profundo del suelo. Lento, pero seguro, la cubierta vegetal comenzó a arraigarse y extenderse. Cada primavera podía ver la evidencia de nuevos brotes en las puntas de las ramas de esos árboles. Agregamos plantas a lo que originalmente se había plantado; sembramos cientos de bulbos de narcisos y montones de plantas anuales de gran colorido.

Ya han pasado seis años. Ahora puedo salir afuera, en cualquier momento entre abril y octubre, y ver una variedad de bellas flores y plantas. Los narcisos florecen primero; qué imagen espléndida dan. Cuando ya pasan, llegan las azaleas, los astilbes y los crisantemos, seguidos de las azucenas y las dedaleras con frutillas silvestres que asoman la cabeza por entre el matorral. Qué deleite es ver las mariposas, los colibrís, los cardenales, los pájaros cantores, las ardillas, los conejos y los venados que hacen su hogar en este paraíso.

Este refugio externo no apareció repentinamente de la noche a la mañana. No surgió "de la nada". Es el fruto de años de planificación, inversión, esfuerzo y cultivo combinado con el sabio cuidado y la provisión de Dios. Igual que todos los jardines, este requiere un continuo mantenimiento y cuidado; es necesario estar atentos a las pestes, la podredumbre, los roedores y las malezas que tienden a infiltrarse e invadir todo.

Después de años de cuidado y supervisión, mi jardín está cumpliendo ahora el propósito para el cual fue diseñado. Es algo de gran belleza y ofrece deleite y placer a todos los que lo visitan. Es un refugio alegre y apacible, fragante y lleno de sorpresas nuevas de evolución cambiante; un lugar donde el corazón se alegra y se eleva hacia el Creador.

Mi vida: Un jardín para Él

En la primera sección de este libro, conocimos a la esposa sulamita del Cantar de los Cantares. Recordarás que el rey de aquella maravillosa historia no elige a esta esposa de entre las mujeres más aceptables de la ciudad capital; antes bien, toma a una muchacha simple, común y silvestre, que está "quemada" por trabajar en las viñas de su familia. Él la lleva al palacio y la invita a entrar a su cámara (Cnt. 1:4). En ese lugar íntimo y silencioso, él le entrega su amor. Y ella se recupera al comer de su fruto.

"Bajo la sombra del deseado me senté, y su fruto fue dulce a mi paladar. Me llevó a la casa del banquete, y su bandera sobre mí fue amor" (Cnt. 2:3-4).

El Cantar de los Cantares es la historia de la intimidad naciente de la pareja real. Es la historia del desarrollo de un amor puro y rico; dos vidas que se entrelazan se vuelven una. La esposa se transforma cuando recibe las tiernas palabras y caricias de su Amado y responde a su iniciativa; se transforma por la gracia, se transforma por el amor.

La muchacha, una vez común y silvestre, se convierte en una reina encantadora y atractiva. La muchacha, que una vez estaba cansada de vivir, ahora tiene un propósito para vivir. La joven, que una vez estaba resentida del trabajo en las viñas, ahora está ansiosa de ir a las viñas y servir junto a su Amado (7:11-12). La mujer, que una vez no era nadie, ahora trae gozo y plenitud a otras mujeres de la ciudad cuando les presenta a su Amado.

Esta transformación no sucede de la nada, tiene lugar en el contexto de una relación; una relación que requiere cuidado y atención constantes. Pero hay un propósito más grande que le da sentido a cualquier inversión de tiempo y esfuerzo. ¿Cuál es ese propósito? Agradar y complacer al Amado.

A medida que su amor madura, el Amado compara el corazón de su esposa a un jardín; un lugar de encuentro donde hay gran gozo y satisfacción. Él describe el paraíso que ve en ese lugar exclusivo, apartado para él:

"Huerto cerrado eres, hermana mía, esposa mía; fuente cerrada, fuente sellada. Tus renuevos son paraíso de granados, con frutos suaves... Fuente de huertos, pozo de aguas vivas, que corren del Líbano" (Cnt. 4:12-13, 15).

La esposa responde y le confirma que su único deseo es que su jardín pueda traerle placer a su Amado. Ella acepta todo lo necesario —los vientos fríos y penetrantes del Norte o los vientos cálidos y agradables del Sur— para cultivar un lugar de belleza, fragancia y deleite para él:

> Levántate, Aquilón, y ven, Austro; soplad en mi huerto, despréndanse sus aromas. Venga mi amado a su huerto, y coma de su dulce fruta (Cnt. 4:16).

El jardín una vez era de "ella", ahora es de él. La fragancia de ese jardín ahora es para Él. Todo el fruto del huerto es de Él. Todo lo que ella es y todo lo que ella tiene es de Él. Todo es para Él "porque tú creaste todas las cosas, y por tu voluntad existen y fueron creadas" (Ap. 4:11).

Y por lo tanto, querida mía, tu Amado, Aquel que te ha elegido y redimido para que seas de Él, anhela encontrar refugio y deleite en el jardín de tu corazón. A medida que camines en unión y comunión con Él, se despedirá una dulce fragancia y crecerá un delicioso fruto; la fragancia y el fruto de su Espíritu. Tú serás bendecida; otros serán bendecidos. Y es todo, todo, todo para el Amado.

REFLEXIÓN PERSONAL

1. Escribe una carta de amor a Jesús. Dale las gracias por darte su amor, y por cómo este ha transformado tu vida. Exprésale el deseo de que tu vida sea un "jardín" que le traiga deleite.

2. Tómate un tiempo para pensar bien y escribir dos o tres de las cosas más importantes que Dios te ha enseñado al leer este libro. (Podrías refrescar tu memoria y hojear el libro o revisar las secciones de "Reflexión personal").

3. Vuelve al principio y revisa tus respuestas a las primeras preguntas de la página ***. ¿Cómo ha cambiado la calidad de tu vida devocional desde que has leído este libro?

¿Qué otros cambios te gustaría ver en tu vida devocional más adelante?

4. Si aún no lo has hecho, *¿harás el compromiso, a partir de hoy, de pasar un tiempo a solas con Dios cada día, para escuchar y responder a su Palabra?* Escribe tu compromiso en tu diario. Ora y pídele a Dios que te conceda el deseo y la gracia de elegir igual que María "sólo una cosa… necesaria".

UNAS PALABRAS DEL CORAZÓN DE
Joni Eareckson Tada

Como dice el himno: "En la crujiente hierba lo escucho pasar, Él me habla en todo lugar".[4] Para el cristiano que ha abierto de par en par su corazón a las maravillas de Dios, esta es una forma de vida. Dios habla en todo lugar. Dios es intencional e infunde propósito y significado a todo lo que nos rodea. Este tipo de comunión con Dios siempre es impensada y está llena de sorpresas. Es maravilloso ver a Dios en todo.

Por lo general, disfruto encontrarme con el Señor en todo lugar. Pero suelo encontrarme con Él en un lugar específico. Es así como veo mi tiempo de devocional; es una pequeña parte, un poco más estructurada, de una experiencia con Dios mucho más grande y, en gran medida, más hermosa. En otras palabras, el devocional, para mí, no son quince minutos limitados y divididos en secciones que intercalo por la mañana o por la tarde y que espero que tenga influencia en el resto del día. Antes bien, es un período de tiempo en una comunión continua más grande con el Señor Jesús. Y todo esto comprende una "forma de vida".

Anteriormente, usé la palabra "estructurada" para describir mi tiempo de devocional. Los ingredientes para un buen devocional siempre comprenden la lectura y meditación de la Biblia, así como la oración, donde resaltamos lo que hemos meditado. También es un tiempo de silenciosa entrega del alma y de espera en el Señor. Es un momento para escuchar y percibir. Pues aunque es cierto que Él nos habla en "todo lugar", también es cierto que Él tiene algunas cosas específicas que nos quiere decir, que requieren nuestra completa atención, fomentada en el silencio y la quietud.

Para terminar de comprender aquello que el Señor nos ha mostrado en nuestro devocional, una buena oración para cerrar este tiempo es: "Señor, te pido que me hables más de esto durante el resto del día. ¿Lo harás?". Él siempre lo hace.

□ □ □ ————————————————————————————

Joni Eareckson Tada es una artista, escritora y fundadora de JAF Ministries, una organización que agiliza el ministerio cristiano para aquellos con problemas de invalidez. Joni y su esposo Ken han estado casados por dieciocho años y viven en el sur de California.

NOTAS

Parte uno: La prioridad de la vida devocional

Andrew Murray, *The Secret of Fellowship* (Fort Washington, Pa.: Christian Literature Crusade, 1981), Introducción.

Capítulo 2: Creadas para tener intimidad

1. *The Wycliffe Bible Commentary* [*Comentario Bíblico Moody*], ed. Everett F. Harrison (Chicago: Moody, 1990), p. 1047. Publicado en español por Portavoz.

Parte dos: El propósito de la vida devocional

Andrew Murray, *The Secret of Fellowship* (Fort Washington, Pa.: Christian Literature Crusade, 1981), Introducción.

Capítulo 3: La vida interior

1. *The Complete Word Study Old Testament*, (Chattanooga: AMG, 1994), p. 2372.

Capítulo 4: La manera de vivir

1. Andrew Murray, *With Christ in the School of Prayer* [*La escuela de la oración*] (London: James Nisbet, 1886), p. 61. Publicado en español por Editorial Vida, 2007.
2. Ibíd., p. 135.

Parte tres: El patrón de la vida devocional

Sra. Charles E. Cowman, comp, *Streams in the Desert* [*Manantiales en el desierto*], vol. 1. (Cowman Publications: 1925; Grand Rapids, Zondervan, c. 1965-1966), lectura del 2 de marzo. Publicado en español por Editorial Vida, 1997.

Capítulo 5: Cómo empezar

1. Donald S. Whitney, *Spiritual Disciplines for the Christian Life* (Colorado Springs: Navpress, 1991), p. 88.
2. John Blanchard, *How to Enjoy your Bible* (Colchester, England: Evangelical, 1984), p. 104.
3. Larnelle Harris y Phil McHugh, "I Miss My Time with You", Copyright 1980 Lifesong Music/BMI, RIVER OAKS MUSIC/BMI. Todos

los derechos reservados. Usado con permiso de Brentwood-Benson Music Publishing, Inc.

4. Horatius Bonar, en *Streams in the Desert* [*Manantiales en el desierto*], lectura del 2 de marzo.

5. Charles H. Spurgeon, *Metropolitan Tabernacle* (AGES Software: Albani, Oreg., 1996), p. 735.

6. Thomas Watson, *Gleanings from Thomas Watson*, comp., Hamilton Smith (Morgan, Pa.: Soli Deo Gloria, 1995), pp. 105-106.

7. Ralph Spaulding Cushman, "The Secret" en *Spiritual Hilltops* (Abingdon-Cokesbury, 1932). Citado en *Masterpieces of Religious Verse*, ed. James Dalton Morrison (Grand Rapids: Baker, 1977), pp. 408-409.

8. *Streams in the Desert* [*Manantiales en el desierto*], lectura del 4 de diciembre.

Parte cuatro: Los problemas de la vida devocional

Sacado de un sermón predicado en el funeral de sir William Cokayne. Citado en *The English Spirit: The Little Gidding Anthology of English*, (Nashville: Abingdon, 1987), p. 79.

Capítulo 6: "Lo difícil para mí es..."

1. William Gurnall, *Gleanings from William Gurnall*, com. Hamilton Smith (Morgan, Pa.: Soli Deo Gloria, 1996), pp. 104-105.

2. Lewis Bayly, *The Practice of Piety* (1862; reimpresión, Morgan, Pa.: Soli Deo Gloria, 1995), p. 107.

3. D. M. Lloyd-Jones, *God's Ultimate Purpose: An Exposition of Ephesians 1: 1-23* (Grand Rapids: Baker, 1986), p. 330.

4. Sacado de un sermón predicado en el funeral de sir William Cokayne. Citado en *The English Spirit*, p. 79.

5. *The Scofield Reference Bible* [*Biblia anotada de Scofield*] (New York: Oxford Univ.Press, 1945), p. 26. Nota sobre Génesis 17:1. Publicado en español por Spanish Publications.

6. Charles H. Spurgeon, *Metropolitan Tabernacle Pulpit* (AGES Software: Albany, OR., 1996), p.71.

Parte cinco: La práctica de la vida devocional

Oswald J. Smith, *The Man God Uses* [*El hombre a quien Dios utiliza*] (Burlington, Ontario: Welch, 1984), p. 74. Publicado en español por World Literature Crusade, 1967.

Sección uno: Cómo recibir su Palabra

George Müller, *Spiritual Secrets of George Müller*, ed. Roger Steer (Wheaton: Harold Shaw, 1985), pp. 60-61.

Capítulo 7: La maravilla de la Palabra

1. Esta historia se relata en *Mary Jones and Her Bible*, por M.E.R. (Inglaterra: Gospel Standard Trust, 1996). El encuentro de Charles Thom-

as con Mary Jones le conmovió profundamente y le llevó a fundar, en 1804, la Sociedad Bíblica Británica y extranjera, una sociedad dedicada a la publicación y distribución de la Palabra de Dios por todo el mundo.

2. Lewis Bayly, *The Practice of Piety* (1842; nueva edición, Morgan, Pa.: Soli Deo Gloria, 1995), p. 102.
3. *"Speak, Lord, in the Stillness"* ["Habla, Señor, en la calma"], letra de E. May Grimes, composición de Alfred B. Smith. Copyright 1951 Singspiration Music/ASCAP. Todos los derechos reservados. Reeditado con permiso especial de Brentwood-Benson Music Publishing, Inc.

Capítulo 8: Nuestra vida en la Palabra: Un oído atento

1. William Gurnall, *Gleanings from William Gurnall*, comp. Hamilton Smith (Morgan, Pa.: Soli Deo Gloria, 1996), pp. 106-7.
2. Thomas Watson, *Gleanings from Thomas Watson*, comp. Hamilton Smith (Morgan, Pa.: Soli Deo Gloria, 1995), pp. 106, 112.
3. Donald S. Whitney, *Spiritual Disciplines for the Christian Life* (Colorado Springs: Navpress, 1991), p. 38.
4. Darlene Deibler Rose, *Evidence Not Seen* (San Francisco: Harper & Row, 1988), p. 143.
5. Richard Cecil, *The Remains of the Rev. Richard Cecil*, de la edición número once de Londres; ed. Josiah Pratt (New York: Robert Carter; Philadelphia: Thomas Carter, 1843), p. 159.
6. *Walk Thru the Bible Ministries*, 4201 N. Peachtree Road, Atlanta, GA, 30341; 770/458-9300.
7. Dottie Rambo, "We Shall Behold Him" ["Le veremos"]. Copyright 1977 John T. Benson Publishing Co./ASCAP. Todos los derechos reservados. Usado con permiso de Brentwood-Benson Music Publishing Inc.

Capítulo 9: La Palabra en nuestra vida: Una mente atenta

1. *Diccionario de la Real Academia Española*, http://www.rae.es.
2. Entre las excelentes versiones de la Biblia se incluyen la *Reina-Valera 1960*, la *Biblia de las Américas* y la *Nueva Versión Internacional*. Entre las versiones populares y paráfrasis se encuentran la *Biblia Dios Habla Hoy*, *La Biblia al día* y la *Nueva Traducción Viviente* de la Biblia.
3. Algunas de las Biblias de estudio y comentarios que me han sido de utilidad son: *La Biblia de Estudio Ryrie ampliada* (Portavoz); *La Biblia de estudio MacArthur* (Portavoz); *El Comentario bíblico Moody*, ed. Charles E. Pfeiffer y Everett F. Harrison (Portavoz).
4. C. H. Spurgeon, *C. H. Spurgeon's Prayers*, con una Introducción de Dinsdale T. Young (Grand Rapids: Baker, 1978), p. 125.

Sección dos: Cómo responder a su Palabra

George Müller, en *Spiritual Secrets of George Müller*, ed. Roger Steer (Wheaton: Harold Shaw, 1985, 61).

Capítulo 10: El perfume de la alabanza: Un corazón apasionado

1. *Concordancia Exhaustiva de Strong* (Nashville: Caribe, 2002).
2. Ibíd.
3. Ibíd.
4. Timothy Dudley-Smith, "Tell Out, My Soul" ["Confiesa alma mía"] © 1962 Hope Publishing Co., Carol Stream, IL 60188. Todos los derechos reservados. Usado con permiso.
5. *Concordancia Exhaustiva de Strong*.
6. Ibíd.
7. Adaptado de *A Quiet Time Alone with God* por Kay Arthur, publicado por Precept Ministries, 1986. Usado con permiso.

Capítulo 11: El privilegio de la oración: Un clamor profundo

1. William Gurnall, *Gleanings from William Gurnall*, comp. Hamilton Smith (Morgan, Pa.: Soli Deo Gloria, 1996), p. 104.
2. S. D. Gordon, *Quiet Talks on Prayer* [*Consejos prácticos sobre la oración*] (Nueva York: Grosset & Dunlap, 1941), pp. 15, 31, 33, 35. Publicado en español por Clie.
3. Andrew Bonar, *Heavenly Spring* (Carlisle, Pa: Banner of Truth, 1986), p. 191.
4. Ibíd., p. 167.

Parte seis: El producto de la vida devocional

"*Speak, Lord, in the Stillness*" ["Habla, Señor, en la calma"], letra de E. May Grimes, composición de Alfred B. Smith. Copyright 1951, Singspiration Music/ASCAP. Todos los derechos reservados. Reeditado con el permiso especial de Brentwood-Benson Music Publishing, Inc.

Capítulo 12: Cultiva el jardín de tu corazón

1. S. D. Gordon, *Quiet Talks on Prayer* (New York: Grosset & Dunlap, 1941), p. 214.
2. Farrar, en *Streams in the Desert* [*Manantiales en el desierto*], vol, 1, comp. Mrs. Charles E. Cowman (Cowman, 1925; Grand Rapids: Zondervan, c. 1965-66), lectura del 13 de setiembre. Publicado en español por Casa Bautista de Publicaciones.
3. Joseph S. Caroll, *How to Worship Jesus Christ* [*Cómo adorar a Cristo Jesús*] (Chicago, Moody, 1991), pp. 27-28. Publicado en español por Desarrollo Cristiano Internacional.
4. Maltbe D. Badcock, "This is My Father's World" ["Todo el mundo es de Dios"]; sacado de "Thoughts for Every Day Living" [Pensamientos para la vida de cada día] (Nueva York: Scribner's 1901; copyright 1929, Katharine T. Babcock).

Se creía que la revolución feminista traería mayor satisfacción y libertad para las mujeres. Sin embargo, no se sienten realizadas y libres porque han perdido la maravilla y riqueza de su vocación como mujeres. Hay un nuevo movimiento que está esparciendo semillas de esperanza, humildad, obediencia y oración. Es un llamado a regresar a una femineidad piadosa, y está resonando en el corazón de mujeres de todas partes mediante la sabiduría de mentoras como Nancy Leigh DeMoss, Susan Hunt, Carolyn Mahaney y otras.

ISBN: 978-0-8254-1203-5

Las mujeres tienen un arma poderosa para vencer las decepciones que Satanás impone en sus vidas: la verdad absoluta de la Palabra de Dios.

Todas las mujeres sufren frustraciones, fracasos, ira, envidia y amargura. Nancy Leigh DeMoss arroja luz en el oscuro tema de la liberación de la mujer de las mentiras de Satanás para que puedan andar en una vida llena de la gracia de Dios.

ISBN: 978-0-8254-1160-1

Disponible en su librería cristiana favorita o en www.portavoz.com

La editorial de su confianza

Mentiras que las jóvenes creen

Y LA VERDAD QUE LAS HACE LIBRES

NANCY LEIGH DeMOSS
y DANNAH GRESH

Mentiras que las jóvenes creen proporcionará a las jovenes entre 13 y 19 años las herramientas que necesitan para identificar dónde se han descarriado en su vida y sus creencias como resultado de creer las mentiras de Satanás acerca de Dios, los chicos, los medios de comunicación, y más.

ISBN: 978-0-8254-1202-8

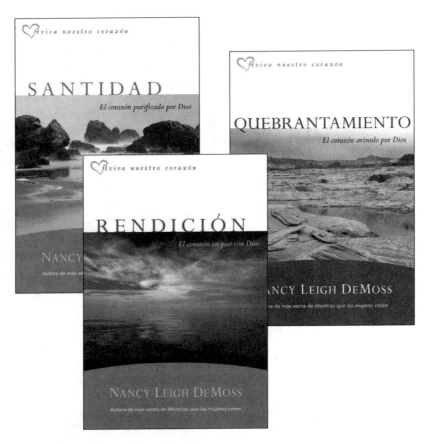

Serie: Aviva nuestro corazón

Rendición, Quebrantamiento y Santidad

En esta serie de tres libros, la autora de más venta Nancy Leigh DeMoss ofrece principios prácticos para vivir una vida santa y tener un corazón animado y encendido para Dios. Nos guía en nuestro viaje para que sea una experiencia llena de Dios, que únicamente viene cuando nuestra vida es santa y nuestro corazón es puro.

ISBN: 978-0-8254-1187-8 Santidad
ISBN: 978-0-8254-1186-4 Rendición
ISBN: 978-0-8254-1185-4 Quebrantamiento

Disponible en su librería cristiana favorita o en www.portavoz.com

La editorial de su confianza

Nancy Leigh DeMoss
PRÓLOGO POR *Joni Eareckson Tada*

Sea agradecido

SU CAMINO AL *gozo*

La gratitud es una elección. Pero si no la escogemos, por defecto hemos escogido la ingratitud. Y una vez admitida en el corazón, la ingratitud no viene sola, sino que trae consigo un montón de compañeros indeseables que le quitarán a usted la alegría. Pero cuando escogemos un estilo de vida de humilde gratitud, somos conscientes de los beneficios recibidos de nuestro amable Salvador. Al ser agradecido a Dios y a los demás, la amargura y el narcisismo son reemplazados por la alegría y la humilde comprensión de cuán indignos somos.

ISBN: 978-0-8254-1214-1

Disponible en su librería cristiana favorita o en www.portavoz.com

La editorial de su confianza

NANCY LEIGH DEMOSS

Autora de más venta de *Mentiras que las mujeres creen*

ESCOJA
PERDONAR

SU CAMINO A LA LIBERTAD

Aprenda como liberarse de la amargura y el dolor: Escoja perdonar. No hay palabras mágicas o fórmulas secretas para el perdón. Sin embargo, hay principios bíblicos que pueden ayudar a los cristianos a librarse del dolor. La distinguida maestra Nancy Leigh DeMoss ahonda en la Palabra de Dios para descubrir las promesas y exponer los mitos acerca del perdón. Este libro aborda las estrategias para poner la gracia y misericordia de Dios en práctica, para que podamos perdonar a otros como Dios nos ha perdonado a nosotros.

ISBN: 978-0-8254-1188-5